中国共产党建党100周年优秀学术成果丛书

区域协同
软投入的演进脉络与比较分析

陈钰芬 著

浙江工商大学出版社
ZHEJIANG GONGSHANG UNIVERSITY PRESS
·杭州·

图书在版编目(CIP)数据

区域协同：软投入的演进脉络与比较分析 / 陈钰芬
著. — 杭州：浙江工商大学出版社，2021.5
ISBN 978-7-5178-4364-1

Ⅰ. ①区… Ⅱ. ①陈… Ⅲ. ①区域经济—协调发展—
研究—中国 Ⅳ. ①F127

中国版本图书馆 CIP 数据核字(2021)第 032643 号

区域协同:软投入的演进脉络与比较分析

QUYU XIETONG:RUAN TOURU DE YANJIN MAILUO YU BIJIAO FENXI

陈钰芬 著

责任编辑	沈黎鹏
封面设计	沈　婷
责任印制	包建辉
出版发行	浙江工商大学出版社
	(杭州市教工路 198 号　邮政编码 310012)
	(E-mail:zjgsupress@163.com)
	(网址:http://www.zjgsupress.com)
	电话:0571-88904980,88831806(传真)
排　　版	杭州朝曦图文设计有限公司
印　　刷	杭州高腾印务有限公司
开　　本	710mm×1000mm　1/16
印　　张	15
字　　数	237 千
版 印 次	2021 年 5 月第 1 版　2021 年 5 月第 1 次印刷
书　　号	ISBN 978-7-5178-4364-1
定　　价	52.00 元

总　序

　　1921 年中国共产党的成立，是中国历史上开天辟地的一件大事。 2021年，中国共产党将迎来百年华诞。 100 年来，中国共产党走过了波澜壮阔的光辉历程，从一个只有 50 多人的小党发展成为拥有 9000 多万名党员的世界第一大党，领导中国人民完成新民主主义革命，实现了民族独立和人民解放；建立社会主义制度，完成了中国历史上最广泛、最深刻的社会变革；做出改革开放伟大决策，开创了建设中国特色社会主义道路，为实现中华民族的伟大复兴指明了方向。 历史和现实雄辩地证明，没有共产党就没有新中国，没有共产党就没有中国特色社会主义事业的胜利。 中国共产党不愧为伟大、光荣、正确的马克思主义政党，不愧为领导中国人民不断开创新事业的核心力量。 中国共产党 100 年的光辉历程，犹如一幅逶迤而又气势磅礴、雄浑而又绚丽多彩的画卷。

　　高山耸峙，风卷红旗过大关。 中国共产党的百年党史就是在一个个挫折中不断成熟、在一场场考验中不断成长的奋进诗篇，如今的中国共产党已经拥有了应对挑战的丰富经验和克服困难的强大能力。 面对百年未有之大变局，党的十八大以来，以习近平同志为核心的党中央统揽国内国际两个大局，统筹推进"五位一体"总体布局，协调推进"四个全面"战略布局，把中国特色社会主义不断推向前进。 在"两个一百年"奋斗目标的历史交汇点上，党的十九届五中全会统筹中华民族伟大复兴战略全局和世界百年未有之大变局，提出了到 2035 年基本实现社会主义现代化远景目标，中国共产党将带领全国人民开启全面建设社会主义现代化国家、实现中华民族伟大复兴中国梦的新征程。

全面总结、系统阐释党的光辉历程是理论界义不容辞的责任。作为一所习近平同志在浙江任职期间亲自视察并寄予厚望的省重点建设高校，发挥我校在哲学社会科学领域的优势，宣传、阐释浙江乃至全国各地在党的领导下开展的伟大实践和探索，是我们的使命与担当。为此，我们筹划了这次"中国共产党建党100周年优秀学术成果丛书"出版工作。对于浙江工商大学来说，这套丛书在2021年出版发行具有双重意义。首先，这套丛书是我们向建党100周年的献礼工程，其次，2021年我们将迎来学校110周年校庆，因此，这套丛书的出版发行也是校庆系列活动中的标志性项目。

浙江工商大学110年的校史与中国共产党100年的党史是紧密交织在一起的。我校的前身是创建于1911年的杭州中等商业学堂。这是浙江省新式商业教育之先驱，也是当时全国最早创办的商业专门学校之一。1921年后，当中国共产党人为民族解放和人民幸福前赴后继、英勇奋斗时，学校在军阀混战、抗日战争和解放战争时期的混乱旧中国，坚守实业救国初心，以传承实业教育为己任，筚路蓝缕、艰辛办学，学校数易其名、屡迁校址。1949年中华人民共和国成立、中国共产党成为执政党后，学校迅速完成了从旧高商向新高商的转变，进入历史新纪元，1963年，学校由商业部直属，更名为杭州商业学校，列为全国重点学校。党的十一届三中全会开启了改革开放历史新时期，社会急需大量商业管理人才，学校进入了一个崭新的发展时期，实现了一个又一个跨越：1980年，国务院批准建立杭州商学院，学校升格为本科院校；1990年获得硕士学位授予权；2003年获得博士学位授予权；2004年，教育部批准杭州商学院更名为浙江工商大学；2015年，学校被确定为浙江省人民政府、商务部和教育部共建大学；2017年学校被确定为浙江省重点建设高校。目前，学校正在按照2020年末召开的学校第三次党代会确定的战略目标，全力冲刺"双一流"，建设卓越大学，奋力标定在全国乃至世界高等教育中的新坐标。

回望学校110年办学历程，特别是中华人民共和国成立以来，我校始终坚持正确办学方向，与时代同呼吸，与祖国共命运。在我校的办学历史中涌现了爱国民主先驱、新中国首任粮食部部长章乃器，著名经济学家、国家计委副主任骆耕漠等一大批杰出校友。可以说，浙江工商大学就是一所传承红色基因、怀揣实业兴国梦的高校。从这个角度来看，浙江工商大学110年校史就是中国共产党100年党史的缩影。

在百年党庆和110年校庆的交汇点上，浙江工商大学组织全校力量编写这套丛书，热情讴歌党的丰功伟绩，唱响校庆活动的红色旋律。丛书选题、编写工作从2020年初就开始酝酿，2020年5月在全校范围征集"庆祝中国共产党建党100周年等重点选题和优秀研究成果"，经过专家评审、选题凝练，7月确定丛书总体框架、各分册主题和内容，随后进入书稿撰写阶段。此后，编写组还多次召开集体研讨会，研究书稿撰写、统稿、出版工作。目前呈现在读者面前的是丛书的第一辑，随后各分册会陆续出版发行。

这套丛书涉及政治学、历史学、管理学、法学、经济学、统计学、语言学等学科，涵盖党的历史、现代化建设、党建业务、社会治理、经济发展、对外交流、数字经济等多个主题。各分册从不同视角展现了浙江儿女、全国人民在中国共产党的领导下投身革命救亡图存、改革开放发展经济、走在前列实现跨越的伟大实践与探索。我们希望这套丛书能够进一步激发社会各界的爱党爱国热情，进一步坚定广大读者的"四个自信"，进一步鼓舞全国人民在党的领导下建设社会主义现代化国家的冲天干劲。

这套丛书的编写、出版过程凝结了各分册作者、学校人文社科处、浙江工商大学出版社相关同志的心血，在此致以问候！省委宣传部、省社科联、省委党史研究室等部门相关领导和同志对丛书的整体定位、选题、编写工作给予了大量指导，一并表示衷心感谢！

陈柳裕

2021年1月

前　言

　　我国经济正处于由高速发展转向高质量发展的重要阶段，注重高素质智力资本发展，加强区域软投入，提高软投入组合质量，是实现有韧性的经济增长的有效途径。 软投入，为支撑科技创新、经济转型升级提供重要保障。

　　20 世纪 80 年代李国璋教授在研究我国经济增长源泉时提出软投入概念，指出人类在生产活动过程中有两类投入：一类具有物质形态，称为硬投入；另一类不具有物质形态，称为软投入。 李国璋（1989，1995）给出软投入的定义，即"在生产过程中除了物质形态要素投入之外的其他非物质形态要素投入的总和"，并将软投入概括为综合政策投入、综合科技投入、劳动者积极性投入 3 个要素。 软投入是指相对有形的硬投入而言的非物质形态的投入，包括战略、规划、机制、政策、观念、认知、意识、科学管理、科技进步、民众素质等等。

　　由于软投入的范围较难界定，软投入内涵及外延尚不明确，软投入要素（如政策投入、劳动者积极性投入）较难量化，因此目前还没有统一的软投入评价标准。 对软投入要素界定与定量测度仍需深入研究，对客观度量区域软投入水平及软投入组合质量的研究仍然缺乏。 诸多学者认识到软投入对经济发展的重要影响，但缺乏定量研究。

　　本书从软投入的概念及内涵出发，基于软投入的构成要素，结合我国经济发展实际，基于三分法，从综合政策投入、综合科技投入、劳动者积极性投入 3 个方面构建软投入评价指标体系；对中国改革开放 40 多年软投入发展进行分阶段分析，总结软投入历史演进与脉络；利用逐层拉开档次综合评价法，对 2002—2018 年我国各省份软投入水平及软投入要素投入水平进行定量测度,利用层次聚类(Ward 法)对各省份划分梯队,分类分析各省份软投入特征及演变趋势;构建三系统耦合协调度模型,对软投入组合质量进行评价,引导各省份积极重视软投入;利用结构方程模型(SEM),构建软投入对经济发展的直接影响和间接影响模型,定量分析软投入各要素间的相互关系以及软投入通过提升创新能力对经济发展的影响。

分析结果表明,我国各省份(除西藏和港澳台地区)的软投入水平及软投入组合质量不断提升,发展趋势良好,但区域间差异明显。从聚类结果看,北京、上海属于第一梯队,软投入发展水平最高;江苏、广东、天津、浙江属于第二梯队,软投入发展水平高;山东、辽宁、福建属于第三梯队,软投入发展水平较高;重庆、湖北、湖南、内蒙古、河南、四川、河北、吉林属于第四梯队,软投入发展水平中等;安徽、陕西、宁夏、新疆、江西、山西、黑龙江、青海、广西、海南属于第五梯队,软投入发展水平较低;贵州、云南、甘肃属于第六梯队,软投入发展水平最低。

东部沿海综合经济区、北部沿海综合经济区软投入综合水平最高,且增长明显,软投入发展较好;南部沿海综合经济区软投入水平良好,虽与东部沿海综合经济区、北部沿海综合经济区存在较大差距,但明显优于其余区域;东北综合经济区"十三五"期间软投入水平较低,且增长趋势有所减缓;长江中游综合经济区、黄河中游综合经济区、大西北综合经济区、大西南综合经济区软投入发展态势相近,发展水平相对较低。

浙江省软投入水平较高,在全国处于第 6 位;在浙江省软投入各要素比较及浙江与其他省份软投入的比较分析中发现,浙江的综合政策投入与劳动者积极性投入较优,而综合科技投入略显不足。浙江软投入组合质量较高,但与北京、上海、广东等省份相比仍有一定的差距,应根据自身发展的优劣势,在保持劳动者积极性投入优势地位的同时,加快重视提升综合科技投入水平。从软投入对经济发展的影响来看,软投入 3 个要素间相互影响、相互促进,对经济发展有显著影响,并且能够通过提升区域创新能力来促进经济发展。

本书对改革开放以来我国软投入的演进脉络进行梳理分析,构建能够客观反映软投入的评价指标体系，完善对软投入的定量测度，从整体上把握软投入对经济发展的影响作用。 本书丰富了软投入理论及研究方法，为提升软投入组合质量、促进经济高质量发展提供理论指导。

本书有助于客观反映各省份软投入现状，明确发展中的优劣势，引导各省份积极重视软投入，促进经济发展质量提升。 引导企业重视软投入，增强企业竞争力。 有助于政府把握财政投入方向，为制定相关政策提供依据，为最终实现经济转型升级、提质增效提供支撑。

本书获得浙江省一流建设学科 A 类（浙江工商大学统计学）资助。 全书研究内容是基于国家社科基金重大项目"高质量发展视域下创新要素配置的统计测度与评价研究"（19ZDA122）的阶段性成果。 参加课题研究并撰写书稿的有陈钰芬、李蕊、赵毅、范嵩盈，另外浙江工商大学侯睿婕博士、博士研究生陈锦颖和硕士研究生王科平也做了许多有益的工作，在此向他们表示诚挚的感谢！

尽管做了很大努力，但书中仍有不足之处，殷切希望读者不吝指正，谨致衷心谢意。

陈钰芬
2020 年 9 月

C目录
ontents

1

第一章 绪 论

第一节 区域软投入测度体系的研究背景

一、我国经济正处于由高速发展转向高质量发展的重要阶段

党的十九大提出，我国经济正处在由高速发展转向高质量发展的重要阶段，处在转换经济发展方式、优化经济结构的关键时期，提高经济发展质量是跨越关口的迫切要求。中国目前的发展不在于经济增速的快慢，而是在提高全要素生产率的基础上，推动经济发展质量变革、效率变革及动力变革。

自改革开放以来，中国经济有了极大的提升，中国经济社会在各方面均取得了卓越的成绩，经济始终处于高速发展状态。自 2001 年至今，中国年经济增长率的平均水平达 9.2%，始终保持较高增长速度，经济总量不断攀升。2020 年，中国 GDP 占世界经济比重在 17% 左右，为 15.55 万亿美元。人均 GDP 从 2000 年的 7942 元增长至 71522 元，世界排名从 2007 年的 111 名跃升至 69 名（如表 1-1 所示）。对外贸易规模不断扩大，2020 年我国进出口总额达 32.16 万亿元，外商直接投资额也不断提升，我国参与国际经济的程度进一步加深。

表 1-1　2007—2020 年国内生产总值和人均国内生产总值世界排名情况

年份	当年价 GDP(亿元)	世界排名	人均 GDP(元)	世界排名
2007	279037.4	3	21119	111
2008	336067.1	3	25306	109
2009	349081.4	3	26222	101
2010	413030.3	2	30876	94
2011	489300.6	2	36403	91
2012	540367.4	2	40007	87
2013	595244.4	2	43852	85
2014	643974.0	2	47203	82
2015	689052.1	2	50251	74
2016	744127.2	2	53980	73
2017	820754.3	2	59201	74
2018	900309.5	2	64644	72
2019	986515.2	2	70581	72
2020	1015986.0	2	71522	69

数据来源:EPS 数据平台。

经济由高速发展转向高质量发展,还面临着许多挑战。 当前仍有相当数量的资金、土地、劳动力资源,沉淀在产能严重过剩、高污染的产业中,使经济转型进程和经济效率提升放缓。 我国能源消耗总量一路攀升,2018 年达到46.2 亿吨标准煤,使环境有害物质排放量增高,由此而引发的生态环境问题更加严重,这与习近平总书记在党的十九大报告中提出的"像爱护生命一样爱护生态环境"主题不符。 除此之外,中国区域经济发展、产业发展还存在一定程度的不平衡问题,东中西部差距仍在扩大。 2018 年,北京、上海、杭州等城市,第三产业占 GDP 的比重在 60%以上,而在经济相对落后的省份,第三产业占比往往低于 45%。 这一系列问题反映出我国经济发展质量仍存在诸多问题。

二、提高软投入是实现经济转向高质量发展的有效途径

克鲁格曼（1994）认为,"地区经济增长依靠政府大规模的资本和劳动力投入，不是靠效率的提高，没有真正的知识进步和技术创新，缺乏有效的制度及政策支持，不可能持续下去"。 吴建中先生[1]在 2016 年上海两会的特别报道中提到要重视软投入、重视创新环境的培养，提出要提高区域竞争力，除了增加资金设备这些硬投入外，软投入更是必不可少的。 对于营造创新环境、提升区域创新能力来说，软投入的价值比硬投入大得多。

2017 年 1 月 14 日在"中国经济增长之路——从硬基础设施到软基础设施"论坛上，多位学者建议，未来我国的发展需从传统的硬基础设施投资转移到软基础设施投资上，必须重新审视我国经济发展质量、效率及动力问题。国务院发展研究中心产业经济研究部副部长许召元表示，我国基础设施的"硬短板"已明显改善，对"软短板"仍需继续发力，努力补全我国经济发展"短板"。 国际欧亚科学院院士、国务院参事、科技部原副部长刘燕华于2017 年 5 月 16 日在"海上丝绸之路基础设施建设高级研讨会"上发言，表示在国际合作过程中，特别是在"一带一路"建设中，必须加大软投入，提高投入质量，把硬实力和软实力融合在一起；提出在经济发展过程中，不仅要注重数量，更要提高质量。 因此各级政府要更加注重软投入所带来的经济效益，带动企业大力发展软投入，提高软实力。

我国目前经济增长方式粗放，经济发展质量较低，重视软投入才是转变经济增长方式的硬道理（李国璋，2006）。 潘文卿（1997）定量分析了1953—1992 年我国软投入组合对经济增长的影响，结果表明我国的经济增长主要依靠硬投入，软投入组合的贡献仅占 13.21%，软投入发展处于相对劣势地位，而在某些发达国家的经济增长中，软投入贡献率高达 70%—80%，因此我国应加强对软投入的重视。

改革开放以来，我国经济的高速增长始终建立在生产要素大量投入、资源粗放利用的基础上，为此付出的资源和生态环境代价十分沉重（冯俏彬，2017）。 经济高质量发展不能依靠资源大量投放或者结构性的刺激因素，而是取决于自主创新能力和日益提升的知识产权创造力，更多的是依靠政策、管理、科技等软投入来促进经济发展质量提升。 在新时代的中国国情下，在

---

① 任上海市政协常委、上海图书馆馆长、上海科技情报研究所所长。

我国经济转向高质量发展的关键攻坚期，提高软投入水平、提高软投入组合质量是经济转向高质量发展的重要途径，是建设社会主义强国、提升国际竞争力的必由之路，是新的经济背景下促进经济转型升级的有效手段。

第二节　软投入测度研究的必要性

一、软投入内涵及外延尚不明确

有关经济增长理论的研究中，多数学者通过要素投入来阐述经济增长的原因，这些要素主要是资本、劳动等有形的硬投入，而有关政策、科技等软投入要素对经济增长影响的研究较少。目前关于软投入的研究，主要围绕20世纪80年代李国璋教授提出的软投入理论进行延伸，学者们大多从定性角度探讨软投入的概念与内涵。目前学术界对软投入的定义较为认同，但软投入的内涵及外延较为广泛，对软投入要素的界定、软投入及各要素的定量测度仍需深入研究。

二、软投入演进脉络仍不清晰

目前关于软投入的研究中，多以谈论软投入的内涵以及要素组成为主，对于软投入的演进脉络和发展历史，还未有学者发表过系统的介绍。想要深入研究软投入，必然要厘清其历史发展脉络，这样才能对软投入的发展现状和区域之间的发展差异有一个可解释性的认识。

本书对于中国软投入的总体发展脉络进行了梳理，首先对软投入发展进行分阶段，以便概括各时期的发展特点和发展重点。从综合政策投入、综合科技投入和劳动者积极性投入3方面，分别阐述其演进的历史，并且总结了改革开放以来3方面投入的大事记年表，让读者对于软投入的演进有一个总体认识。

三、各区域软投入发展现状及趋势缺乏研判

已有研究中，部分学者将软投入理论应用于农业、工业等领域（刘光玉、宋佩琴，1993；葛名扬，1988；李国璋，陈南旭，2016），但关于如何描述和度量软投入要素的研究仍然缺乏，如何客观反映区域软投入水平及软投入各要素组合质量仍有待深入研究。

因为软投入具有无形性特征，政策投入、劳动者积极性投入等要素难以量化，因此目前还没有统一的软投入评价标准，缺乏客观真实的统计评估，无法真正掌握各区域软投入的现状、演进趋势及软投入要素组合质量，也无法准确估计软投入对经济发展的贡献。

本书基于软投入经济学理论，充分理解软投入的概念、内涵和组成要素，结合我国经济发展实际，梳理软投入的构成要素，构建软投入评价指标体系，丰富软投入理论；利用综合评价方法完善对软投入的定量测度，对我国各省份的软投入进行测度并分析各省份的软投入组合质量，客观认识我国各省份的软投入水平与质量，引导各省份积极重视软投入，并基于此测算八大综合经济区的软投入水平与质量。本书还将浙江与其他软投入水平较高的省份，如北京、上海、广东、江苏等进行纵横向比较分析，通过区域比较，明确各省份软投入发展的优劣势，取长补短，为各省份的软投入发展提供分析和建议，为各省的软投入发展战略制定提供数据支持，使各省份因地制宜，更加科学和高效地推进各地区软投入的发展，促进经济高质量发展。

四、推进区域软投入发展缺乏战略设计

目前关于区域软投入的研究较少，已有研究中仅有关于浙江和甘肃两省份软投入的文献，关于全国各省份的软投入研究仍不多见。不同区域不同省份要素禀赋存在差异，经济发展阶段与发展规律各不相同，软投入的提升路径与机制也截然不同。没有对各省份软投入的比较，就无法分析各省份软投入的差异和各自的优劣势，无法为各省份制定软投入发展战略提供数据支撑和理论支撑。处于不同发展阶段的区域，增强软投入的侧重点不同，如何更高效地激发软投入要素，有效实施创新驱动战略，相关的理论构建仍然缺乏，

导致战略部署与制度设计不足。

第三节　本书主要研究内容及框架

一、研究内容

基于李国璋教授（1988，1995）提出的软投入概念，结合软投入经济学、区域竞争力理论，明确软投入的概念、内涵、界定软投入的构成要素，设计能够客观反映软投入水平的评价指标体系。首先，根据构建的软投入指标体系对我国各省份软投入水平进行定量测度；其次，构建三系统耦合度模型分析各省份软投入组合质量；最后，利用结构方程模型探究软投入及软投入组合对经济发展的直接影响和间接影响。全书的研究内容如下：

第一章，绪论。阐述软投入的研究背景及研究意义，总结研究思路、研究框架及创新点。

第二章，文献综述。回顾国内外有关软投入的研究，梳理软投入的概念、内涵及构成要素，对软投入、软资产、软实力等相关概念进行辨析比较，明确软投入的内涵与外延，以及软投入三要素与经济发展的关系；梳理现有文献中有关软投入贡献率的研究方法，最后对已有研究进行简要评述。

第三章，改革开放以来软投入的历史演进与脉络分析。对中国改革开放40多年软投入发展进行分阶段分析，总结软投入历史演进与脉络。

第四章，区域软投入评价体系的构建。根据软投入的概念、内涵及构成要素，结合指标体系的构建原则，选取能够客观反映软投入的指标，构建软投入评价指标体系。阐述基于逐层拉开档次法的软投入测度研究方法。

第五章，区域软投入的测度与分析。利用纵横向拉开档次法计算得到各类软投入评价的权重系数，对我国各省级区域软投入进行定量测度，分析各省份软投入发展现状与发展趋势；利用面板数据的层次聚类方法，对各省份按软投入水平分类，并进行比较与分析。对全国各省份按八大综合经济区分类，对八大综合经济区的软投入进行测算和比较分析，掌握各经济区软投入发展状况及演进趋势。 以 2018 年的数据为依据,选取综合政策投入得分、综合科技投入得分、劳动者积极性投入得分和软投入综合得分均在平均值以上的省份为重点省份,对各重点省份的发展趋势进行对比分析,并将浙江与其他省份进行比较,明确发展现状,剖析优劣势。

第六章,区域软投入组合质量评价与分析。 利用三系统耦合度模型计算我国各省份软投入各要素的耦合协调度,划分协调等级,对各省份软投入的组合质量进行评价分析。 着重将浙江省与其他省份的耦合协调度进行比较,客观认识浙江软投入质量。

第七章,基于 SEM 探究软投入对经济发展的影响。 利用结构方程模型,首先构建软投入对经济发展的直接影响模型,探究软投入各要素间的相互关系及软投入对经济发展的影响;然后构建软投入对经济发展的间接影响模型,探究软投入各要素间的相互关系及软投入通过提升创新能力对经济发展的影响。

第八章,结论及政策建议。 根据实证研究,总结研究结论,从企业和政府两个角度分别给予政策建议。

二、研究框架

基于软投入的内涵及构成要素,参考已有研究,构建软投入评价指标体系;搜集我国 30 个省份的数据,利用逐层拉开档次法,对我国各省份的软投入进行定量测度,并将浙江与其他省份进行比较分析,客观认识浙江软投入现状,明确发展优劣势;构建三系统耦合度模型,计算我国各省份软投入 3 个要素间的耦合协调度,并将浙江省与其他省份的软投入组合质量进行比较分析;利用结构方程模型,构建软投入对经济发展的直接和间接影响模型,探究软投入对经济发展的影响;根据研究结论,从企业和政府两个层面分别有针对性地提出政策建议。 本书的研究框架如图 1-1 所示。

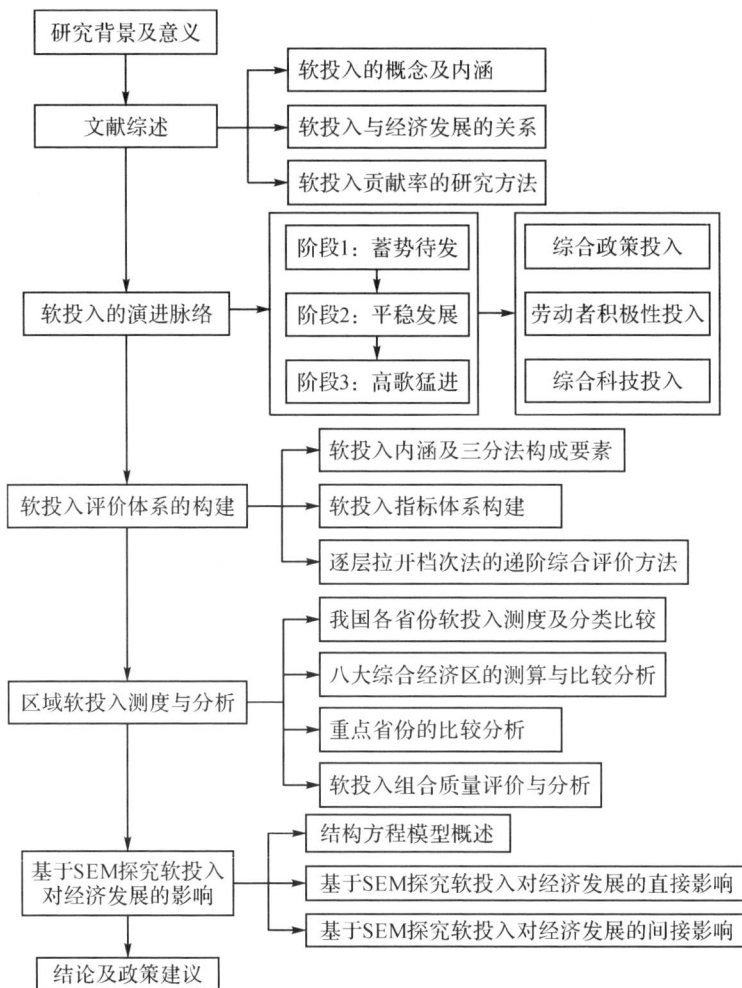

图 1-1　研究框架图

第四节　本书理论意义及实践意义

一、理论意义

(一)丰富软投入理论及研究方法,构建能够客观反映软投入的评价指标体系

目前关于软投入的研究,主要是根据李国璋教授(1995)提出的软投入理论进行延伸,学者们大多是从定性角度探讨软投入的概念、内涵,对软投入要素的界定及定量测度的研究较少。在已有研究中,学者大多针对软投入的某一要素来选取指标,或每个要素只选取单一指标代表。本书在已有研究的基础上,对软投入的概念界定及内涵进行归纳和总结,梳理软投入的构成要素,基于三分法,将软投入要素分为综合政策投入、综合科技投入及劳动者积极性投入,分别设计软投入衡量指标。本书的研究丰富了软投入理论,创新性地构建了能够客观反映各省份软投入水平的评价指标体系。

其中,综合科技投入包括科技投入、教育投入,结合我国及各省份的发展现状,本书将文化投入与医疗卫生投入纳入指标体系中,从科教文卫4个方面整体反映综合科技投入水平,并在教育投入中加入了继续教育经费支出。这些指标的加入丰富了软投入的内涵,更加符合经济社会发展实际情况。

(二)定量测度并分类分析区域软投入特征及演变趋势

现阶段多数学者研究软投入的内涵及要素组成,少有学者对软投入水平进行定量评价。

第一,利用逐层拉开档次法,对我国各省份软投入进行测度及综合评价分析。搜集2002—2018年我国各省级区域数据,利用纵横向拉开档次法,从综合政策投入、综合科技投入、劳动者积极性投入3个子系统入手,对我国各省级区域的软投入进行测度及评价分析,然后根据子系统得分利用纵横向拉

开档次法得到软投入的综合评价得分,并利用层次聚类(Ward 法)对各省份划分梯队,分析各类别区域软投入的现状、优劣势、演进特征。 着重对浙江与北京、上海、广东、江苏、天津等省份进行比较分析,客观认识浙江软投入的发展现状,剖析优劣势,为制定增强软投入、提升软投入组合质量、促进经济转向高质量发展的相关政策提供依据。

第二,构建三系统耦合协调度模型,对软投入组合质量进行评价。 根据构建的三系统耦合协调度模型,计算我国各省份综合政策投入、综合科技投入、劳动者积极性投入的三系统耦合协调度,划分协调等级。 对浙江的软投入组合质量进行评价,并与其他省份比较分析。

(三)深入分析软投入及各要素耦合对经济发展的直接影响和间接影响

目前有关软投入对经济发展影响的研究较少,陈宏伟(2010)通过构建计量模型探究软投入对经济发展的影响,从软投入 3 个要素角度研究软投入对经济发展质量的影响。 在计量模型的构建中,陈宏伟假设软投入 3 个要素间相互独立,未考虑软投入 3 个要素间的相互作用,未能从整体上把握软投入对经济发展的影响。 本研究弥补了这一不足,采用结构方程模型(SEM),构建软投入对经济发展的直接影响和间接影响模型,并且模型中考虑了软投入 3 个要素间的相互作用,探究软投入对经济发展的影响,定量分析软投入各要素间的相互关系、软投入对经济发展的影响,以及软投入通过提升创新能力对经济发展的影响。 本书从整体上把握软投入对经济发展的影响,具有丰富的理论价值与现实指导意义。

二、实践意义

(一)客观反映软投入现状,明确发展中的优劣势

基于软投入经济学理论,充分理解软投入的概念、内涵和组成要素,结合我国经济发展实际,构建软投入评价指标体系,对我国各省级区域的软投入进行测度并分析软投入组合质量,引导各省份积极重视软投入。 将浙江与其他省份进行纵横向比较分析,客观认识浙江软投入现状及发展过程中存在的问题,剖析优劣势,为提升软投入水平提供依据,依靠政策、管理、科技等软投入,不断提升自主创新能力和知识产权创造力,促进经济发展质量。

(二)有助于政府把握财政投入方向,为制定相关政策提供依据

政府作为经济活动的引导者,主导全社会的资金流向。 在市场机制不完善的现状下,政府对经济进行适当干预,能够促进经济更好地发展。 对软投入的定量测度与研究,有助于政府认识区域软投入发展现状,为政府对软投入各要素进行财政投入提供参考,为政府部门制定相关政策提供定量的客观事实依据;帮助政府更好地把握财政投入的总方向,引导社会资金的流向,补全软投入"短板",提高软投入水平,促进软投入各要素的协调发展,提升软投入组合质量,促进经济高质量发展。

(三)引导企业重视软投入,增强企业竞争力

企业作为经济活动的主体,企业的发展对经济发展起着至关重要的作用。 对软投入及其构成要素的研究,有助于企业明确自身发展的优劣势,有针对性地进行要素投入。 引导企业重视软投入,尤其注重在人才引进、科技、劳动者积极性等方面的投入,促使企业提升高素质的智力资本、注重知识产权保护等,进而能够提高自主创新能力,增强企业竞争力。

(四)为最终实现经济转型升级、提质增效提供支撑

在全球经济一体化的时代背景下,我国经济结构性矛盾仍然存在,尤其是我国经济正处于由高速发展转向高质量发展的关键阶段,因此我国要更加重视软投入,提高区域软投入水平,提升软投入组合质量,全面推进经济转型升级。 通过对软投入的研究,把握好软投入与经济发展的内在联系,探究软投入对经济发展的影响及软投入通过提升创新能力对经济发展的影响。 重视提高软投入组合质量,促使政策、科技、教育、劳动者积极性等软投入要素组合发挥出最大联合效应,促进经济转型升级。

2

第二章 文献综述

第一节 软投入的概念及内涵

一、软投入的概念

20 世纪 80 年代李国璋教授在研究我国经济增长源泉时提出软投入概念，指出人类在生产活动过程中有两类投入：一类具有物质形态，称为硬投入；另一类不具有物质形态，称为软投入。李国璋（1989，1995）给出软投入的定义，即"在生产过程中除了物质形态要素投入之外的其他非物质形态要素投入的总和"，并将软投入概括为综合政策投入、综合科技投入、劳动者积极性投入 3 个要素。李国璋教授（1995）指出"软投入是人为提供的，但有时不是人们有意识地去提供的"，比如经济体制和政治体制是影响经济的重要因素，劳动者积极性是人们在生产过程中所表现出的精神状态，这些都不是人类有意地投入生产过程中的，而是潜在地对经济发展产生影响。

从软投入内涵界定来看，多数学者与李国璋教授持相同观点，认为软投入是指相对有形的硬投入而言的非物质形态的投入（潘文卿，1997；彭国川，赵崇生，2006；张唯实，2011，2012；张思思，2014；郝建亚，2014；方腾高，毕宁，徐璐，2018），包括战略、规划、机制、政策、观念、认知、意识、科学管理、科技进步、民众素质等等。当然也有少数学者持不同观点，党国印（1993）认为把管理、政策、信息、技术、劳动积极性等因素全部称为软投入或软投入要素是不正确的。党国印认为软投入与硬投入的区别在于其投入方向的不同，而不在于投入物自身物质形态上的差别，因此党国印将经济软运行中的劳动、资金和自然资源的投入均称作软投入。

关于软投入的内涵，产生分歧的原因在于考虑角度不同。一部分学者从投入角度给出定义，认为一切不具有物质形态的投入就是软投入；另一部分学者从产出角度给出定义，将经济运行状态分为硬运行与软运行，认为产出没有物质形态时，所对应的投入就是软投入。本书认为软投入是一种无形的投入，是没有物质形态的投入，是相对于硬投入而言的，所以不应该从产出角度定义软投入，而应该从投入角度给出，认为软投入是不具有物质形态的投入。

二、软投入的构成要素

关于软投入的构成要素，目前主要有两分法和三分法两种分类方法。两分法，将软投入要素分为科技型投入和非科技型投入。科技型投入主要是指在经济发展过程中受到科技投入和教育投入的变化而对软投入产生影响；非科技型投入是指经济发展过程中受到体制、政策或劳动者积极性等要素的影响而导致软投入发生变化（陈宏伟，2010；张唯实，2012）。三分法，将软投入分为综合政策投入、综合科技投入、劳动者积极性投入三大类（李国璋，1995；陈宏伟，2010）。石宏博（2011）参考李国璋对软投入的分类，将软投入分为制度投入、综合科技投入、劳动者积极性投入。周晖（2012）将软投入要素概括为体制要素、政策要素、科技要素和教育要素4类。张思思（2014）将软投入要素概括为体制政策因素、科技型软投入、劳动者积极性投入3类。郝建亚（2014）将软投入要素概括为综合政策投入、科技型软投入、劳动者积极性投入3类。

这两种分类方法从本质上看是一致的，仅存在划分的类别数不同，软投入要素组成是相同的。由于三分法更加清晰，而且凸显了劳动者积极性投入的重要性，所以本书选用三分类法，将软投入分为综合政策投入、综合科技投入与劳动者积极性投入。

三、软投入、软资产、软实力、智力资本概念辨析

（一）软实力的概念

1.软实力的概念

20世纪90年代初，美国学者约瑟夫·奈首次提出软实力的概念，即"通过吸引别人而不是强制他们来达到你想要达到目的的能力"，进而发展形成软实力理论。国家也已认识到软实力的重要性并将其列入"十二五"规划中。因此，研究区域软实力不仅满足了国家发展战略和转型升级的需要，也满足了人们日益增长的精神生活的需要。为有效推进区域软实力建设，提升软实力水平，积极引导各地区保持发展的领先优势，必须跟踪软实力研究。

软实力自诞生之日起，便暗含了国家的概念，即软实力专指国家软实力。首倡者约瑟夫·奈在提出软实力这一概念之后，仍不断地发表文章更新他对软实力的认识。他认为软实力是"一种吸引力，让别的国家不由自主跟随你"，这种吸引力来自一国的文化、政治价值观和外交政策。正如前文中所言，约瑟夫·奈在定义软实力时，有一种使役性，体现了一种霸权思想。同样是从外交这一角度出发来定义，时任国务院总理温家宝在2009年夏季达沃斯论坛提出中国软实力就是对所有国家，特别是发展中国家、最不发达国家的尊重。这一阐释提供了理解国家软实力的新视角，也体现了中华文化中以和为贵的儒家思想。此外，刘遵义（2004）在定义软实力概念时也强调了公平，提出要从道义上去赢得朋友，影响他人。

也有学者将关注点放在了国内。如斯拜克曼把民族同质性、社会综合程度、政治稳定性、国民士气等视为国家的软实力。国内学者从不同的角度出发，也给出了不同的定义。有学者认为政治实力是软实力的来源，如阎学通（2007）提出软实力是一国的内外政治动员能力。也有学者则侧重于文化价值观等精神要素，如韩勃（2009）、北大中国软实力研究课题组（2009），都

认为软实力是通过诉诸情感、理性和信仰来改变对方的价值观来达到自身的目的。

更多的学者则是把软实力和硬实力结合在一起来进行分析研究的，如左学金（2004）、刘绛华（2006）、陈恒辉（2010）等，他们普遍认为软实力是相对于国内生产总值、国防等硬实力而言的，软实力是硬实力背后的更深层次的文化、价值观念、社会制度等因素。

2.软实力的特点

（1）柔性和非强制性

柔性和非强制性（戴业炼，2006；陈正良，2008）主要是指软实力的作用方式是通过吸引而非强迫。可以通过文化感召力、政府公信力、民众的凝聚力和创造力来激发自身潜能来改进和完善自身。还可以通过文化辐射力、良好的形象展示来赢得外界的认同，并自发地追随。换言之，通过软实力的运用，改变的是个人或单位的观念，区域内外的相关个人或团体都自愿地按照主体的意愿来做事。如17世纪荷兰的崛起，并非如之前的西班牙或葡萄牙那般依靠掠夺新大陆的财富来发展，而是依赖其相对自由和宽松的社会环境。正是这种环境激发了当地人的创造力和热情，也吸引了无数外来者到荷兰生活和经商，这才使得弹丸之地的小国也能称霸世界长达一个半世纪。

（2）扩散性、渗透性和稳定性

扩散性、渗透性和稳定性（陈正良，2008；汪安佑，2010）是软实力发生作用的一连串过程所体现的性质。首先，软实力的运用并不会被垄断，大到美国，小到梵蒂冈都拥有并能运用其软实力。但由于软实力资源不同，运用手段不同，软实力也有所区别。各地区或国家的软实力都存在一定的特殊性，然而但凡有益的事物都会被广泛地分享和学习，尽管这一过程比较复杂和困难。如2000多年前的《孙子兵法》在当今世界广泛传播不受国籍和地区的限制，几乎所有人都对此书评价甚高。同样地，"苏南模式"和"温州模式"均为各地学者所关注和研究，其发展经验为其他地区提供了借鉴。其次，渗透性是指软实力通过改变其作用对象的文化或制度等深层次因素使之从内到外发生转变，是一种润物细无声的方式。最后，软实力的稳定性是指无论是文化还是制度层面的改变既不可能一蹴而就也不可能朝令夕改，总会维持一段时间，待到新文化的出现来改变现有的文化。儒家思想在从汉朝起至清朝结束的 2000 多年的封建时代中一直占据主流文化，就是软实力稳定性的极好例证。

（3）历史积淀和时代创新的统一

软实力的历史传统性主要体现在文化和观念上。直至今日，官本位的思想仍对中国的发展有着消极的影响。时代的创新不仅包括了教育和公共服务方面的创新，也包括了文化和观念的创新。软实力唯一不竭的源泉就是创新，它也要求与时俱进。中国便是这两者结合最好的例子。悠久的儒家文化，在当今世界重新焕发了光彩。如今热遍世界的孔子学院，极大地提升了中国的地位，为中国重新塑造了一个礼仪之邦、文化故乡的良好形象。中国创造性地提出科学发展观，在赢得世人喝彩的同时，也为中华崛起创造了良好的氛围，为提升国家软实力做出了极大贡献。此外，在现代社会中，软实力更是与科技进步、知识经济息息相关。

（4）系统性和综合性

软实力是由几个部分所构成的，其构成要素包括文化和制度等。但它们并非各自独立存在，而是互相影响的（陈正良，2008）。以中国经济发展为例，改革开放，解放思想是第一步，即把人们从旧观念、从"姓资姓社"问题的泥沼中拉出来，只有这样市场经济体制才能在中国生根发芽。反过来，在市场经济发展起来的同时，各种西方思想也涌入我国，人们的观念也随之发生改变。此外，几个部分也并非只是简单相加。因此，必须注意软实力的各部分的协调发展和综合建设。

（5）非磨损性和无限繁殖性

软实力资源是非物质要素，能够重复使用，具有非磨损性和无限增值性（肖欢，2010）。物质要素只能参加一次或多次生产过程，然后就逐步消失。相较之下，软实力资源在生产过程中不但不会消失，而且还能得到丰富和发展。如科学技术本身并不会随着使用者的离去而消失，且使用者会依据其经验丰富和发展科学技术。

此外，人们争论的焦点还集中在软实力是有形的还是无形的。有不少学者认为软实力是无形且不可测度的，如张勇（2007）、韩勃（2008）。 当然也有学者认为软实力是可测度的，并做出了自己的探索性研究，如阎学通（2007）等人。 不可否认，价值观等概念的确较为抽象，且在软实力中也扮演着较为重要的角色，但过于强调软实力因素中精神方面的因素则不免显得有些顾此失彼。 诸如文学、绘画等各其他艺术也承载着地方的文化及思想。更为明显的则是政治和外交方面，如中国的人民代表大会制度。 每一次人大的召开都是一次民众智慧的释放，一次提升政府执政能力和公信力的机会，只不过较难衡量。 因此，软实力并非完全是无形的，并且是可被感知和体验的，而这也是测度软实力的一个现实基础。

3.软硬实力之间的关系

软实力和硬实力犹似一对孪生兄弟，自诞生之日起便是联系在一起的。这两者之间的关系有许多学者进行过研究讨论，但都仅止于定性分析。 即便如此，意见也并不统一。 在整理相关研究成果之后，关于这两者之间的关系可以分为两类。

大部分学者认为硬实力决定软实力及其发挥，如陈正良（2005）、蒋英州（2009）、肖欢（2010）、汪安佑（2010）和项久雨（2010）等。 他们都认为硬实力是软实力的基础和载体，软实力对硬实力有促进作用。

另一批学者则认为软硬实力都具有一定的独立性，两者是相辅相成、相互影响并有可能相互转化的。 约瑟夫·奈认为软硬实力是相辅相成的，因为两者都是以影响他人行为达到自身的目的的能力；同时两者又存在显著区别，因为两者"行为的性质和资源的实现程度不同"，并指出软硬实力要结合使用才能达到目的。 黄牧仪（2004）从哲学角度出发，从本质上讨论了软硬实力之间的区别和联系，认为软硬实力是相互影响的，但软实力并不是硬实力的直接体现，硬实力强大并不意味着软实力也强大。 两者处于一种既对立又统一的辩证关系中，应保持一定的平衡。 李博（2010）构造了实力函数 $P(H,S)$ ， $H(h_i)$ 为硬实力子函数， $S(s_j)$ 为软实力子函数，而后又分析了软实力和硬实力的互动机理，认为软实力在硬实力中得以提炼，软实力的进步又促进了硬实力的提高。 此外，于溪滨（2006）、秦尊文（2007）、李正治（2009）、田建明（2010）等学者都不约而同地强调了两者必须平衡和协调发展才能发挥各自的优势。

4.区域软实力与硬实力的概念

相比软实力和文化软实力的现有研究成果而言，区域软实力的研究成果并不算多。 目前区域软实力的概念至今尚未有统一的意见。 综观当前已有的研究，区域软实力概念的阐述有以下两种代表性观点。 一种是北大软实力课题组（2009）的精神要素论，他们认为区域软实力是指，一个地区通过直接诉诸感情、理性或信仰的方式，发展、动员和发挥心智能力的作用来达到区域的社会和经济目标的能力，并提出区域软实力实际上包括两部分：一是区域征服、占领外部心灵的能力；二是区域内部的心智潜力。 这一定义将区域软实力归结为主观能动性，不利于区域软实力的统计评价和定量研究。 另一种代表性意见是基于区域竞争力理论来定义区域软实力，持这一观点的学者有李克勤（2006）、马庆国（2007）、周晓宏（2007）、吴光芸（2009）和孙爱霞（2009）等。 他们都引入了区域竞争的概念，以列举的方式阐述了区域软实力的构成要素，且普遍认为区域软实力是在区域竞争中，建立在区域文化、价值观、公共服务、人口素质等非物质要素之上，可表现为区域政府的公信力、区域社会凝聚力、特色文化感召力、居民创造力和对区域外吸引力等非物质力量。 但这种以列举的方式来定义区域软实力的概念有损定义的简洁性。

区域软实力是软实力概念在空间上的延伸。 相对国家而言，地方政府的权力有限，如外交、军事、政治制度及相关经济政策的制定等。 不过由于所辖的范围相对小了很多，面对的问题更为具体，职能和目标也更为明确和清晰，且对外交流也显得并非那么重要。 因此，区域软实力也有其自身特殊之处。

基于以上几点的考虑，本书认为区域软实力是基于区域文化、民众素质、公共服务及区域形象等非物质要素，通过影响自身发展潜能和吸引区域外资源的流入等柔性方式，实现区域可持续发展的力量。 区域软实力可表现为区域文化的感召力、包容力和辐射力，区域社会的凝聚力，区域政府的公信力，居民创造力和区域信用的独特作用力，以及对区域外的亲和力、吸引力和区域形象影响力。 相比软实力的定义，区域软实力的构成要素发生了变化，且目的也更为明确。

相应地，区域硬实力是基于经济和科技等物质要素，通过利诱胁迫等刚性方式，实现经济和社会发展的力量。 与硬实力相比，区域软实力在构成要素上没有了军事力量，目标也更为明晰。

区域综合实力是指一个区域生存和发展所拥有的，包括物质力量和非物质力量在内的全部实力。 也就是说综合实力可分为区域软实力和区域硬实力两部分。 另外，区域竞争力是支撑一个区域持久生存和发展的力量，即一个区域在竞争和发展的过程中与其他区域相比较所具有的吸引、争夺、拥有、控制和转化资源，争夺、占领和控制市场的能力，为其自身发展所具备的资源优化配置能力（包学松，2006）。 也可以这样认为，区域竞争力是由区域硬实力和区域软实力协调组合而成的综合实力的外在表现。 因此，研究区域软实力有助于更好地把握当地的综合实力和竞争力，以便在将未来的发展中能更有针对性地制定出相关战略和政策。

（二）智力资本的概念

智力资本这一概念是由美国著名经济学家加尔布雷斯于 1969 年首次提出的。 加尔布雷斯指出：智力资本中的智力不再是"作为纯粹智力"的含义，而是体现为一种智力性活动，智力资本在本质上不仅仅是一种静态的无形资产，而且还是有效利用知识的过程，一种实现目标的手段。 1991 年，美国学者托马斯·斯图尔特在其经典性的论文《智力资本：如何成为美国最有价值的资产》中提出智力资本的概念，介绍美国智力资本是怎样成为美国最有价值的资产，由此引发了智力资本管理研究和实践的浪潮。 斯图尔特将长期以来被大家忽视的智力资本及其重要性揭示出来，他反复强调智力资本虽然常常以潜在的方式存在，但却是企业、组织和一个国家最重要的资产。 随后他又相继发表了很多有关智力资本的文章，1997 年出版畅销书——《智力资本：组织的新财富》，在书中将智力资本系统地定义为能够被用来创造财富的智力材料——知识、信息、知识产权和经验等，智力资本是被组合起来的有用的知识。 智力资本不仅是人的一种能够创造价值的综合能力，也是智力和知识相互融合而带来效益的资本。 智力资本这一概念将智力的本质由个体层面扩展到组织层面，它形象地描述了组织的一种潜在的运用知识与技能，以创造价值、提升组织竞争力的能力。

智力资本是相对于传统的物质资本而言的，是知识经济中最为重要的资源，是一种潜在的、无形的、动态的、能够带来价值增值的价值，是物质资本与非物质资本的合成。 智力资本的提出是人力资本理论深化和知识经济发展的结果。 智力资本与人力资本相比，其外延比人力资本大得多，智力资本不仅包括人力资本，而且包括为实现人力资本价值所必需的其他资本。 人力资本是指包含在人体内的一种生产能力，指劳动者所拥有的体力、智力、知识、技能及优秀品质的总和。 人力资本是智力资本的重要基础。 智力资本更强调一种信息共享的网络和能力。 区域智力资本是指通过一种开放性的网络在地区内共享知识和信息，从而充分利用不同机构与地区人员的潜能，将个人能力转化为组织能力，通过系统的合作使组合知识的价值最大化，并最终转化为现实生产力，促进地区经济发展。

国内外的许多研究人员和机构对有关智力资本的测量和评价进行了一系列的实证研究和分析，但由于智力资本的无形性、主观性和动态性，决定了正确计量智力资本的难度，目前还没有形成一套被普遍认可的评价指标体系。斯图尔特于 1997 年提出智力资本的 H-S-C 结构，即智力资本的价值体现在人力资本（Human Capital）、结构资本（Structure Capital）和顾客资本（Custom Capital）之中。 瑞典 Skandia 公司设计的称为导航器的动态智力资本测量模型，基本上主导了随后智力资本理论框架的发展。 Skandia 模型认为智力资本由人力资本、关系资本、过程资本和创新资本组成。 安妮·布鲁金将智力资本定义为由市场资产、知识产权资产、以人力为中心的资产和基础结构资产 4 个部分紧密结合的混合物，她提出用智力资本审计测量模型来识别并计算智力资本价值。 实际上安妮·布鲁金关于智力资本的定义与Skandia 模型的内涵基本相同，只是名称不同而已。 斯维比于 1997 年提出无形资产监视器模型，其内容包括外部结构（即商标、顾客和供应商关系等）、内部结构（即管理、员工态度和 R&D 等）和员工个人能力。 国内许多学者根据 Skandia 的智力资本模型，构建适合于企业评估智力资本发展水平的测度框架。

(三)概念比较

软资产的构成要素有人力资源、品牌、技术及知识储备等资产，高校的科研能力也是国家软资产之一；与之相对的硬资产则指资金、设备、土地等有形资产。

软实力是基于文化、制度和民众素质等非物质要素，通过影响主体自身的发展潜能和其他个体或单位的观念等柔和的手段实现其目标的力量。 从其构成来看，软实力可表现为文化力、外交力、制度力、政府执政能力等。 从其作用方式来看，软实力又可表现为包容力、创新力、凝聚力、动员力、亲和力和吸引力等。

硬实力是指基于经济、科技及军事等物质要素，使用命令、威胁或制裁等强制性方式来实现目标的力量。 从其构成来看，硬实力可表现为经济力、科技力、军事力等。 从其作用方式来看，硬实力又可表现为威慑力和战斗力等。

区域软实力的构成要素有区域文化、公共服务、人口素质、区域形象。硬实力的构成要素有基本资源（如土地面积、人口、自然资源）、军事力量、经济力量和科技力量。

区域智力资本的构成要素有人力资本、关系资本、过程资本、创新资本。其中人力资本是指人们所具备的分析能力、综合能力、集成能力和创新能力，是每个人知识、技术、经验、优秀品质和能力的总和。

软投入的构成要素有综合政策投入、综合科技投入、劳动者积极性投入。软投入是指相对有形的硬投入而言的非物质形态的投入。 在生产活动过程中有两类投入：一类具有物质形态，称为硬投入；另一类不具有物质形态，称为软投入。

第二节 软投入与经济发展的关系

1989 年，李国璋在《不可忽视软投入》一文中表明了软投入的重要性，多数学者（王虎中，1998；戴启斌，王忠宇，1989；黎龙醒，2014；沈晓栋，2017）持相同观点，认为软投入对中国经济发展起着十分重要的作用。 在 2016 年上海两会的特别报道中，吴建中先生再次提出要重视软投入，认为软投入在经济发展中起着重要的作用。 本书从软投入 3 个要素的角度梳理软投入与经济发展的关系。

一、综合政策投入与经济发展的关系

本书从宏观角度研究软投入，将综合政策投入分为体制投入和政策投入。 在现有的研究中，多数学者认为综合政策投入是经济发展的源泉，是经济增长的重要影响因素（沈坤荣，1999；刘鹏飞，2011）。 国外一些学者持有同样的观点，Lewis（1954）认为政策与制度在经济增长中起着举足轻重的作用，特别是对于转型国家来说更有必要。 经济增长理论提出一国或地区的历史传统和制度会影响区域经济发展。

有些国内外学者研究制度因素对经济增长的作用，有定性研究，也有定量研究。 Kuznets（1968，1995，1998）总结发达国家的经验，提出制度和技术是经济发展的基石，强调了制度因素在经济发展中的作用。 Myrdal（2003）认为制度因素是影响经济发展的根源。 North（1990）在著作《制度、制度绩效与经济增长》中运用制度经济学解释经济的发展过程，并开创性地提出新制度经济学，论证了包括产权制度、国家理论在内的制度对经济发展的重要影响。 国内也有学者研究制度因素对经济增长的影响（韩国珍，2002；刘津汝，2011；刘宾，2018；朱晓俊，张凤云，2018）。 朱晓俊、张凤云（2018）探究了滁州地区影响经济发展的制度因素，认为制度对经济可持续发展具有重要意义。 有些学者探究中国特色社会主义制度、最低工资制度、经济制度对经济发展的影响（李耘涛，2018；湛珏颖，2018；黄逸，

2017）。 李国璋、张唯实（2011）利用中国三大区域 1996—2008 年的经济数据，定量分析制度因素对中国三大区域经济增长的影响，结论表明制度差异对区域经济增长有显著影响。 彭军涛、陈其霆（2000）按照两分法，将非科技型软投入归结为制度因素，探究制度因素对经济增长的贡献，结果表明我国在 1991—1995 年间，制度贡献达 28.65％。

有些学者研究政策因素对经济增长的作用，既有定性研究，也有定量研究。 严冀、陆铭和陈钊（2005）探究中国实行的一些经济政策对区域经济发展的重要影响，论证了经济政策在不同区域的作用力不同。 赵磊（2018）、张静雯（2017）分别提出财政政策、人才政策对经济发展有重要影响。 朱家明、胡榴榴等（2018）通过构建回归模型，定量研究了人口新政策对经济发展的影响，结果表明人口结构变化对人均 GDP 影响显著。 冯丹（2016）基于熊彼特创新理论，探究了政策投入对经济发展的重要机制，提出政策投入通过影响市场机制和资源配置效率来促进经济发展。 林毅夫（1993）实证分析了改革初期农业政策投入对经济发展的影响，结果表明政策对经济增长的贡献高达 46.89％。

二、综合科技投入与经济发展的关系

本书将综合科技投入分成 4 个维度，分别为科技投入、教育投入、文化投入和医疗卫生投入。 在现有研究中，多数学者认为科技投入因素是软投入系统中最基本的要素，是影响经济发展的根本因素（隋映辉，1989；王倩文，2018）。

多数学者认为科技进步是促进经济发展的动力，因此科技投入对经济发展显得尤为重要（沈坤荣，1999；王帮俊，2006）。 国外一些学者持有同样的观点，认为科技投入能够通过促进技术进步而提高整个社会的生产率，Hausman ＆ Hall ＆ Griliches（1984），Coe ＆ Helpman（1995），Henderson（2009），Poldahl ＆ Gustavsson（2005），Raut（1995），Terleckyj（1974）提出 R＆D 投入是影响生产力的重要因素，并进行实证分析。 郭旭光（2018）认为提高研发经费投入是调动各类创新主体积极性的关键。 王倩文（2018）利用回归模型，研究结果表明科技创新对经济发展有显

著的促进作用。 尚勇敏、增刚（2017）采用 Malmquist 指数方法，发现科技创新能够推动区域经济发展与经济结构转型。 刘鸣飞（2018）通过生产函数构建计量模型，定量研究科技投入对经济发展的影响机制，结果表明科技投入对经济发展存在长期稳定的影响，且科技投入对经济发展的促进作用主要表现在 R&D 经费投入上。 有些学者就科技因素对经济发展的贡献进行了实证研究，1991 年世界银行公布发展中国家科技进步对 GDP 的贡献约为14.3%。 范柏乃、江蕾、罗佳明（2004）实证分析了我国 1953—2002 年的科技贡献约为 17.6%，认为科技投入对经济增长有显著影响，并且通过检验证实了两者之间确实存在因果关系。

国内外一些学者定量研究教育投入对经济增长的贡献。 Schultz（1994）测算出美国 1929—1957 年教育投入对经济发展的贡献达 33%，证明教育投入对一国或地区的经济发展有重要影响；杨逢珉、曹萍（2006）利用回归和因果关系方法，论证出 1978—2003 年教育投入对经济增长的贡献达到 42.93%。黎龙醒（2014）从企业和政府两个角度分析教育投入的重要性，提倡政府要增加对人力资本的投资，企业要加强对员工的再教育，加强开展员工培训，提升员工队伍素质，使人力资本能够最大化地提升社会效益。 王旭、陈蓉、李明宝（2018）利用面板数据构建计量模型，结果表明教育投入对区域经济的影响显著。 刘婵媛、陈霞（2017）研究"一带一路"核心区教育投入与经济发展的关系，通过构建指标体系与回归分析，论证出教育投入通过提升人力资本带动技术转变，从而转化为生产力来促进经济发展。 当然也有一些学者持有不同意见，刘文革、潘鹏杰、朱兴龙（2006）在研究人力资本对区域经济发展的影响时，提出区域间企业资源的差异不是由教育投入所形成人力资本的不同引起的，他们把这种差异归因于经验积累的差异。

多数学者认为文化投入与经济发展密不可分（马小南，周鲁柱，2014；范志杰，2013），认为文化产业的发展在促进社会生产力发展、促进社会和谐，提高国民素质等方面起到了不可替代的作用。 范志杰（2013）利用多元线性模型研究发展文化事业对文化产业的影响，提出政府要加大文化投入力度。有关文化投入的研究中，多数学者从总量角度进行探析，也有学者从效率角度进行研究。 赵颖（2013）测算出我国 2011 年文化投入规模达到 1627.01 亿元，占全国财政总支出 1.49％；有些学者测算我国省域的文化投入总量在近几年的变化情况（王亚南，2014，2015；魏海燕，王帮俊，2015；曹靓，2013）；谭秀阁、王峰虎（2011）对我国各省份文化投入效率进行比较分析，结果表明我国文化产业目前发展尚不成熟，各方面机制、体制还不够完善。有些学者探究文化投入对经济发展的影响，利用投入产出模型，结果表明文化产业对经济发展有明显的拉动作用（顾萍，田贵良，2016；刘亦赫，2016；张伟，林天霞，杨黛，2017）。 周莉、王洪涛、顾江（2015）通过构建计量模型，探究出文化投入对文化产业发展和经济发展均具有正向推动作用。

有关医疗卫生投入与经济发展关系的研究中，学术界的研究大致分为两条主线：一是研究医疗卫生投入与经济发展间的关系；二是把医疗卫生投入作为一种健康人力资本投资来看，认为医疗卫生投入是为社会提供健康人力资本的保障的，因此认为医疗卫生投入能够通过提升人力资本来促进经济发展。

已有医疗卫生支出对经济发展影响的研究中，美国卫生经济学家 Kleiman（1974），Newhouse（1977，1980），Bloom & Aevill（2004），Fogel（2004），Jewell & Junsoo（2003）通过大量的理论和实证研究，论证出地方医疗卫生投入与经济增长有显著影响关系，提出政府要重视医疗卫生支出规模。 国内诸多学者提出医疗卫生投入是影响经济增长的重要因素（王远林，宋旭光，2004；钟晓敏，杨六妹，2016；陈浩，丁江涛，2010）。 钟晓敏、杨六妹（2016）通过实证分析得出结论，政府医疗卫生支出每增长 100％，带动经济增长 12.08％；居民医疗卫生支出每增长 100％，带动经济增长 15.85％。 王远林、宋旭光（2004）探究出我国东部、中部、西部三大区域人均公共卫生事业支出对人均 GDP 的贡献为 21％、13％、96％，由此可以看出卫生事业支出对经济发展的影响较大，且区域间存在明显差异。 白诗珧（2017）通过实证分析得出，财政医疗卫生支出每增长 100％，带动经济增长 23.17％；居民医疗卫生支出增长每 100％，带动经济增长 15.38％。

已有医疗卫生投入、人力资本、经济增长三者关系的研究中，Lucas（1988）和 Romer（1990）构建了包含健康的内生增长模型。 国内诸多学者认为政府医疗卫生投入能够通过提升人力资本来促进经济发展（王新军、韩春蕾、李继宏，2012；兰相杰，2013；陈浩，2010）。 宋英杰、曹鸿杰（2017）对山东省 17 个地市利用广义生产函数进行探究，结果表明政府医疗卫生支出对人力资本的提升及经济发展有重要作用。 骆永民（2011）认为健康人力资本能够促进区域经济发展。 吕娜（2011）利用 MLE 协整检验方法探究公共健康投资与经济发展的关系，结果表明我国 1991—2006 年公共健康投资的产出贡献率达 48.4%，高于同期的美国和英国。

三、劳动者积极性投入与经济发展的关系

李国璋（1994）提出要在确保投入方向正确的前提下重视劳动者积极性投入。 董敏、王廷建（2001）指出人在正常工作时，一般仅发挥了个人实际能力的 20%—30%，而在充分激励的情况下会达到 80%—90%，生产效率得到极大提升。 Taylor（1911）、Gilbreth（1973）最早开始有关科学管理的研究，就如何提高生产率展开研究，其中提到了劳动者积极性，并提出可以通过高工资、完不成任务要承担损失等方法来激发劳动者积极性。 国内有关劳动者积极性的研究是从 1958 年开始的，现阶段多数学者认为提高劳动者积极性对提高劳动生产率、促进经济发展具有重要影响（冯诚明，1991；莫惠林，阳明清，1994；李慧敏，2000；史智忠，1987；Teixeira，2003）。 史智忠（1987）提出劳动者积极性对促进生产力的提升具有重要作用。 莫惠林、张善民（1997）提出劳动者积极性影响企业技术水平，从而对社会生产率产生影响。 章茂龙（1992）认为劳动者积极性是企业活力的源泉，是增强企业凝聚力和向心力的基础。 刘鹏飞（2011）认为劳动者积极性作用于经济生活，影响产出和经济增长，因此劳动者积极性的投入是经济增长的核心。 孙松滨、李述斌（1994）认为在经济发展过程中，调动劳动者积极性与政策投入同等重要。 关于劳动者积极性投入对经济发展的影响，多数学者选用定性分析方法进行研究，少有关于定量研究的文献。

第三节　软投入贡献率的研究方法

一、增量投入产出表方法

李国璋教授（1995）在提出软投入理论时，首次提出通过增量投入产出表来计算软投入贡献率，对索洛余值进行重新解释，其中增量产出表是用目标年与基年的投入产出表按照可比价格相减得到的。李国璋教授根据软投入的内涵及组成要素将软投入组合总的贡献分解为科技型贡献与非科技型贡献。

李国璋、陈南旭（2016）提出了增量投入产出表的具体编制方法。现有文献中，一些学者已经编制了不同年份全国和省级的增量投入产出表。武玉洁（2008）编制了1997—2002年我国16个部门的增量投入产出表。闫来旗（2011）编制了1997—2002年、2002—2007年我国13个部门的增量投入产出表，并计算软投入贡献。戚磊（2012）编制了1982—2007年工业的增量投入产出表，计算出在此期间的软投入贡献率均为负值。陈南旭（2012）编制了甘肃省2002—2007年我国16个部门增量投入产出表，并探究经济发展的主要影响因素。李国璋、林舜聪（2010）编制了2002—2007年我国的增量投入产出表。陈飞航（2015）编制了福建省2002—2007年、2007—2012年的增量投入产出表。李媛（2011）编制了1998—2007年的增量投入产出表，并计算软投入、科技型软投入与非科技型软投入三者的贡献率，结果表明，在此期间，我国经济增长过程中软投入的作用主要来源于非科技型软投入，经济呈现非科技型增长特征。

二、软投入贡献率研究方法的扩展

虽然运用增量投入产出表计算软投入贡献率的方法已发展得比较完善，但投入产出表在编制时间上存在滞后性，因此有些学者编制了投入产出表的延长表，但是这种方法比较复杂，对测定软投入贡献率带来诸多不便。

由于投入产出表在计算上的不足，有些学者提出了不使用投入产出表来定量测算软投入贡献率的方法，即采用能够反映软投入的指标，通过构建指标体系的方法来近似测度。这种方法弥补了投入产出表的不足，拓展了软投入理论，丰富了软投入贡献率的研究方法。但由于软投入的内涵较为广泛，客观选取有代表性的指标存在一定难度，因此对软投入进行量化较为困难，目前用此种方法研究软投入贡献率的文献较少。表 2-1 列出了部分学者提出的软投入指标体系及研究内容。

表 2-1　部分学者提出的软投入指标体系及研究内容

作者	指标层次	研究内容	指标特色及评述
陈宏伟 (2010)	一级指标、二级指标、三级指标	将软投入分为 3 类:综合政策投入、综合科技投入和劳动者积极性投入。共选取了 10 个评价指标。采用计量模型的方法，测算甘肃与浙江软投入对经济增长质量影响的差异	构建了完整的软投入指标体系，突出了有关政策投入方面的指标,但在教育投入方面只采用从业人员受教育年限形成的人力资本存量指标,难以全面反映教育投入。使用计量模型来测算软投入贡献率不能够体现软投入要素间的影响作用
郝建亚 (2014)	一级指标、二级指标、三级指标	将软投入分为 3 类:综合政策投入、综合科技投入和劳动者积极性投入。共选取了 4 个评价指标。采用索洛余值方法,使用增量投入产出表,测算了工业细分行业的软投入的贡献率	虽指出软投入要素及替换指标,但实证中使用增量投入产出表法测算工业的软投入贡献率,未使用指标体系进行评价
周晖 (2012)	一级指标、二级指标	将软投入分为 4 类:体制投入、政策投入、科技投入和教育投入。共选取了 4 个指标。采用 VEC 模型,定量分析各要素对经济增长质量的影响强度	忽略了劳动者积极性投入在经济增长中的作用,并且对软投入的组成要素分别选取了一个指标来替代,难以全面反映软投入

第四节　简要评述

一、学术界对软投入的概念及组成要素观点较为一致

通过对已有文献的梳理能够发现，现阶段多数学者同意李国璋教授（1988，1995）提出的软投入理论，包括软投入的概念及组成要素，认为软投入是指相对有形的硬投入而言的非物质形态的投入，只有极少数学者持有不同意见。现阶段关于软投入的研究主要是对李国璋提出的理论进行深化和应用，对软投入的概念及软投入构成要素的定义等观点较为一致。

二、软投入定量测度的研究仍然较少

在已有研究中，虽然关于软投入的定义及组成要素的研究较为成熟，学术界对于软投入的概念、内涵等观点基本一致，但关于软投入水平测算的研究较为缺乏。部分学者针对软投入的某一要素进行评价，或者是测算软投入的某一要素对经济增长的影响。目前学者对软投入的定量测度较为缺乏的主要原因在于软投入的范围较难界定，软投入要素（如政策投入、劳动者积极性投入）较难量化，因此还没有统一的软投入评价标准。

三、诸多学者认识到软投入对经济发展的重要影响，但缺乏定量研究

在已有研究中，诸多学者将软投入理论应用于农业、工业、教育行业、能源行业等，并提出软投入在不同行业均表现出对经济发展的重要作用。诸多学者虽已认识到软投入对经济增长的重要作用，但少有学者就软投入对经济增长的影响进行深入探究。陈宏伟（2010）运用计量模型研究了软投入各要素对经济增长的影响，针对软投入的 3 个组成要素分别建立 3 个计量模型，探究软投入要素对经济增长的作用，但未考虑软投入 3 个要素间的影响作用。

第三章　改革开放以来软投入的历史演进与脉络分析

第一节　软投入发展总览及阶段划分

　　本章将描述改革开放以来，软投入发展的总体情况及历史演进。 根据软投入的评价指标体系，我国的软投入发展大致经过了 3 个阶段：蓄势待发的第一阶段，平稳发展的第二阶段，高歌猛进的第三阶段。

　　改革开放以来，中国经济保持持续高速增长（如图 3-1 所示）。 例如 1994 年，中国 GDP 增速高达 36.4%[①]。 高速增长下的中国经济，不仅在基础设施等硬投入方面快速发展，在政策改革和营商环境等方面也呈现巨大飞跃，软投入随之同步发展。

　　为了更好地考察软投入发展及其演进脉络，本章根据我国 GDP 发展趋势，将经济发展阶段分为 3 个时期考察，并对 3 个阶段的软投入发展分别进行阐述，每个阶段软投入发展都有其特点和发展侧重点，根据演进脉络可概括

---

　　① 除注明来源的数据外，本章其他数据均来自国家统计局官方网站 https://data.stats.gov.cn/。

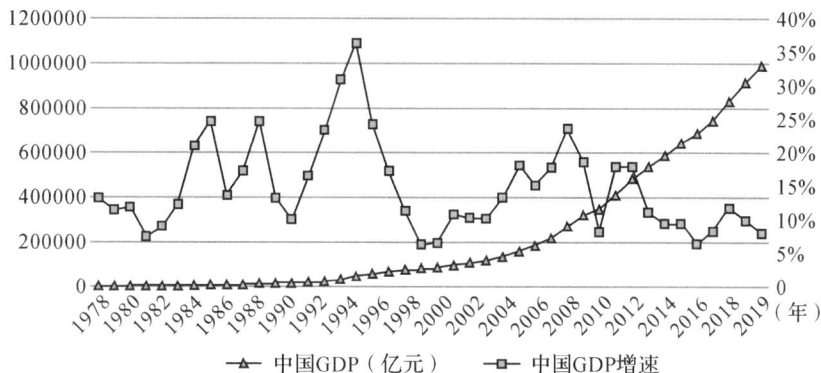

图 3-1　1978—2019 年中国 GDP 及其增速

为：蓄势待发的第一阶段（1978—1991 年），平稳发展的第二阶段（1992—2001 年），高歌猛进的第三阶段（2002—2020 年）。

我国自 1978 年实行改革开放之后，又于 1992 年，明确经济体制改革的目标是建立社会主义市场经济体制；2002 年，明确全面建设小康社会，加快推进社会主义现代化的目标。改革的红利，推动着我国软投入实现一次次飞跃。根据经济政策的发展，可以将其分为三阶段。

软投入发展的三阶段，不仅是受政策红利的影响和推动，也有其自身发展的逻辑。每一个阶段，都有自身的发展重点。本书将软投入分为三类：综合政策投入、综合科技投入和劳动者积极性投入。每一个发展阶段恰好对应了一个重点的发展类别。以此也相互印证了软投入发展三阶段和软投入评价指标体系的合理性和科学性。

在第一阶段，我国改革开放之初，经济处于转轨过程中。软投入的发展必然需要大量的政策改革来开道，这是软投入发展首要的政策保障。所以第一阶段的发展重点是综合政策投入。

在第二阶段，有了政策的土壤，借助于我国庞大的人口红利，于是我国的私营企业就业人数在 1992—2001 年一路飙升。这不仅是因为政策的改革，私营企业如雨后春笋般涌现，也是因为经过数年的改革开放，我国社会各方面都得到了长足的发展，国民受教育程度快速上升，劳动者素质得以提升。所以第二阶段的发展重点是劳动者积极性投入。

在第三阶段，我国的经济体量已经进入世界前 5。 改革的政策已经趋于稳定，人口红利也已经过了巅峰时期，这一时期我国开始意识到创新的重要性，并逐年加大了 R&D 投入。 所以第三阶段的发展重点是综合科技投入。

一、综合政策投入总览

改革开放以来，我国的经济体制完成了从计划经济到中国特色社会主义市场经济，再到社会主义市场经济现代化的飞跃。 在改革开放前，我国的经济具有计划性，随后转变为有计划的商品经济，再到后来建立了中国特色社会主义市场经济体制。 1993 年，我国宪法修订，添加了"社会主义市场经济体制"，中国从此步入社会主义市场经济阶段。 我国对民营经济的定性也在发生变化，1984 年，我国将它称为"补充"，到了 1999 年，它被确定为社会主义市场经济的"重要组成部分"。

社会主义市场经济体制逐步发展稳定，改革政策也进入稳定期，国家的基本经济制度也逐渐发展成熟。 进一步，随着全面深化经济体制改革全面铺开，经济政策的改革推动我国社会主义市场经济体系迈向现代化。 表 3-1 集中反映了我国改革开放以来经济政策的变迁方向。

表 3-1　改革开放以来中国经济政策年表

时间	政策
1978 年 12 月	中共十一届三中全会,明确提出了经济体制改革的时代任务
1979 年 3 月	《计划与市场问题》提到社会主义时期应存在两种经济——计划经济部分和市场调节部分
1981 年 6 月	《建国以来党的若干历史问题的决议》提出发挥市场调节的辅助作用
1982 年 12 月	"八二宪法"确认了"计划经济为主,市场调节为辅"原则在经济体制改革中的基础性地位
1984 年 10 月	《中共中央关于经济体制改革的决定》协同运用指令性计划、指导性计划以及市场调节 3 种经济调控手段进行经济建设
1984 年 5 月	《关于进一步扩大国营工业企业自主权的暂行规定》
1984 年 9 月	《国营企业第二步利改税试行办法》
1984 年 10 月	中共十二届三中全会再次明确了国有企业改革的目标是"使国营企业真正成为相对独立的经济实体,成为自主经营、自负盈亏的社会主义商品生产者和经营者"

时间	政策
1985 年 9 月	《关于增强大中型国营工业企业活力若干问题的暂行规定》
1986 年 4 月	《中华人民共和国外资企业法》
1986 年 12 月	《关于深化企业改革增强企业活力的若干规定》
1986 年 12 月	《中华人民共和国企业破产法(试行)》
1986 年 12 月	《关于进一步放开小商品价格等有关问题的意见》
1986 年 12 月	《关于深化企业改革增强企业活力的若干规定》
1986 年 12 月	《中华人民共和国企业破产法》(试行)
1987 年 9 月	《中华人民共和国价格管理条例》
1987 年 10 月	中共十三大正式明确"社会主义有计划的商品经济体制,应是计划与市场内在统一的体制"
1988 年 1 月	《关于计划外生产资料全国统一最高限价暂行管理办法》
1988 年 4 月	《中华人民共和国全民所有制工业企业法》
1988 年 4 月	"'八二宪法'第一次修正"将私营经济纳入保护范围,对其实行引导与监督
1988 年 8 月	《关于价格、工资改革的初步方案》
1989 年 3 月	《关于当前产业政策要点的决定》,对国家主要产业的发展方向及目标提出基本要求
1992 年 1 月	邓小平南方谈话:"计划与市场都是经济手段""社会主义的本质是解放和发展生产力"
1992 年 5 月	《股份制企业试点办法》
1992 年 7 月	《全民所有制工业企业转换经营机制条例》
1992 年 10 月	中共十四大明确提出建立社会主义市场经济体制的目标,使市场在国家宏观调控下对资源配置起基础性作用
1993 年 3 月	"'八二宪法'第二次修正"将"国家在社会主义公有制基础上实行计划经济"修改为"国家实行社会主义市场经济"
1993 年 11 月	中共十四届三中全会通过了《关于建立社会主义市场经济体制若干问题的决定》,成为全面建设社会主义市场经济的总纲领
1994 年 4 月	《90 年代国家产业政策纲要》
1997 年 12 月	《中华人民共和国价格法》正式颁布,以基本法律的形式肯定了市场主体的自主定价权,确立了市场价格在价格体系中的主体地位
1999 年 3 月	"'八二宪法'第三次修正"规定"坚持公有制为主体、多种所有制经济共同发展"

时间	政策
1999 年 9 月	《关于国有企业改革和发展若干重大问题的决定》
2003 年 5 月	《企业国有资产监督管理暂行条例》
2003 年 10 月	《中共中央关于完善社会主义市场经济体制若干问题的决定》:"进一步巩固和发展公有制经济,鼓励、支持和引导非公有制经济发展"
2004 年 3 月	"'八二宪法'第四次修正"将"国家对个体经济、私营经济实行引导、监督和管理"修改为"国家鼓励、支持和引导非公有制经济的发展,并对非公有制经济依法实行监督和管理"
2005 年 2 月	《国务院关于鼓励支持和引导个体私营等非公有制经济发展的若干意见》
2008 年 10 月	《企业国有资产法》
2013 年 11 月	《中共中央关于全面深化改革若干重大问题的决定》
2015 年 10 月	《中共中央国务院关于推进价格机制改革的若干意见》
2017 年 10 月	《公平竞争审查制度实施细则(暂行)》
2019 年 7 月	《政府投资条例》

二、劳动者积极性投入总览

劳动者的数量可以从一定程度上反映出劳动者积极性,所以本节采用劳动力数量为指标,来研究改革开放以来,我国劳动者积极性投入上的变化。 从图3-2中,可以明显发现1990 年前后,劳动力数量呈现出巨大差别。 1990 年之后,劳动力数量突然跃升,说明1990 年前后,劳动者积极性得到了极大的提升。

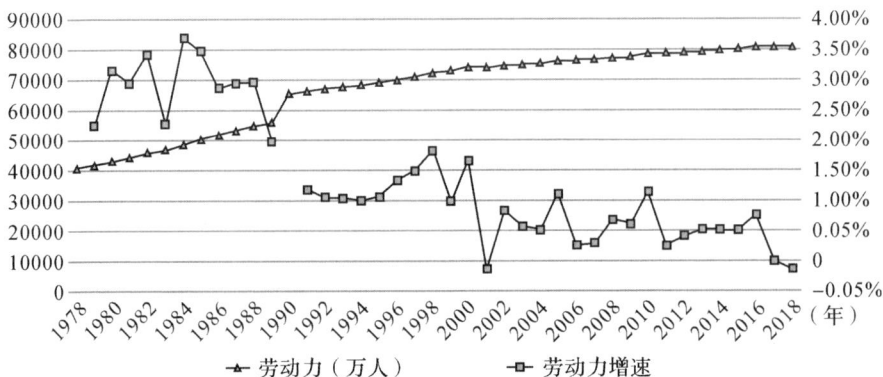

图 3-2　1978—2018 年中国劳动力数量及增速

分析劳动力数量的年增长率折线图（其中 1990 年增长率为 17.26%，为了便于图表展示，删去这个极值），由图 3-2 可以发现，1979—1989 年，劳动力增长率基本在 2%—3.5% 之间浮动；1991—2001 年，劳动力增长率基本在 1% 上下浮动；2002—2018 年，劳动力增长率基本在 0.5% 上下浮动。

虽然劳动力年增长速度最快的是软投入的第一阶段，但是在软投入第二阶段开始时，我国劳动力数量突然跃升至高位，并且往后逐年缓慢增加，年增长率缓慢下降。故这一阶段为劳动者积极性投入相对力度最大的时期。

改革开放以后，人才政策也进入了新的发展阶段，我国人才的社会地位、工作环境、工作体制都发生了重大变化，改革的过程其实也是我国提高全国劳动者积极性的过程。依据国家主要的科技、经济发展节点以及标志性政策事件可以将改革开放之后的劳动者积极性投入划分成三个阶段，即 1978—1991 年"人才体系恢复阶段"、1992—2001 年"市场改革深入阶段"、2002—2020 年"创新激励发展阶段"。

表 3-2 集中显示了我国改革开放之后人才政策的总览。劳动者积极性的提高，在于我国对于劳动者的重视程度，特别是对人才的重视程度，而随着一系列政策的出台，我国对于人才的激励措施越来越多样化、丰富化，从早期的奖励到后来的股权激励，越来越肯定人才在经济发展中的作用，越来越肯定人才是一种重要的生产要素。这一系列政策极大地提升了我国劳动者的生产积极性。

表 3-2　我国劳动者积极性政策投入年表

时间	政策
1978 年 11 月	《关于落实党的知识分子政策的几点意见》
1979 年 11 月	《中华人民共和国自然科学奖励条例》
1981 年 4 月	《科学技术干部管理工作试行条例》
1982 年 3 月	《聘请科学技术人员兼职的暂行办法》
1982 年 3 月	《实行科学技术人员交流的暂行办法》
1983 年 7 月	《关于科技人员合理流动的若干规定》
1983 年 9 月	《关于引进国外人才工作的暂行规定》
1984 年 3 月	《关于优先提高有突出贡献的中青年科学、技术、管理专家生活待遇的通知》
1984 年 9 月	《中华人民共和国科学技术进步奖励条例》

续　表

时间	政策
1985 年 7 月	《关于试办博士后科研流动站的报告》
1986 年 1 月	《国务院关于科学技术拨款管理的暂行规定》
1986 年 2 月	《关于实行专业技术职务聘任制度的规定》
1987 年 12 月	《有突出贡献的中青年科学、技术、管理专家的管理试行办法》
1987 年 9 月	《中国科学技术协会青年科技奖条例》
1992 年 8 月	《关于分流人才、调整结构、进一步深化科技体制改革的若干意见》
1993 年 7 月	《中华人民共和国科学技术进步法》
1996 年 5 月	《中华人民共和国促进科技成果转化法》
1999 年 3 月	《中华人民共和国科学技术进步法》
1999 年 5 月	《国家科学技术奖励条例》
1999 年 12 月	《国家科学技术奖励条例实施细则》
1999 年 12 月	《省、部级科学技术奖励管理办法》
2000 年 3 月	《关于深化科研事业单位人事制度改革的实施意见》
2002 年 5 月	《2002—2005 年全国人才队伍建设规划纲要》
2002 年 7 月	《关于在事业单位试行人员聘用制度意见的通知》
2002 年 9 月	《关于国有高新技术企业开展股权激励试点工作的指导意见》
2003 年 5 月	《关于改进科学技术评价工作的决定》
2003 年 12 月	《中共中央国务院关于进一步加强人才工作的决定》
2007 年 2 月	《关于科学研究事业单位岗位设置管理的指导意见》
2007 年 5 月	《中央科研设计企业实施中长期激励试行办法》
2008 年 11 月	《关于修改〈国家科学技术奖励条例实施细则〉的决定》
2010 年 6 月	《国家中长期人才发展规划纲要（2010—2020）》
2010 年 10 月	《创新人才推进计划实施方案》
2015 年 8 月	《中华人民共和国促进科技成果转化法》修订
2016 年 4 月	《促进科技成果转移转化行动方案》
2016 年 3 月	《国有科技型企业股权和分红激励暂行办法》
2016 年 9 月	《关于完善股权激励和技术入股有关所得税政策的通知》
2016 年 11 月	《关于深化职称制度改革的意见》

续　表

时间	政策
2017 年 5 月	《关于深化科技奖励制度改革的方案》
2018 年 2 月	《关于分类推进人才评价机制改革的指导意见》
2018 年 7 月	《关于深化项目评审、人才评价、机构评估改革的意见》

三、综合科技投入总览

(一)科技投入

本节整理了改革开放以来中共中央和政府制定的相关文件,将综合科技投入分为 3 个时期:1978—1991 年为科技改革起步阶段,1992—2005 年为科教兴国战略阶段,2006—2020 年为自主创新战略阶段。

本节选用国家财政科技拨款这一指标来反映历年国家对科技创新的投入力度。 从图 3-3 中可以看出,在 2002 年之前,我国的科技投入年增长率不稳定,上下波动较大,甚至出现过负增长;但是在 2002 年之后,科技投入年增长率多年来一直保持在 15％以上。

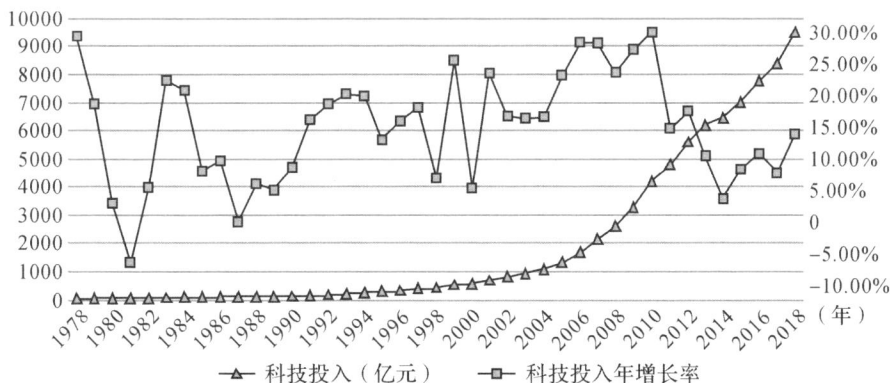

图 3-3　1978—2018 年中国科技投入及其年增长率

保持高增长的科技投入,体现了我国在发展软投入的后期阶段中,把握住了发展的重点,即综合科技投入。 大量的科技投入为软投入第三阶段的发展提供了创新资金支持和知识库支持。

改革开放以来，我国的科技软投入的政策年表（如表 3-3 所示）表明：科技软投入始终与国家的形势与中心任务紧密相关。 在以经济建设为中心的基本路线下，我国的科技政策体系在改革和创新中不断完善。 科技软投入从初期的科技管理和计划，逐渐转变为对科技人才的引导和激励，同时相关政策文件和法律文件不断推出。

表 3-3　改革开放以来中国科技政策年表

时间	政策
1978 年 12 月	《中华人民共和国发明奖励条例》
1984 年 3 月	《中华人民共和国专利法》
1985 年 3 月	《中共中央关于科学技术体制改革的决定》
1985 年 5 月	《中国依靠科学技术促进农村经济发展的计划》
1986 年 11 月	《高技术研究发展计划纲要》
1987 年 6 月	《中华人民共和国技术合同法》
1988 年 8 月	《火炬计划》
1993 年 7 月	《中华人民共和国科学技术进步法》
1993 年 11 月	《中共中央关于建立社会主义市场经济体制改革若干问题的决定》
1995 年 5 月	《中共中央国务院关于加速科学技术进步的决定》
1996 年 5 月	《中华人民共和国促进科技成果转化法》
1999 年 8 月	《中共中央国务院关于加强技术创新发展高新技术实现产业化的决定》
1999 年 5 月	《国家科学技术奖励条例》
2002 年 6 月	《中华人民共和国科学技术普及法》
2006 年 1 月	《中共中央国务院关于实施科技规划纲要增强自主创新能力的决定》
2006 年 2 月	《国家中长期科学和技术发展规划纲要（2006—2020 年）》
2012 年 9 月	《党中央国务院关于深化科技体制改革加快国家创新体系建设的意见》
2015 年 6 月	《国务院关于大力推进大众创业万众创新若干政策措施的意见》
2016 年 5 月	《国家创新驱动发展战略纲要》
2018 年 1 月	《国务院关于全面加强基础科学研究的若干意见》
2018 年 9 月	《国务院关于推动创新创业高质量发展打造"双创"升级版的意见》

（二）教育投入

图 3-4 显示了我国 1991—2018 年高中阶段毛入学率和高等教育毛入学率（1991 年之前的数据缺失）。 可以看到，高中阶段毛入学率在 2002 年前后有重大差异，2003 年开始，我国的高中阶段毛入学率快速上升，2012 年之后增速变缓。 而高等教育毛入学率则是逐年平稳上升，2012 年之后增速加快。

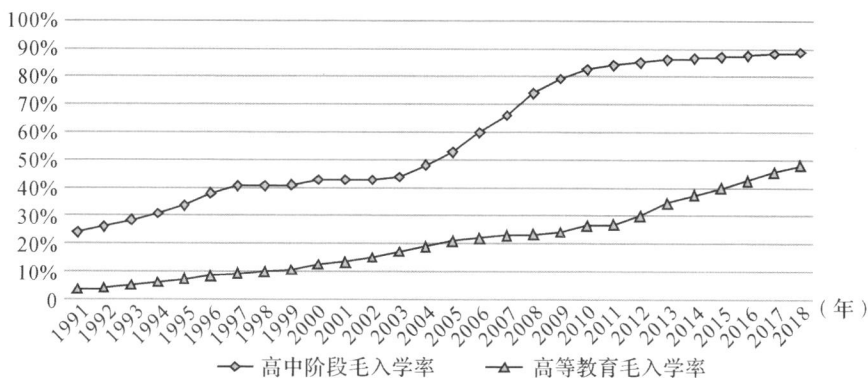

图 3-4　1991—2018 年中国高中阶段和高等教育毛入学率

表 3-4 综合展示了我国改革开放以来的教育政策，我国坚持基础教育和高等教育并重发展。 一方面，不断完善基础教育，致力于中小学教育的普及、教育资源均等化，不断推进教育公平，并且逐渐开放了民办教育领域；另一方面，我国 1978 年开始了研究生教育，1984 年开始发展留学教育，引入了高等教育的竞争，推进高等教育国际化步伐。 我国还陆续发布了一系列有计划地建设优质高校的工程，如 "211 工程" "985 工程" 和 "双一流工程"。

表 3-4　改革开放以来中国教育政策年表

时间	政策
1978 年 1 月	《关于办好一批重点中小学的试行方案》
1978 年 2 月	《全日制十年制中小学教学计划试行草案》
1978 年 2 月	《中小学各学科的教学大纲(试行草案)》
1978 年 8 月	《关于增选出国留学学生的通知》
1981 年 5 月	《中华人民共和国学位条例暂行实施办法》

时间	政策
1984 年 12 月	《国务院关于自费出国留学的暂行规定》
1985 年 5 月	《中共中央关于教育体制改革的决定》
1986 年 4 月	《中华人民共和国义务教育法》
1986 年 12 月	《出国留学人员管理教育工作的暂行规定》
1986 年 12 月	《关于出国留学人员工作的若干暂行规定》
1993 年 3 月	《中国教育改革和发展纲要》
1995 年 11 月	《"211 工程"总体建设规划》
1997 年 7 月	《社会力量办学条例》
1998 年 12 月	《面向 21 世纪教育振兴行动计划》
1999 年 6 月	《关于深化教育改革全面推进素质教育的决定》
2001 年 5 月	《国务院关于基础教育改革与发展的决定》
2001 年 6 月	《基础教育课程改革纲要(试行)》
2002 年 2 月	《教育部关于加强基础教育办学管理若干问题的通知》
2002 年 12 月	《民办教育促进法》
2005 年 5 月	《关于进一步推进义务教育均衡发展的若干意见》
2006 年 6 月	《义务教育法》修订
2010 年 5 月	《国家中长期教育改革和发展规划纲要(2010—2020 年)》
2013 年 11 月	《中共中央关于全面深化改革若干重大问题的决定》
2014 年 3 月	《关于全面深化课程改革落实立德树人根本任务的意见》
2015 年 4 月	《义务教育法》修订
2017 年 9 月	《关于公布世界一流大学和一流学科建设高校及建设学科名单的通知》
2018 年 12 月	《义务教育法》修订

1.基础教育的中央集中阶段(1978—1984 年)

1978—1984 年,我国义务教育一直由中央高度集中进行计划管理。 义务教育公共服务的供给全部由政府建立的公立学校完成,具有高度计划性和指令性。 由政府单一供给义务教育公共服务,社会资本不能参与。

1978 年 1 月,教育部颁布《关于办好一批重点中小学的试行方案》,教育部计划在市和区县两级办重点学校，从中央统筹转向地方负责、分级管理。中央政府将义务教育管理权限下放给地方基层政府。权力下放直至乡镇，推动我国教育体制不断进行改革。国家各级政府将各方面资源向重点学校倾斜。

为快速恢复基础教育秩序，我国颁发了《全日制十年制中小学教学计划试行草案》《中小学各学科的教学大纲（试行草案）》等多个文件。教育改革明确了国家对基础教育课程的规范管理权，规定了全日制中小学的学制与课程类目，确定了全国统一的教学计划、教学大纲和教材，初步建立起基础教育体系。

2.基础教育的权责下放阶段(1985—2001 年)

1985—2001 年，从第一阶段的政府单一供给转向包括国家企业、社会团体和个人等多个主体参与供给，改变了计划性、指令性的供给方式，引入了市场竞争。

1985 年 5 月，《中共中央关于教育体制改革的决定》指出，发展义务教育，地方要鼓励和指导国营企业、社会团体和个人办学。从政策层面正式明确了义务教育供给主体的多元化，除了政府办学外，国营企业、社会团体和个人办学也成了我国义务教育的重要组成部分。

1986 年 4 月，《中华人民共和国义务教育法》的颁布，标志着我国九年制义务教育制度的建立。它对基础教育课程进行了修改，要求必须努力提高教育质量，使儿童、少年在品德、智力、体质等方面全面发展，为提高全民族的素质，培养有理想、有道德、有文化、有纪律的社会主义建设人才奠定基础。

1988 年《义务教育全日制小学、初级中学教学计划（试行草案）》颁布，为了实施义务教育法，将小学课程与初中课程进行了统一设计。

1992 年 8 月，国家教委将"教学计划"改为"课程计划"，拓展了思想政治教育的内涵，明确了"义务教育—普通高中"两级课程体系，并且在教学方式上更加灵活。

1999 年 6 月，《关于深化教育改革全面推进素质教育的决定》颁布，对教育观念、教育体制、教育结构、人才培养模式、教育内容和教学方法等做了全面修改，全面推进素质教育。

2001 年 6 月，教育部颁布了《基础教育课程改革纲要（试行）》，它要求教育要面向现代化，面向世界，面向未来，培养有理想、有道德、有文化、有纪律的一代新人，建立促进学生全面发展的评价体系，引导学生利用已有的知识与经验，主动探索知识的发生与发展。

3.基础教育的均衡化发展阶段(2002—2020 年)

2002 年 2 月，《教育部关于加强基础教育办学管理若干问题的通知》发布，提出义务教育均衡化的方针。

2005 年 5 月，《关于进一步推进义务教育均衡发展的若干意见》颁布，提出要积极推进义务教育阶段学校均衡发展，对公办中小学校异地办学和招生应从严控制。

2006 年 6 月，新《义务教育法》发布，彻底取消重点学校制度，义务教育要城乡兼顾，并不再收取学杂费。 而后又颁布了一系列政策以促进义务教育均衡发展，充分发挥省级政府的领导统筹作用，将我国义务教育管理体制从"以乡镇为主"上移至"以县为主"。 社会力量办学在义务教育资源中占比越来越大。

2007 年，国务院出台《国家教育事业发展"十一五"规划纲要》，明确指出"把促进教育公平作为国家基本教育政策"，在价值方面出现了一个重大的转向。

2010 年，《国家中长期教育改革和发展规划纲要（2010—2020 年）》（以下简称《纲要》）明确提出："进一步加大省级政府对区域内各级各类教育的统筹。 统筹管理义务教育，推进城乡义务教育均衡发展，依法落实发展义务教育的财政责任。"

2013 年，《中共中央关于全面深化改革若干重大问题的决定》明确提出，要"统筹城乡义务教育资源均衡配置"，"扩大省级政府教育统筹权"，"不得将学校分为重点学校和非重点学校，学校不得分设重点班和非重点班"，"大力促进教育公平"，着重解决城乡"供给不均"。 扩大省级政府教育统筹权是教育体制改革进入"深水区"后的一个战略设计，是推进教育改革发展的新思路。

2014 年，《关于全面深化课程改革落实立德树人根本任务的意见》指出："研究提出各学段学生发展核心素养体系，明确学生应具备的适应终身发展和社会发展需要的必备品格和关键能力，突出强调个人修养、社会关爱、家国情怀，更加注重自主发展、合作参与、创新实践。"要求通过研制学生发展核心素养体系来调整和修正课程方案和课程标准，改善与优化中小学相关学科教材，并提炼出基于不同学科的核心素养。 在此意义上，学生发展核心素养是统筹新时代课程标准、教材建设、课堂教学、课程评价等各个环节的中心枢纽，也是破解"重智轻德""唯成绩论"以及学科割裂等实践问题的关键线索，这也就标志着课程改革开始进入"核心素养时代"。

自改革开放以来，我国义务教育的重心从快速建设转向均衡化发展，教育公平在当前既是主要价值导向，也成为教育发展的基本目标，成为促进我国义务教育均衡发展的内在机制。 从国家政策层面看，以实现教育公平为导向，通过义务教育公共服务均等化供给政策及其有效运行，统筹城乡教育资源，实现城乡义务教育一体化，有效解决了教育资源"供给不均"的问题，促进义务教育变革的价值取向真正实现了从"教育效率优先"向"教育公平导向"的转变。

4.高等教育投入(1978—2020 年)

在重视基础教育软投入的同时，国家也积极推进高等教育的软投入建设。

1977 年，国务院转批了《关于 1977 年高等学校招生工作意见》和《关于高等院校招收研究生的意见》。 1978 年，国务院批准创办了中国科学院研究生院。

1981 年，《中华人民共和国学位条例暂行实施办法》出台。 至此，国内科技人才的培养体系得到了恢复和建立。 启动国内人才培养的同时，留学政策也同步启动，教育部及相关部门陆续发布了《出国留学人员管理教育工作的暂行规定》《关于增选出国留学学生的通知》《关于出国留学人员工作的若干暂行规定》《出国留学人员守则》《关于自费出国留学的暂行规定》等文件，确定了新的留学方针和制度，对出国留学的工作原则、组织管理、公派出国留学人员的选派、国外的博士后研究以及自费出国等工作都做了明确规定，促进了出国留学活动的发展。

1994 年，我国开始启动实施一系列人才引进专项政策，从国外吸引一批优秀学术带头人。

1995 年，《"211 工程"总体建设规划》发布，正式启动"211 工程"；1998 年 12 月，教育部下发《面向 21 世纪教育振兴行动计划》，正式启动"985 工程"，以此推动我国高水平大学建设和高等教育水平和质量的提高。

2017 年，教育部启动了《关于公布世界一流大学和一流学科建设高校及建设学科名单的通知》。 在"双一流"高校 10 项重点建设改革任务中，培养拔尖创新人才是其中一项重点建设任务，主要是通过体制机制创新，遴选、培养和造就一批世界水平的科学家、科技创新领军人才、科技创新创业人才以及重点领域的创新团队和人才。

(三)文化投入

本书以文化事业费反映我国的文化投入情况。 其中 1981—1984 年的数据缺失，相关年鉴中只有"六五"时期的文化事业总费用，以及 1985 年的文化事业费用，故采取平均增长速度法估计并根据该时期的文化事业总费用进行调整。 文化事业费的统计口径在 1980 年修改过，1978—1980 年期间文化事业费包含科学研究费、基本建设的财政拨款和行政运行经费，但是总体来说，前后改变差异并不大。 由图 3-5 可以看出，我国政府不断加大文化投入，文化投入逐年增长。

文化投入可以分为 3 个阶段：第一阶段为 1978—1991 年，呈低水平缓慢增长，年增长率在 0—30％之间波动，由于 1981 年统计口径发生变化，所以波动较大，文化事业费支出从 4.44 亿元增长到 17.28 亿元；第二阶段为 1992—2003年，呈较低水平稳定增长，年增长率在 10％—20％之间波动，这一阶段的文化事业费从 17.28 亿元增长到 94.03 亿元；第三阶段为 2004—2018 年，文化事业费以较快速度持续增长，年增长率在 10％—25％之间波动，文化事业费从113.63 亿元增长到 928.33 亿元，呈现逐年直线快速上升态势。

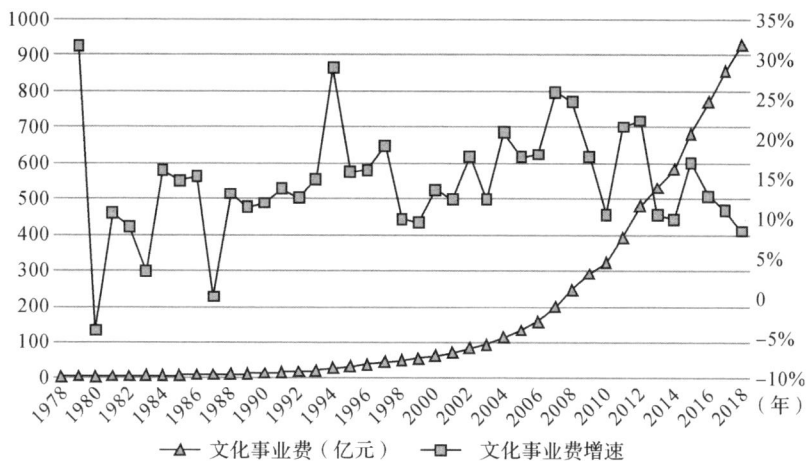

图 3-5　1978—2018 年中国文化事业费及其增速

注:数据来源于《中国社会统计年鉴 2019》,中国统计出版社。

(四)医疗卫生投入

从图 3-6 中可以看出,我国卫生机构床位数年增长率分为 3 个阶段:第一阶段为 1978—1991 年,年增长率在 2%—4% 之间波动;第二阶段为 1992—2003 年,年增长率在 0 上下波动,这一阶段的床位数维持在一个稳定的值(310 万张)左右;第三阶段为 2004—2018 年,床位数以较快速度持续增加,年增长率上升,在 4%—10% 之间波动。 1978—2018 年卫生机构床位数折线图更能直观反映 3 个阶段的变化速度:缓慢增长的第一阶段,保持平稳的第二阶段,直线上升的第三阶段。

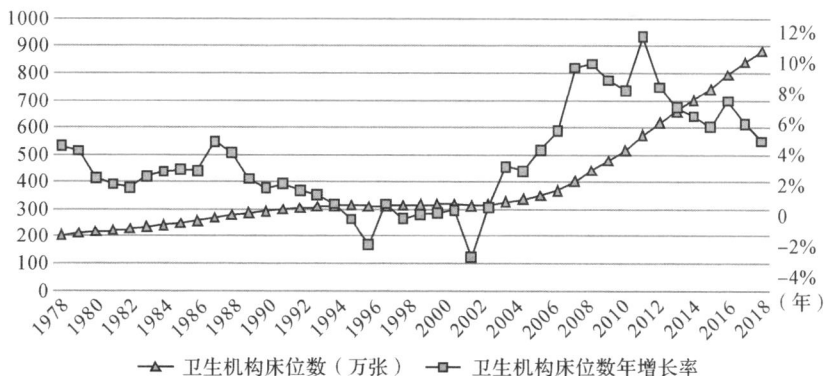

图 3-6　1978—2018 年中国卫生机构床位数及其年增长率

这与软投入发展的三阶段时间上大致相符，而医疗卫生机构床位数作为反映医疗卫生投入的指标，属于综合科技投入，医疗卫生机构床位数的快速上升，为我国的综合科技投入提供了医疗支持。这也说明了在软投入的第三阶段，综合科技投入是发展的重点。

第二节　蓄势待发的第一阶段（1978—1991 年）

一、综合政策投入（市场经济恢复阶段）

从 1978—1992 年邓小平南方谈话前，这段时间为社会主义计划经济逐步向市场经济过渡的商品经济时代。

（一）改革政策概述

在软投入发展的第一阶段中，改革政策起到了至关重要的作用，解放思想和经济转轨的过程需要数年的时间，这一阶段的发展重点是综合政策投入。

1978 年 12 月，中共十一届三中全会在北京召开，拉开了改革开放的序幕，确立了"解放思想，实事求是"的思想路线，将全党工作重心转移到社会主义现代化建设上来，明确提出要进行经济体制改革。

1982 年 9 月，中共十二大提出将全部经济工作重心转移到以提高经济效益为中心的轨道上来，提出"计划经济为主，市场调节为辅"原则。

1982 年，"八二宪法"颁布，规定"国家在社会主义公有制基础上实行计划经济。国家通过经济计划的综合平衡和市场调节的辅助作用，保证国民经济按比例地协调发展"，为我国发展社会主义市场经济提供了宪法支持。由此完成了从高度集中的计划经济体制向有计划的商品经济体制的转轨。

1984 年 10 月，中共十二届三中全会通过了《中共中央关于经济体制改革的决定》，进一步贯彻对内搞活经济、对外实行开放的方针，加快以城市为重点的整个经济体制改革的步伐，以利于更好地开创社会主义现代化建设的新局面。

1987 年 9 月，《沿着有中国特色的社会主义道路前进》的报告，阐述了社会主义初级阶段理论，提出以经济建设为中心，坚持两个基本点，是我们的主要经验，是党在社会主义初级阶段的基本路线的主要内容。明确我国经济建设的战略部署大体分三步走，把发展科学技术和教育事业放在首要位置，使经济建设转到依靠科技进步和提高劳动者素质的轨道上来。

随着《关于进一步放开小商品价格等有关问题的意见》《关于计划生产资料全国统一最高限价暂行管理办法》《关于价格、工资改革的初步方案》《中华人民共和国价格管理条例》等文件的发布，我国的价格改革不断推进。

1.民营经济松绑期(1978—1983 年)

1978 年 12 月，中共十一届三中全会召开，打破了思想枷锁，把工作重点从阶级斗争转移到经济建设上来。但是，国家的经济体制还没有真正变化，社会主义市场经济体制还处于探索阶段，对经济发展如何更符合中国国情，如何为人民群众带来更好的生活也处于探索阶段。虽然这一阶段的民营经济只是处于松绑期，但在政策层面也是一个质的飞跃。

被国家收购的私营企业首次被允许经营，它们在工业产出中所占的比例逐渐升高。价格的灵活性也有所提高，服务业规模扩大。1978 年从事个体经济的人员只有 15 万人，而到了 1984 年，全国城乡个体工商业者发展到1100 多万人，是 1978 年人数的 79 倍。个体经济在政策松绑的情况下得到了明显的发展，初步成为国民经济中不可缺少的组成部分。个体经济的初步发展为安排城镇待业人员和农村富余劳动力、扩大就业等做出了贡献。

2.民营经济发展期(1984—1991 年)

1984—1991 年，我国经济飞速发展，国家综合实力大大增强。

1986 年 12 月，《中华人民共和国企业破产法（试行）》颁布。

1988 年，中共十三届三中全会召开，党中央确定了针对国家经济过热的情况进行治理整顿的方针，并在 1989 年相应政策逐渐出台。中共十三届三中全会明确了民营经济是社会主义经济的重要组成，是有益补充，私营和个体经济都属于民营经济，进而为民营经济的发展扫清了主要障碍。1990—

1991 年间，大约 200 万人加入了私营经济。

1991 年，中国共产党成立 70 周年，邓小平同志提出了"先富带后富"，鼓励有条件的地区和人民先富裕起来，并支持鼓励各种非公有制经济共同发展。

3. 农村农业的改革

改革措施在农业领域率先展开。

1979 年，在中共中央指导下，全国农村逐步开始实行以家庭联产承包为主的责任制，即"分田包产到户，自负盈亏"。 通过实行家庭联产承包责任制，将人民公社的集体土地划给了农民。 在新政策的保护下，只要将合同规定的部分粮食缴纳给政府，农民就可以正式管理他们自己的土地。 这极大地提高了农民的劳动积极性和生产效率。

1982 年 9 月，中共十二大正式提出"小康"这一概念，并把它作为 20 世纪末的战略目标；在"小康社会"人民的生活达到"小康水平"，这是指在温饱的基础上，生活质量进一步提高，达到丰衣足食的水平。

4. 城市工业的改革

1979 年，国有企业改革展开后，即便超过了计划配额，国有制工业依旧可以按照计划和市场的双重价格销售商品，简称"价格双轨制"。 此外，工业责任制允许个人或团体通过合约管理企业，这进一步促进了国有企业的发展。 利改税制度的完善，有效地解决了国家和企业的分配关系。

1984 年 5 月，《关于进一步扩大国营工业企业自主权的暂行规定》发布，进一步调动企业的积极性，提高了企业素质，提高了经济效益，扩大了企业自主权。

1985 年 5 月，中共中央军委扩大会议召开，中国城市改革自此全面展开，重点是国有企业的改革。

国企改革经历了利润留成制、利改税、拨改贷等阶段，实现了国有企业组织结构和经营管理能力的优化。 《国营企业第二步利改税办法》《关于进一步扩大国营工业企业自主权的暂行规定》《关于增强大中型国营工业企业活力若干问题的暂行规定》等文件也相继发布。

中共十二届三中全会提出了所有权与经营权相分离的原则，明确了国有企业改革的目标是使国营企业真正成为相对独立的经济实体，成为自主经营、自负盈亏的社会主义商品生产者和经营者。 随后，《关于深化企业改革增强企业活力的若干规定》《中华人民共和国企业破产法》《中华人民共和国全民所有制工业企业法》等法律法规相继出台，为国有企业改革提供了法律支持。 国有企业改革的推进步伐随之加快，通过租赁制、承包制、试行股份制等形式，实现"国营"向"国有"转变。

1989 年，《关于当前产业政策要点的决定》发布，对国家主要产业的发展方向及目标提出基本要求，明晰了产业发展序列目录。

这一阶段，我国的经济体制由高度集中的计划经济转向计划经济与市场调节相结合，市场的作用在经济运行中的地位明显提升。

（二）开放政策概述

改革开放以后，中国首次开放了外商直接投资。 邓小平为外国投资设立了一系列经济特区。 与其他地区相比，这些经济特区相对自由。 经济特区的数量与规模持续扩大，快速成为国民经济增长的引擎。

1979 年 7 月，中共中央、国务院决定在深圳、珠海、汕头和厦门试办经济特区，此后创办了更多的特区。

1985 年 2 月，中共中央和国务院决定在长江三角洲、珠江三角洲和闽南金三角开辟沿海经济开放区。

1986 年 4 月，第六届全国人大第四次会议批准国务院制定的国民经济和社会发展"七五"计划，通过了《中华人民共和国外资企业法》。

1988 年 3 月，国务院进一步扩大了沿海经济开放区的范围，决定将杭州、南京、沈阳等 140 个市、县划入经济开放区。

1988 年 4 月，第七届全国人大第一次会议通过了设立海南省、建立海南岛经济特区的决议；中共中央批转沿海部分城市座谈会会议纪要，决定进一步开放 14 个沿海港口城市。

外贸依存度是一国经济依赖对外贸易的程度，可以在一定程度上反映一国参与国际经济的程度以及对外开放水平，其定量表现是一国进、出口贸易总额与其国内生产总值 GDP 之比。 我国 1952—2018 年的外贸依存度变化如图 3-7 所示。 可以看出，自中华人民共和国成立到 1978 年，我国的外贸依存度一直处于 5％—10％左右的较低水平。 改革开放之后，我国的外贸依存度快速上升，从图中也可以清晰地看到，改革开放之后我国的外贸依存度分为三个阶段：第一阶段为 1978—1991 年，外贸依存度直线上升；第二阶段为 1992—2001 年，外贸依存度经历短暂下跌之后又开始直线上升；第三阶段为 2002—2018 年，外贸依存度开始逐年下降。 这 3 个阶段也从侧面印证了软投入的三阶段区分的科学性。

根据改革开放前后的外贸依存度差别，可以直观地得到结论：改革开放之后，综合政策投入是软投入中最先发展和见效的因素。

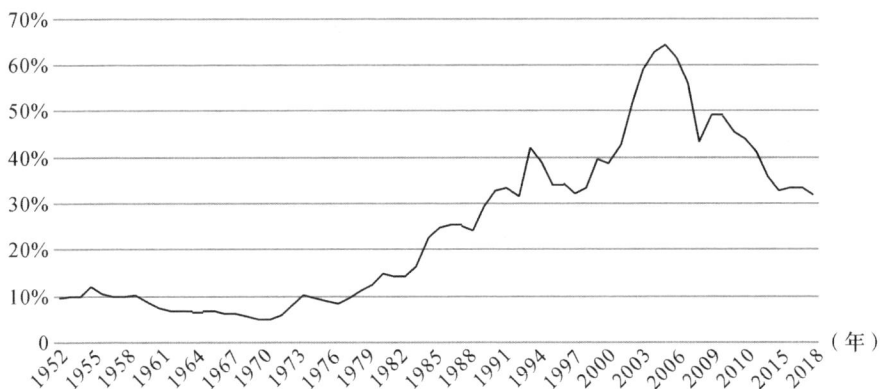

图 3-7　1952—2018 年中国外贸依存度

二、劳动者积极性投入（人才体系恢复阶段）

1978 年 3 月，《1978—1985 年全国科学技术发展规划纲要》发布，提出"知识分子是工人阶级的一部分"，恢复科学技术人员的职称，建立技术岗位责任制。 同年，中组部下发《关于落实党的知识分子政策的几点意见》，明确了知识分子的地位和作用，并提出了如何使用和发挥作用的问题，使知识分子得到了信任和肯定。

1978 年 12 月，国务院发布了重新修订的《中华人民共和国发明奖励条例》。

1979 年 11 月，《中华人民共和国自然科学奖励条例》发布。

1981 年 4 月，中共中央办公厅、国务院办公厅发布了《科学技术干部管理工作试行条例》，对科技人才的分配使用、培养教育、考核、晋升、奖惩都做了详细规定。

1982 年 3 月，国务院科技干部局发布了《聘请科学技术人员兼职的暂行办法》和《实行科学技术人员交流的暂行办法》。

1983 年 7 月，国务院发布《关于科技人员合理流动的若干规定》。

1984 年 9 月，《中华人民共和国科学技术进步奖励条例》发布。国家科技奖励制度逐步得到了完善。

1984 年，《关于优先提高有突出贡献的中青年科学、技术、管理专家生活待遇的通知》出台，对各地区、各行业有突出贡献的科技人才在医疗、生活补贴等方面的激励给予了政策指导。

1985 年 7 月，国务院批准了国家科委、教育部、中国科学院《关于试办博士后科研流动站的报告》，由此博士后制度在我国正式确立。

1986 年 1 月，国务院颁布《国务院关于科学技术拨款管理的暂行规定》《关于科研单位分类的暂行规定》《关于科学事业费管理的暂行规定》，成立了国家自然科学基金。科研经费拨款的改革，调动了科技机构和科研人才的积极性，促进了科技人才的合理流动。

1986 年 2 月，国务院颁布了《关于实行专业技术职务聘任制度的规定》，俗称职称改革，由职称评定改为职务聘任。同年，国务院发布了《关于促进科技人员合理流动的通知》，加强各级政府对科技人员流动工作的领导，创造人才流动的环境和渠道，鼓励科技人员向工农业生产一线流动，促进科技人员在各行业、各企业与事业单位之间流动。

1987 年相继出台了《有突出贡献的中青年科学、技术、管理专家的管理试行办法》《中国科学技术协会青年科技奖条例》，这些政策重在选拔、激励有突出贡献的科技人才，是对广大科技人才的引导和促进。

三、综合科技投入（科技政策恢复阶段）

1978 年，全国科学大会在北京召开，邓小平阐述了"科学技术是生产

力"的著名论断，指出"知识分子是工人阶级的一部分"。 "四个现代化，
关键是实现科学技术的现代化"，明确了科学技术在社会中的地位和作用。
"经济建设要依靠科学技术，科学技术工作要面向经济建设"成为这一认识下
的具体工作方针。

1978 年，《中华人民共和国发明奖励条例》颁布，恢复了国家发明奖。
同年通过了《1978—1985 年全国科学技术发展规划纲要》（简称《纲要》）。
1982 年将《纲要》的主要内容调整为 38 个攻关项目，以"六五"国家科技攻
关计划的形式实施。

1979 年，《中华人民共和国自然科学奖励条例》颁布，设立了国家自然
科学奖。

1984 年，《中华人民共和国科学技术进步奖励条例》颁布，设立了科学
技术进步奖，奖励的范围为"应用于社会主义现代化建设的新的科学技术成
果，推广、采用已有的先进科学技术成果，科学技术管理以及标准、计量、科
学技术情报工作等"。 同年，全国人民代表大会通过《中华人民共和国专利
法》，目的是"为了保护发明创造专利权，鼓励发明创造，有利于发明创造的
推广应用，促进科学技术的发展，适应社会主义现代化建设的需要"。

1985 年 3 月，《中共中央关于科学技术体制改革的决定》发布。 从单独
依靠国家财政拨款供给制变为实行经费的分类管理，逐步试行面向社会公开
招标和签订承包合同，鼓励部门、企业和社会集团向科学技术投资。 科学技
术人员是新的生产力的开拓者，保障学术上的自由探索、自由讨论，使人们无
所畏惧地去追求真理，反对滥用行政手段干预学术自由。 通过开拓技术市
场，疏通技术成果流向生产的渠道，改变单纯采用行政手段无偿转让成果的
做法，促进技术成果转化。 这些改变，把研究机构和生产单位的经济利益联
系起来，促进了科技竞争，使生产对科学技术的要求迅速成为研究的课题。

1985 年 5 月，国家科委向国务院提出了"关于抓一批短、平、快科技项
目促进地方经济振兴"的请示，引用了中国的一句谚语"星星之火，可以燎
原"，因而誉名为"星火计划"，意为科技的星星之火，必将燃遍中国农村大
地。 次年，星火计划开始实施。 星火计划是经中国政府批准实施的第一个依
靠科学技术促进农村经济发展的计划。

1986 年，《国家高技术研究发展计划》颁布，高技术研究发展计划又称"863 计划"。863 计划坚持"有限目标，突出重点"的方针，涉及 7 个领域（生物技术、激光技术、自动化技术、信息技术、航天技术、能源技术和新材料技术）中的 15 个主题项目，是今后发展高技术的重点。

1987 年，《中华人民共和国技术合同法》颁布，以法律的形式明确规定了技术开发、转让、咨询和服务等各种技术交易的基本规范和准则；同年，《中华人民共和国科学技术委员会科学技术成果鉴定办法》颁布，中国技术市场进一步规范。

1988 年，国家科学技术委员会启动发展火炬计划，宗旨是"实施科教兴国战略，贯彻执行改革开放的总方针，发挥中国科技力量的优势和潜力，以市场为导向，促进高新技术成果商品化、高新技术商品产业化和高新技术产业国际化"。

综上所述，这一阶段的科技政策从科技体制建设转变到科技体制改革，从"科学技术是生产力"发展到"科学技术是第一生产力"，从"资产阶级的知识分子"转变为"工人阶级知识分子"。

第三节　平稳发展的第二阶段（1992—2001 年）

一、综合政策投入（市场经济推进阶段）

1992 年初，邓小平同志视察武昌、深圳、珠海、广州、上海等城市，发表系列重要的南方谈话，做出了"计划与市场都是经济手段""社会主义的本质是解放和发展生产力"等精辟论断，认为计划多一点还是市场多一点不是社会主义与资本主义的本质区别，使人们对计划与市场的关系有了新的认识。1992 年邓小平南方谈话成了中国经济改革的又一个转折点。

1992 年 3 月，中共中央总书记江泽民在中共中央政治局全体会议上强调必须坚定不移贯彻执行"一个中心、两个基本点"，抓住当前有利时机，加快改革开放步伐，集中精力把经济建设搞上去，沿着中国特色社会主义道路继续前进；会议认为，解放和发展生产力，是中国共产党领导人民建设社会主义根本任务，为此必须坚持以经济建设为中心，坚持四项基本原则，坚持改革开放。

1992 年 10 月，中共十四大正式召开，大会通过了《中国共产党章程（修正案）》，将建设中国特色社会主义的理论和党的基本路线写进党章；明确提出建立社会主义市场经济体制的目标，使市场在国家宏观调控下对资源配置起基础性作用。 以邓小平同志南方谈话和中共十四大的召开为契机，我国改革开放和现代化建设步入了全新的发展阶段。

1993 年 3 月，第八届全国人大第一次会议通过了"八二宪法"的第二次修正案。 其中，最为关键的变化是将"国家在社会主义公有制基础上实行计划经济"修改为"国家实行社会主义市场经济"。 另一重要变化是将"国营经济"更名为"国有经济"，将全民所有制经济的所有权与经营权分离，进一步释放国有经济的市场活力，为接下来的国有企业改革奠定了基础。

1993 年 11 月，中共十四届三中全会通过了《中共中央关于建立社会主义市场经济体制若干问题的决定》，指出非公有制经济的发展必须充分和活跃，市场活动中不能缺少非公有制经济，党和国家要创设条件，激活非公有制经济的发展活力和动力。 同月，通过了《关于建立社会主义市场经济体制若干问题的决定》，进一步转换国有企业经营机制，建立适应市场经济要求，产权清晰、权责明确、政企分开、管理科学的现代企业制度；建立全国统一开放的市场体系，实现城乡市场紧密结合，国内市场与国际市场相互衔接，促进资源的优化配置。

1994 年 3 月，国务院颁布了《90 年代国家产业政策纲要》，为有效调整和优化产业结构，提高产业素质，促进国民经济持续、快速、健康发展提供了重要手段。

1995 年 9 月，中共十四届五中全会明确了社会主义市场经济体制建设是党的发展目标，指出要转变经济体制，为国民经济的更好、更快、更稳发展谋划有利的环境和条件。

1997 年 9 月，中共十五大提出支持和鼓励非公有制经济进一步发展和壮大，非公有制经济迎来了快速发展期。 这一阶段，我国的民营经济增长量迅猛。 我国民营经济的发展处于一个突破期,党和政府不断推出有利于民营经济发展的政策,民营经济也实现了跨越式发展。 明确了国有企业改革的方向,初步建立现代企业制度,对国有企业进行全方位改组。

此后,系列文件不断出台,如《关于鼓励支持和引导个体私营等非公有制经济发展的若干意见》,为民营经济营造环境,创设条件,对有关政策进行补充和调整,并逐步降低准入门槛,给予他们与国有企业同样的政治与经济待遇。

1997 年 12 月,《中华人民共和国价格法》正式颁布,以基本法律的形式肯定了市场主体的自主定价权,确立了市场价格在价格体系中的主体地位。同时,国有企业在既有的转换经营机制、增强企业活力的改革基础上,以《税收征收管理法》《全民所有制工业企业转换经营机制条例》《股份制企业试点办法》等法律法规为依托,实施股份制改革,进入建立现代企业制度的新阶段。

1999 年 9 月,中共十五届四中全会通过《关于国有企业改革和发展若干重大问题的决定》,进一步阐述国有企业现代化改革的目标与任务,指导国有企业改革朝着纵深发展。 从战略上调整了国有经济的布局和结构,国有企业改革由此进入了改革的攻坚阶段。 国有企业开始从一般竞争性行业逐步退出而向大企业集中,国有经济和国有资本也逐步集中到关系国民经济命脉的行业和领域。 通过对国有企业进行股份制改革,建立比较完善的现代法人资产制度,完善国有资本的退出机制。 "产权多元化"及"抓大放小"的改革方针成为引导国有企业改革的基本点。

1999 年 3 月,第九届全国人大第二次会议通过了对"八二宪法"的第三次宪法修正案。 增设了"坚持公有制为主体、多种所有制经济共同发展",将个体私营经济等非公有制经济的地位提升至社会主义市场经济的重要组成部分,与公有制经济平等,协同促进社会主义市场经济的建设。

二、劳动者积极性投入(市场聘用改革阶段)

1992 年初邓小平发表的南方谈话,为中共十四大召开做了充分的理论准备。 1992 年 10 月中共十四大召开,这次大会做出了 3 项具有深远意义的决策：一是确立邓小平建设有中国特色社会主义理论在全党的指导地位；二是明确经济体制改革的目标是建立社会主义市场经济体制；三是要求全党抓住机遇，加快发展，集中精力把经济建设搞上去。

在第二阶段的劳动者积极性投入方面，开始了聘用的市场化改革。

1992 年 8 月，国家科委和国家体改委联合发布了《关于分流人才、调整结构、进一步深化科技体制改革的若干意见》，开启了科研机构转制和人才分流工作。

1993 年 7 月，我国颁布了《中华人民共和国科学技术进步法》，构筑了国家科技发展的法律环境。

1999 年 3 月，国务院出台了《关于促进科技成果转化的若干规定》，允许高新技术企业对科技人才实施期权等激励政策。

1999 年 5 月，国务院发布了《国家科学技术奖励条例》，科技成果的奖励是对科技人才的肯定和有效激励；同年 12 月，科技部发布了配套的《国家科学技术奖励条例实施细则》《省、部级科学技术奖励管理办法》。

2000 年 3 月，《关于深化科研事业单位人事制度改革的实施意见》发布，通过科研机构的分类管理建立科技人员的岗位聘任制度、分流安置制度和激励机制，促进科研岗位聘任制度的改革。

这一系列文件的发布，营造了尊重知识和人才的环境，极大地激励了我国的劳动者的积极性和创造性，促进我国劳动者积极性软投入的发展。

三、综合科技投入（科教兴国战略阶段）

1992 年中国共产党第十四次全国代表大会确立社会主义市场经济体制改革的目标后，2002 年 6 月，《中华人民共和国科学技术普及法》施行，这一阶段可以概括为科教兴国战略阶段。这一阶段科技政策的重心更加明显地转向促进科技与经济、社会之间的相互联系和相互结合。

科教兴国战略是指全面落实科学技术是第一生产力的思想，坚持教育为本，把科技和教育摆在经济、社会发展的重要位置，提高全民族的科技文化素质，把经济建设移到依靠科技进步和提高劳动者素质的轨道上来。精减科研院所，合理分流人员，以市场机制为主放开、搞活与经济建设密切相关的技术开发和技术服务机构。

1993 年 7 月，《中华人民共和国科学技术进步法》颁布，它是科技领域的基本法性质的法律，构筑了中国科技法律制度体系的框架。其目的是促进科学技术进步，在社会主义现代化建设中优先发展科学技术，发挥科学技术第一生产力的作用，推动科学技术为经济建设服务。通过该法律，改革和完善科技体制，建立科学技术与经济有效结合的机制，鼓励科学研究和技术开发，推广应用科学技术成果，发展高技术产业。

1993 年 11 月，《中共中央关于建立社会主义市场经济体制改革若干问题的决定》通过，提出科学技术是第一生产力，经济建设必须依靠科学技术，科学技术工作必须面向经济建设；建立适应社会主义市场经济发展，符合科技自身发展规律，科技与经济密切结合的新型体制，促进科技进步，以实现经济、科技和社会的综合协调发展。

1995 年 5 月，《中共中央国务院关于加速科学技术进步的决定》发布，提出要依靠科技进步提高工业增长的质量和效益，发展高技术研究与开发及其产业，多渠道、多层次地增加科技投入，广泛开展国际交流。

1996 年 5 月，《中华人民共和国促进科技成果转化法》颁布。其目的是促进科技成果转化为现实生产力，规范科技成果转化活动，加速科学技术进步，推动经济建设和社会发展。鼓励研究开发机构、高等院校等事业单位与生产企业相结合，联合实施科技成果转化。鼓励设立科技成果转化基金或者风险基金，加速重大科技成果的产业化。

1999 年 5 月，《国家科学技术奖励条例》颁布，提出要改革国家科技奖励制度，设立国家最高科学技术奖，成立国家科学技术奖励委员会，由其负责对国家科学技术奖励进行宏观管理和指导。

1999 年 8 月，《中共中央国务院关于加强技术创新发展高新技术实现产业和国家创新体系建设化的决定》发布。该决定指出要加强技术创新，发展高科技，实现产业化，促进技术创新和高新科技成果商品化、产业化，营造有利于技术创新和发展高科技、实现产业化的政策环境；促进企业成为技术创新的主体，全面提高企业技术创新能力；加强国家高新技术产业开发区建设，形成高新技术产业化基地。

2002 年 6 月，《中华人民共和国科学技术普及法》（简称《科普法》）施行。 其目的是实施科教兴国战略和可持续发展战略，加强科学技术普及工作，提高公民的科学文化素质，推动经济发展和社会进步。

第四节　高歌猛进的第三阶段（2002—2020 年）

一、综合政策投入（市场经济创新阶段）

2003 年 10 月，中共十六届三中全会通过了《中共中央关于完善社会主义市场经济体制若干问题的决定》，提出要建成完善的社会主义市场经济体制和更具活力、更加开放的经济体系的战略部署，深化经济体制改革，促进经济社会全面发展，进一步巩固和发展公有制经济，鼓励、支持和引导非公有制经济发展；完善国有资产管理体制，深化国有企业改革。

2003 年，《企业国有资产监督管理暂行条例》颁布，目的是建立适应社会主义市场经济需要的国有资产监督管理体制，进一步搞好国有企业，推动国有经济布局和结构的战略性调整，发展和壮大国有经济。

2004 年 3 月，《中华人民共和国宪法修正案》提出："国家保护个体经济、私营经济等非公有制经济的合法的权利和利益。 国家鼓励、支持和引导非公有制经济的发展，并对非公有制经济依法实行监督和管理。"我国对于非公有制经济的态度从监督和管理转变为鼓励、支持。

2005 年 2 月，《国务院关于鼓励支持和引导个体私营等非公有制经济发展的若干意见》提出，要积极发展个体、私营等非公有制经济，放宽非公有制经济市场准入，允许非公有资本进入垄断行业和领域、公用事业和基础设施领域、社会事业领域、金融服务业。

2012 年 11 月，中共十八大再次提出要毫不动摇巩固和发展公有制经济，推行公有制多种实现形式，深化国有企业改革，完善各类国有资产管理体制，推动国有资本更多投向关系国家安全和国民经济命脉的重要行业和关键领域，不断增强国有经济活力、控制力、影响力。 毫不动摇鼓励、支持、引导非公有制经济发展，保证各种所有制经济依法平等使用生产要素、公平参与市场竞争、同等受到法律保护。 这次全会后，国务院正式开启"放管服"的改革。

2013 年 11 月，中共十八届三中全会通过了《中共中央关于全面深化改革若干重大问题的决定》，指出要建设统一开放、竞争有序的市场体系，使市场在资源配置中起决定性作用；加快形成企业自主经营、公平竞争，消费者自由选择、自主消费，商品和要素自由流动、平等交换的现代市场体系，着力清除市场壁垒，提高资源配置效率和公平性。

2015 年 10 月，《中共中央国务院关于推进价格机制改革的若干意见》发布，提出要深化重点领域价格改革，充分发挥市场决定价格作用；建立健全政府定价制度，使权力在阳光下运行；加强市场价格监管和反垄断执法，逐步确立竞争政策的基础性地位，充分发挥价格杠杆作用，更好服务宏观调控。 同月，《国务院关于实行市场准入负面清单制度的意见》发布，明确列出在我国境内禁止和限制投资经营的行业、领域、业务等，各级政府依法采取相应管理措施的一系列制度安排。 这项举措赋予了市场主体更多的主动权，有利于激发市场活力，形成各类市场主体依法平等参与竞争的市场环境，形成统一开放、竞争有序的现代市场体系，为发挥市场在资源配置中的决定性作用提供更大空间。

2017 年 10 月，国家发展和改革委员会等国家五部委联合出台《公平竞争审查制度实施细则（暂行）》，加强了公平竞争审查制度的可操作性，使负面清单制度得以建立，创建了更加公平有序的市场竞争环境。

2018 年 11 月，习近平总书记指出民营经济是我国经济制度的内在要素，民营企业和民营企业家是我们自己人。 民营经济是社会主义市场经济发展的重要成果，是推动社会主义市场经济发展的重要力量，是推进供给侧结构性改革、推动高质量发展、建设现代化经济体系的重要主体。

2019 年 7 月，《政府投资条例》开始施行，旨在充分发挥政府投资作用，提高政府投资效益，规范政府投资行为，激发社会投资活力。

二、劳动者积极性投入（创新激励发展阶段）

2002 年 5 月，《2002—2005 年全国人才队伍建设规划纲要》发布，这是我国第一个综合性人才队伍建设规划。 同年 9 月，国务院下发《关于国有高新技术企业开展股权激励试点工作的指导意见》。 同年 12 月，国务院下发《关于在事业单位试行人员聘用制度意见的通知》，标志着岗位聘任制度的全面推行实施。

2003 年 5 月，科技部下发了《关于改进科学技术评价工作的决定》和《国家科学技术奖励条例》，提出了区别不同评价对象，明确各类评价目标，分类实施。 同年 12 月，国务院下发《中共中央国务院关于进一步加强人才工作的决定》，提出"人才强国"战略，要求以能力和业绩为导向，进行各要素的综合评价。

2003 年 12 月，修订了《国家科学技术奖励条例实施细则》修订，由此确立了国家科技奖励体系。 高科技产业化发展，逐渐推广了股权激励方式。

2007 年 2 月，《关于科学研究事业单位岗位设置管理的指导意见》发布，用于改革对科研事业单位人员岗位聘任。 同年 5 月，《中央科研设计企业实施中长期激励试行办法》颁布，调动了科技人才积极性，建立了激励约束机制。

2010 年 6 月，《国家中长期人才发展规划纲要（2010—2020）》公布，这是我国第一个中长期人才发展规划纲要，是这个时期国家人才工作的指导性文件。 同年 10 月，《创新人才推进计划实施方案》颁布，旨在通过创新体制机制、优化政策环境、强化保障措施，培养和造就一批具有世界水平的科学家、高水平的科技领军人才和工程师、优秀创新团队和创业人才。

2015 年 8 月，《中华人民共和国促进科技成果转化法》修订，提出科技人才创新创业需要良好的生态环境，包括制度机制环境和社会氛围，促进了科技成果转化。

2016 年 3 月，科技部等下发《国有科技型企业股权和分红激励暂行办法》。 同年 4 月，国务院下发《促进科技成果转移转化行动方案》。 同年 8 月，教育部联合科技部下发《关于加强高等学校科技成果转移转化工作的若干意见》。 同年 9 月，《关于完善股权激励和技术入股有关所得税政策的通知》发布。 同年 11 月，《关于实行以增加知识价值为导向分配政策的若干意见》发布。 这些文件的发布有助于加快了实施创新驱动发展战略，激发科研人员创新创业积极性，在全社会营造尊重劳动、尊重人才、尊重创造的氛围。

2017 年 1 月，国务院下发《关于深化职称制度改革的意见》，创新了职称评价体系，科学分类评价专业技术人才能力素质，突出评价专业技术人才的实际贡献。

2017 年 5 月，国务院下发《关于深化科技奖励制度改革的方案》，完善了国家奖励制度。

2018 年 2 月，国务院下发《关于分类推进人才评价机制改革的指导意见》，提出要建立以创新能力、质量、贡献、绩效为导向的人才评价体系，解决人才评价多年形成的问题。 同年 7 月，国务院下发《关于深化项目评审、人才评价、机构评估改革的意见》，这是针对科技评价出台的改革规格最高、内容最全面、工作部署最系统的指导性文件。 科技人才评价注重建立学术评价、市场评价以及社会评价等多元体系，提升评价的科学性和实效性，激励科技人才的劳动积极性。

三、综合科技投入（自主创新战略阶段）

2006 年 1 月，时任中国共产党中央委员会总书记胡锦涛在全国科学技术大会上指出，我国科技的关键技术自给率低，自主创新能力不强，努力走中国特色自主创新道路成了时代的必然选择。

自主创新成为这个阶段科技政策的主线。 自主创新战略是以"自主创新，重点跨越，支撑发展，引领未来"为方针，走中国特色自主创新道路，推动科学技术跨越式发展，努力建设创新型国家。

2006 年 1 月，《中共中央国务院关于实施科技规划纲要增强自主创新能力的决定》发布，为了建设创新型国家，必须把增强自主创新能力作为发展科学技术的战略基点，推动科学技术的跨越式发展，使得自主创新能力能够带动调整产业结构、转变增长方式，培养高水平创新人才，强化企业在技术创新中的主体地位。

2006 年 2 月，国务院发布《国家中长期科学和技术发展规划纲要（2006—2020 年）》，指出科技工作的指导方针是"自主创新，重点跨越，支撑发展，引领未来"。科技工作的出发点是服务国家目标和调动广大科技人员的积极性与创造性，促进全社会科技资源高效配置，全面推进中国特色国家创新体系建设，大幅度提高国家自主创新能力。该纲要体现了国家科技发展的重大战略转变，开始从模仿转变为自主创新。

2012 年 9 月，国务院印发《关于深化科技体制改革加快国家创新体系建设的意见》，对深化科技体制改革做出全面部署。为了快速进入创新型国家行列，从深化科技体制改革、强化企业技术创新主体地位、改革科技管理体制、完善人才培养机制几方面做了指示。

2012 年 11 月，中共十八大提出"实施创新驱动发展战略"，后陆续发布相关科技体制改革文件，包括《关于深化科技体制改革加快实施创新体系建设的意见》《关于深化体制机制改革加快国家创新驱动发展战略的若干意见》《国家创新驱动发展战略纲要》等，为落实创新驱动发展战略提供了强有力的政策支撑。

2015 年 6 月，《关于大力推进大众创业万众创新若干政策措施的意见》颁布，提出"大众创业、万众创新"，构建普惠性政策扶持体系，强化创业扶持，提供便捷融资，建设创业创新平台，拓展城乡创业渠道。

2016 年 5 月，国务院发布《国家创新驱动发展战略纲要》，为中国科技创新未来发展提供了顶层设计和系统谋划，明确了到 2050 年中国创新驱动发展的目标、方向和重点任务，是新时期科技政策的纲领性文件。

2018 年 1 月，国务院印发《关于全面加强基础科学研究的若干意见》，提出要加强中央财政对基础研究的支持力度，优化国家科技计划基础研究支持体系，进一步对科研项目和经费管理进行改革，建立更加科学的评价机制，加大基础科研投入，深化国际合作，加大国家科技计划对外开放力度，推进针对"一带一路"的科技创新。

2018 年 9 月，国务院印发《关于推动创新创业高质量发展打造"双创"升级版的意见》，旨在更好地实施"大众创新，万众创业"政策，深入实施创新驱动发展战略，鼓励和支持科研人员积极投身科技创业，强化大学生创新创业教育培训，健全农民工返乡创业服务体系，提升归国和外籍人才创新创业便利化水平。

根据国家统计局网站数据，我国科技和研发投入持续增长，2019 年我国研究与试验发展人员全时当量已经达到 461 万人年，研究与试验发展经费支出达到 21737 亿元。

第五节　软投入演进小结

一、综合政策投入

实行改革开放的最初几年，全国经济欣欣向荣。 第一阶段经济增长主要不是靠投资，也不是靠技术进步，而是靠提高经济体制和政策的质量，靠提高劳动者积极性的质量，使得经济增长中原有的潜能得以释放出来，生产效率大幅度提升，此时软投入增长的重点是综合政策投入和劳动者积极性投入。此阶段的特征是国家控制权力下放。

到了第二阶段，改革开放的路线基本确定，中国从上到下进入了一个周边国际环境基本和平、国内社会维持稳定、经济长期快速增长的阶段。

在第三阶段，我国的改革开放和现代化建设取得了举世瞩目的成就，社会主义市场经济体系基本建成，发展与稳定、效率与质量、市场与政府等重大关系逐步理顺，经济社会发生重大转型。 同时，各类经济政策的制定和实施进一步规范化。

二、劳动者积极性投入

其次，改革开放以后，在第一阶段，首先将"资产阶级的知识分子"的提法变更为"知识分子是工人阶级的一部分"，恢复科学技术人员的职称，建立技术岗位责任制。 其次，明确了知识分子的地位和作用，并提出了如何使用和发挥作用的问题，使知识分子得到了信任和肯定。 最后，逐步建立了人才培养体系，对科技人才的分配使用、培养教育、考核、晋升、奖惩做出了改革，提升了劳动者积极性。

在第二阶段，开始了人才聘用的市场化改革。出台了一系列文件，其中包括《关于分流人才、调整结构、进一步深化科技体制改革的若干意见》《关于深化科研事业单位人事制度改革的实施意见》，同时也开始了我国的科技激励改革，我国开始将人才的评价工作转变为人才的激励工作。发布了《中华人民共和国科学技术进步法》《关于促进科技成果转化的若干规定》《国家科学技术奖励条例》《国家科学技术奖励条例实施细则》《省、部级科学技术奖励管理办法》。这极大地激励了我国的劳动者，促进我国劳动者积极性软投入的发展。

到了第三阶段，进入了创新激励发展阶段。我国开始制定综合性人才队伍建设规划，构建以创新能力、质量、贡献、绩效为导向的人才评价体系。通过创新体制机制、优化政策环境、强化保障措施，激发人才创新活力，培养和造就一批具有世界水平的科学家、高水平的科技领军人才和工程师、优秀创新团队和创业人才。

三、综合科技软投入

改革开放以后，在第一阶段我国经济体制从计划经济逐步向市场经济过渡，科技政策从科技体制建设转变到科技体制改革。

到了第二阶段，强调科技与经济、社会协调发展，并把促进经济发展作为首要任务，把学习、消化、吸收国外科学技术成就作为发展中国科学技术的重要途径。随后我国进入了科教兴国阶段。各方面的资源向重大项目集中，如中国科学院知识创新工程、985 工程、973 计划、攀登计划、星火计划、火炬计划等。

进入第三阶段，我国政府开始加强科技体制改革和国家创新体系建设，实施创新驱动发展战略，加大对创新的投入，R&D 资本投入也快速上涨，这一时期我国的软投入增长重点是综合科技投入。

进入中国特色社会主义新时代后，习近平总书记提出"创新是引领发展的第一动力"，中国的科技政策面临着新的时代要求，特别是中国共产党第十九次全国代表大会报告提出，2035 年要基本实现社会主义现代化，21 世纪中

叶要建成富强民主文明和谐美丽的社会主义现代化强国。未来，科技软投入
作为经济发展中必不可少的推动力，将会发挥越来越重要的作用，科技软投
入必须遵循在科学技术发展规律的基础上，不断创新内容和形式，以跟上经
济基础的快速发展和全球环境的急剧变化，为中国现代化提供巨大的推动
力，为中国人民的幸福、中华民族的复兴提供发展的支撑。

中共十九届五中全会进一步提出，坚持创新在我国现代化建设全局中的
核心地位，把科技自立自强作为国家发展的战略支撑，面向世界科技前沿、面
向经济主战场、面向国家重大需求、面向人民生命健康，深入实施科教兴国战
略、人才强国战略、创新驱动发展战略，完善国家创新体系，加快建设科技
强国。

第四章 区域软投入评价体系的构建

第一节 软投入指标体系构建的理论依据

根据李国璋教授（1995）提出的软投入理论，基于软投入的内涵及构成要素，客观构建软投入评价指标体系。参考已有研究，按照三分法对软投入要素进行分类，将软投入要素分为综合政策投入、综合科技投入及劳动者积极性投入，并界定软投入3个要素的内涵。

一、综合政策投入

综合政策包括体制、政策和经济管理，这些方面的变动会影响到经济发展。体制分为经济体制和政治体制，政治体制一般不会发生变动，经济体制是指经济运行的机制；政策是国家干预经济的手段，政府通过制定相关政策干预经济，弥补经济发展的不足，具体又分为经济政策、社会政策等；经济管理是指对经济活动进行管理的行为，参考李国璋教授（1995）提出的综合政策投入的内涵及分析，经济管理投入具体表现在微观层次，是指企业对财务及生产、销售的具体管理。经济管理方式很大程度取决于体制和政策，而政策在很大程度上取决于体制，因此这3个要素相互影响、相互联系，本书没有对体制、政策和经济管理进行具体区分，将综合政策投入重点反映在体制和政策投入上。

　　经济体制体现了一定所有者和产权结构下的某种资源配置方式，产权制度是经济制度的重要因素，能够在一定程度上反映制度层面软投入的差异，因此选取产权制度作为衡量综合政策投入的指标（石宏博，2011）。政府干预是一项重要的软投入，政府支出水平影响我国的市场化进程，财政政策作为政府调控宏观经济的主导性政策工具，对经济发展有着重要的作用，财政支出水平直接影响区域经济发展，因此选取财政配置作为衡量综合政策投入的指标（石宏博，2011；樊纲，2005；刘鹏飞，2011）。良好的、规范的经济秩序对于经济发展至关重要。营造良好的法制环境是促进经济健康发展的必要基础，是保障区域经济发展的重要条件，是保持区域经济协调发展的关键，因此选取法制环境作为衡量综合政策投入的指标（李韶杰，钟筱红，2009；郎全发，2004；谢商成，2010）。市场机制是通过市场竞争进行资源配置的方式，是经济发展过程中重要的驱动因素。市场多样性发展、激发市场活力能够助力经济发展，提升经济发展质量，因此选取市场机制作为衡量综合政策投入的指标（王兴康，2017；曲惠敏，2018）。在全球经济一体化发展的大背景下，对外开放水平是反映经济制度方面软投入的重要指标，改革开放以来中国经济的迅速发展离不开我国对外开放的经济政策，对外开放对经济发展有显著影响，因此选取对外开放作为衡量综合政策投入的指标（石宏博，2011；刘艳，2017；普雁翔，宋丽华，等，2016）。在我国经济转向高质量发展的重要阶段，创新是促进经济发展的核心，是推动经济发展的源泉与活力，而创新型人才是科技创新的关键。当今社会发展和区域竞争的关键是人才的竞争，创新驱动的实质是人才驱动，人才是促进经济发展的重要资源，因此选取人才政策作为衡量综合政策投入的指标（王景胜，2018；孔缨，2018；张珩，葛文阳，等，2018）。综上所述，对于综合政策投入，本研究从产权制度、财政配置、法制环境、市场机制、对外开放这5个方面选取指标来综合反映。

(一)体制投入

从宏观角度看，体制分为政治体制和经济体制（李国璋，1995）。 政治体制是指国家政权的组织形式，体现一定时期国家的组织结构，一般不会发生变化。 经济体制是指经济的运行机制，是所有制结构、产权制度与财政资源配置的统一，产权结构是经济体制最根本的决定因素（陈宏伟，2010）。从微观角度看，体制是指经济运行的机制，比如我国自改革开放以来，始终以建立社会主义市场经济体制为目标。

(二)政策投入

政策是指国家或地方政府部门制定的关于经济发展、改革等方面的政策、法律等。 政策一般分为对内和对外两部分，对内是指包括政治、经济、文化、财政、宗教等社会政策；对外是指外交政策。 其中经济政策是影响经济发展最直接、最有效的政策，一些学者直接采用经济政策来衡量综合政策投入（陈宏伟，2010），另一些学者从经济政策和对外政策的角度来综合衡量（李国璋、张唯实，2011；张思思，2014）。 本研究从经济政策和对外政策两个方面来衡量综合政策投入。

(三)经济管理投入

经济管理是国家或地方政府部门对社会经济活动进行合理组织，包括宏观和微观两个层面。 李国璋教授（1995）给出的"经济管理"的定义是"政府部门及企业对经济活动的管理"，综合了宏观与微观两个角度。 在软投入的研究中，管理因素主要在微观层次影响经济发展，具体包括对资源和人员进行管理等。

一、综合科技投入

综合科技投入主要包括科技投入和教育投入。 科技投入是指生产过程中为提升科技水平而进行的投入。 教育投入是指为提升全社会劳动人员的受教育程度而进行的投入，包括学校教育支出和继续教育支出。 本研究在科技投入和教育投入的基础上，创新性地加入文化投入和医疗卫生投入，在科教文卫一体化发展的大背景下，将 4 个方面纳入综合科技投入要素中。 文化投入是指为支持文化事业建设进行的支出，会在很大程度上影响居民的文化水平，提升文化素质。 医疗卫生投入是指为支撑卫生事业建设进行的投入，是人们健康的基石，是为社会提供健康人力资本的保障。

(一)科技投入

科技投入是指开展科技活动过程中的投入，主要以硬投入为载体表现出来。 广义上，科技投入是指政府和全社会对科技活动的经费支出；狭义上，专指对科学技术（R&D）方面的支出。 根据联合国教科文组织给出的定义，科技投入包括 3 个部分：研究与发展活动、科技成果的转化与应用活动、科技服务活动。 科学技术是促进经济发展和生产力发展的基石，更像是一种公共资源，走在社会生产的前端，当企业及劳动者拥有了一定的科技创新能力后，会极大地促进自身生产能力，从而提高劳动生产效率，推动整个社会经济的发展。

(二)教育投入

教育投入是指为提升全社会人员的受教育程度而进行的投入，主要用于培养后备劳动力和人才，提升现有劳动力素质，为社会提供更优质的人力资本。 教育投入更像是一种"投资"，这种投资是教育事业发展的必要前提，也是提高教育质量、改善劳动力资源、提升劳动者素质的基础。 教育投入主要依靠政府支出，民间和社会的投入占较小的部分（石宏博，2011）。 衡量区域教育投入水平的主要指标为居民受教育年限，能够反映劳动者的受教育水平。 地方财政性教育支出是最直观的指标，能够反映政府对教育的投入规模。 2006 年党中央、国务院提出，至 2020 年要把我国建设成为"创新型国家"。 创新归根到底要靠人才，而人才只能通过教育来培养，因此在经济发展过程中，教育投入就显得尤为重要。 美国经济学家 Schultz（1960）和 Denison（1962）创立的人力资本理论，是目前使用较广的衡量教育投入水平的方法。 该理论认为在经济发展过程中，人力资本投入的作用甚至要大于物质资本投入的作用，为社会提供更优质的人力资本是经济发展的基础。

（三）文化投入

文化是相对于经济、政治而言的人类全部精神活动及产品，更多的是指一种社会氛围。 文化事业包括 4 个方面：文化演艺、文物、广播影视、新闻出版。 文化演艺事业包括艺术团体、文化机构等；文物事业包括文物保护机构、博物馆等；广播影视事业是为人们提供广播、电视、电影类的文化产品，以媒体作为中介传播；新闻出版事业是为人们提供新闻、出版等服务。 政府对文化事业的投入主要有兴办文化事业、建设文化场所。 随着时代的发展，也渐渐出现了一些新型的方式，比如企业生产的产品由政府来购买，政府对企业进行资助补贴，政府政策支持高新技术企业发展，等等（赵颖，2013）。

（四）医疗卫生投入

医疗卫生投入是为了保障居民身体健康而进行的支出，财政性医疗卫生支出是国家和地方政府用于卫生事业的财政拨款。 提高医疗卫生质量，改善就医环境是医疗卫生事业发展的目标。 医疗卫生事业建设与群众的切身利益息息相关，关系到人民群众的幸福，是重大民生问题。 医疗卫生支出是人们健康的保障，是为社会提供健康人力资本的基本前提，是提升全社会生产率的重要前提。

三、劳动者积极性投入

劳动者是指具有劳动能力，掌握一定的劳动技能，能够在社会再生产过程中发挥劳动技能的人（孟繁富，翟书文，1992）。 李国璋（1995）给出的劳动者积极性的定义为"劳动者在生产活动中所表现出的责任感、创造精神、道德等"。 劳动者积极性高，表明劳动者在工作和劳动中表现出的责任感较强，愿意付出的努力程度较高，生产率就会相应地提升。 劳动者积极性的高低受到制度、知识水平和激励机制的综合影响。 陈宏伟（2010）将劳动者积极性的激励方式分为两种：物质激励和精神激励。 物质激励主要是指对劳动者进行物质奖励，比如劳动者的工资收入、节日福利、年终奖等；精神激励是指对劳动者给予精神方面的激励，比如荣誉称号、口头夸赞等。 马斯洛需求层次理论认为生理需求是人的基本需求，解决温饱问题是人类生存的基本条件，物质激励无疑是激发劳动者积极性的一个必要条件。 当人的生理需求得到基本的满足后，物质激励就不再很好地发挥作用，人会追求更高层次的需求，比如尊重需求等，劳动者积极性必须由更高层次的需求激发，此时就需要对劳动者进行精神激励。

第二节　区域软投入评价指标体系的构建

一、软投入指标体系的构建原则

为了评价我国各区域的软投入水平，分析各区域软投入的现状及动态演变趋势，需要构建科学且客观的指标体系，并将其作为统一考量的评价标准。软投入指标体系的建立是评价各区域软投入现状的基础和关键步骤，建立的指标体系将直接影响综合评价最终结果的准确性和科学性。 本研究根据软投入内涵及组成要素，归纳整理已有关于软投入及构成要素的研究，并结合我国发展实际，构建能够客观反映各区域软投入水平的评价指标体系。 指标体系的构建遵循以下几个原则：

第一，科学性原则。 评价的科学性是指在一定的约束条件下，评价者在指定目标下合理衡量观测对象。 在全面了解软投入的内涵、外延及构成要素的前提下建立软投入指标体系，对已有文献中有关软投入及构成要素的研究资料进行搜集整理，结合我国各区域软投入发展的实际情况来构建。

第二，全面性原则。 评价指标体系要能够覆盖评价要求的所有方面。 软投入的内涵与外延极为丰富，范围较为广泛，因此不能建立单一的指标体系。按照三分法划分软投入要素，选取的指标要尽可能全面地反映各个方面，以此构建的指标体系才能统筹兼顾，评价结果更加具有客观全面性。

第三，代表性原则。 指标体系中选择的指标要尽量具有代表性，选取有代表性的指标能够比较全面系统地反映我国各区域的软投入实际情况，避免

指标过于繁杂而增加计算量。 构建的指标体系要能够被广泛认可，以使最终
评价结果的说服力度较强。

第四，层次性原则。 在设计指标体系时，要遵循层次性原则。 第一层是
目标层，首先要考虑到构建指标体系的整体目标。 构建软投入指标体系的目
的是对我国各区域软投入现状进行评价，所以要围绕这个目的筛选指标。 第
二层是系统层，即软投入的 3 个要素，是指软投入指标体系的具体维度。 第
三层是指标层，是指标体系的基础构成部分，主要包括指标体系中具体选取
的指标。

第五，可比性原则。 软投入评价指标体系中的指标，应该是可量化的、
可比较的，评价者可以从空间和时间两个维度进行横向、纵向的分析比较。
同时，指标的处理方式和计算方法尽可能保持一致，以便所选取的指标能够
在同一个标准上进行衡量。

二、软投入各构成要素的指标设计

软投入指标体系需要从整体反映软投入内涵，根据软投入概念、内涵和
组成要素，参考已有的研究，结合指标体系的构建原则及我国各省份软投入
发展现状，本研究从综合政策投入、综合科技投入和劳动者积极性投入 3 个
维度构建软投入指标体系。

（一）综合政策投入

参考李国璋教授（1995）提出的综合政策投入的内涵及分析，经济管理投
入具体表现在微观层次，是指企业对财务及生产、销售的具体管理。 经济管
理方式很大程度取决于体制和政策，而政策在很大程度上取决于体制，因此
这 3 个要素相互影响、相互联系，因此没有对体制、政策和经济管理进行具体
区分，将综合政策投入重点反映在体制和政策投入上。

1.产权制度

产权指对财产的所有权，产权制度是对产权关系的制度安排，目的是使
资源环境配置效率达到最大化。 产权制度的变迁主要表现为非国有化，因此

选取非国有工业经济占比这个指标衡量。

非国有工业经济占比，反映非国有化进程。非国有工业经济占比是非国有工业增加值与全部工业增加值的比值，反映工业经济中非国有经济所占比重，是当前广泛使用的衡量产权制度的指标。将来在统计数据允许的时候，可以采用非国有经济增加值与全部经济增加值的比值来替代（樊纲，2003）。郑江淮（2003）论证了产权中非公有化程度高，说明产权多元化程度高，从而对企业绩效产生积极影响。

经济非国有化给我国经济发展带来诸多好处，在非国有企业与国有企业的激烈竞争下，国有企业不得不完善自己，提高生产效率与组织效率，从而提高市场竞争力。从资源分配角度看，在经济发展过程中，非国有化发展使得市场调节作用更强，资源从效率低的企业流向效率高的企业，从而实现资源有效配置，实现资源合理分配，推动经济发展。

2.财政配置

财政指政府集中一部分国民收入，为满足社会公共需要用这部分收入进行投入。财政的职能是合理配置社会资源，调节资源在不同地区或产业部门之间的配置，弥补市场配置缺陷，促进资源合理配置。随着经济不断发展，财政支出规模应越来越大（瓦格纳法则、梯度渐进增长理论、经济发展阶段论等诸多理论从不同角度对此观点进行了论证），政府应该合理增加在科学、教育、医疗、卫生等方面的支出，缩小收入分配差距，促进资源合理配置与社会公平。

人均财政支出，用地方财政支出与常住人口数比值表示，是反映政府财政支出规模的相对指标。人均财政支出越大，说明财政支出的规模越大，因此该指标是正指标。

一般公共服务支出。在考虑综合政策投入时，不仅要选取能够反映投入质量的相对指标，还要选择能够反映投入规模的相对指标。公共服务支出包括一般公共服务支出和基本公共服务支出。一般公共服务支出指为保障各部门正常运作而进行的支出，也就是行政管理支出，包括人员经费、办公经费、三公经费、各种事业费等，该指标是正指标。

基本公共服务支出占地方财政支出比重，能够衡量财政配置合理性，反映政府支出结构是否合理。 基本公共服务支出是指用于教育、卫生、文化、公共基础设施和社会治安等方面的支出，分为义务教育、住房保障、养老保险等八大类（刘俊英，2009）。 2017 年，阿根廷宣布政府机构裁员 18%，以此缩减财政支出。 俄罗斯、印度等国家均采用不同措施来缩减政府开支。 我国根据经济实际发展特征，提出要从严控制"三公"经费，缩减政府开支占比，因此该指标是正指标。

3. 法制环境

法制环境指一个国家或地区对法律制度方面的建设，目标是营造良好的法制氛围，对维护社会和谐稳定、促进社会公平发展具有重要意义。 针对法制环境选取了知识产权保护强度和市场秩序两个指标来综合反映。

知识产权保护强度。 知识产权指由人的智力所产生的劳动成果的所有权。 保护好知识产权是提升区域自主创新能力的重要条件，是科技发展和社会进步的基石。 知识产权保护强度包括知识产权保护立法强度 $L(t)$ 和知识产权保护执法强度 $E(t)$，计算方法如公式(4-1)所示，其中 t 表示时刻。

$$P(t) = L(t) \times E(t) \tag{4-1}$$

知识产权保护立法强度采用 Ginarte-Park 方法测度（Ginarte，Park，1997），分为 5 个一级指标，分别是专利覆盖范围、国际条约成员、权利保护的丧失、执法机制、保护期限，下设二级指标的权重采用平均赋值的方法计算（许春明，单晓光，2008；孙赫，2014；李娜，余翔，田芳芳，2014）。 知识产权执法强度参照韩玉雄、李怀祖（2005）的研究，用以下 4 个指标来综合反映：

（1）社会法制化程度，用律师人数与总人口比值表示。 比值不低于 5/10000 时，该项得分为 1；比值低于 5/10000 时，该项得分为比值除以 5/10000。

（2）法律体系完备程度，用立法时间表示（我国立法的开始时间为 1954 年）。 将一个国家建立完善的法律体系的时间设为 100 年，立法时间不低于 100 年时，该项得分为 1；立法时间低于 100 年时，该项得分为立法时间除以 100。

（3）经济发展水平，用人均国内生产总值表示。 中等收入国家的人均国内生产总值为 1000 美元左右，当人均国内生产总值不低于 1000 美元时，该项得分为 1；当人均国内生产总值低于 1000 美元时，该项得分为人均国内生产总值除以 1000。

（4）国际社会的监督与制衡机制，用是否为 WTO 成员表示。 若是 WTO 成员方，该项得分为 1。 否则，该项得分为 0。 参考已有研究，本研究认为执法强度是连续上升的过程，不存在突发变化，因此假设从 1986 年复关谈判起至 2001 年，该项得分均匀变化。

市场秩序，用经济案件发生数与 GDP 比值表示。 维护市场经营活动有序进行是经济发展的基本保障，反映区域法制建设水平。 如果经济案件发生数过多，说明市场秩序不良，市场公平性难以保障，公众的合法权益可能会受到侵害。 樊纲（2003）提出，如果公众的法律意识比较薄弱，当权益受到侵害时不懂得使用法律手段解决，可能会出现市场秩序良好的假象。 但是随着现代化的不断推进、媒体的广泛传播、人们受教育水平的不断提升，人们的法律意识逐渐提高，这种现象的影响会逐渐减弱。 由于该指标只有全国数据，没有省市数据，因此在实际分析中没有使用该指标。

4.市场机制

市场机制指市场运行的实现机制，是实现资源有效配置的方式。 市场机制是否健全通过市场多样性和市场活力共同反映，市场多样性采用企业信息化指标即电子商务交易额占市场份额比例反映，市场活力采用私营工业企业数占比反映。

电子商务交易额占市场份额比例。 参考《中国电子商务报告》的计算方法，电子商务交易额为电子商务销售额和电子商务采购额的平均值。 该指标能够衡量地区电子商务发展的相对规模，反映市场多元化发展情况。 该比值越大，表明地区电子商务发展水平越高，市场更具多样化。

私营工业企业数占比。 私营企业是指由自然人投资或控股，以雇佣劳动力为基础的营利性组织。 私营工业企业数占比用地区私营企业数与工业企业数比值表示，可以反映地方市场机制的灵活性。该指标比值越大，表明市场更灵活、更有活力。

5.对外开放

对外开放是我国一项基本国策，指一个国家或地区积极主动地进行对外经济往来。2017年10月18日，习近平总书记在党的十九大报告中指出，推动我国形成全面开放新格局，提高对外开放水平对增强综合国力、提高国际竞争力有重要作用。

外贸依存度，用进出口总额与GDP比值表示，是国际上通用的衡量一国或地区开放程度的指标。本研究根据商品经营单位所在地划分进口与出口，根据经营单位所在地海关登记的企业实际进出口总额计算。

人均实际利用外资，用实际利用外商直接投资金额与常住人口比值表示。实际利用外资金额能够体现地区利用外资情况，合理引进外资是对外开放不断深化的重要表现，因此实际利用外资状况能够反映区域对外开放水平。外商直接投资是指国外投资者通过在我国境内设立企业的方式进行投资，根据中国统计局发布的统计数据，用外商直接投资额代替实际利用外资金额。

(二)综合科技投入

综合科技投入包括科技投入和教育投入，本研究创新性地加入了文化投入和医疗卫生投入，从科教文卫4个方面来反映综合科技投入。

1.科技投入

R&D经费投入强度，用R&D经费支出与GDP比值表示，是国际上通用的反映区域科技实力的指标。R&D活动指在科技领域，为增加知识储备量，并运用知识进行创造性生产所开展的活动。该指标值越大，表明该地区研发投入力度越大，科技投入水平越高，科技实力越强。

R&D经费内部支出，指为开展R&D活动实际用于本单位的支出。该指标为总量指标，能够反映R&D经费的投入规模。R&D经费内部支出越高，说明该地区对研发的投入力度越大，创新能力越高。

人均 R&D 经费支出，用 R&D 经费支出与常住人口数比值表示。 R&D 经费支出，反映该地对科技的投入力度。 人均 R&D 经费支出越高，说明人均拥有的研发经费越多，地区研发实力越强，则创新能力越高。

每万人 R&D 人员数，用每万个常住人口的 R&D 人员全时当量表示。 R&D 人员指直接从事 R&D 活动的人员，或为 R&D 活动提供服务的人员。 由于人员并非全部时间投入 R&D 活动中，因此采用全时当量把非全时人数按工作量折算为全时人员数。[①] 从事 R&D 活动的人员数多，表明地区的科技投入较大，该指标为正指标。

2. 教育投入

平均受教育年限。 根据《中国统计年鉴》样本抽样调查数据，计算每个类别文化程度所占比例。 参考刘巍（2003）的研究，用一个人完成某一教育等级所需要的年数来计算此人受教育年限，用此方法确定的受教育的年份数为：文盲 0 年，小学文化 6 年，初中文化 9 年，高中文化 12 年，大专以上文化程度 16 年。 从 2015 年起，国家统计局对大专及以上文化程度进行了细分，分为大专文化程度、大学文化程度、研究生文化程度。 本研究将大专文化设为 15 年，大学本科文化设为 16 年，研究生文化设为 19 年。 根据 6 岁及以上抽样人口，计算受教育各个等级的人数比例；根据此方法，按受教育各个等级的人数比例计算平均受教育年限。 用受教育年限反映地区居民的受教育水平，进而反映地区对教育的投入强度。

人均教育经费，用教育经费和常住人口数的比值表示。 该指标为相对指标，区域间可比，反映地区对教育的投入强度。 该指标为正指标。

教育经费，指该地为支持教育事业进行的总经费支出。 该指标是总量指标，能够反映地区教育的投入规模。 与人均教育经费这一相对指标相结合，能够从质量和总量两个方面较为全面地评价该地教育投入。

继续教育经费支出，指用于成人教育或企业培训等方面的经费支出。 教育不仅包括在校教育，还包括离开学校后的再教育行为。 本研究涉及的继续

---

① 解释来自国家统计局官方网站 http://www.stats.gov.cn/tjsj/201912/t20191202_1713041.html。

教育经费支出主要指针对在职人员的培训经费支出，反映地区对在职人员提高劳动技能与素质的终身教育投入。 由于数据无法获取，因此在实际分析中未使用该指标。

3. 文化投入

人均拥有公共图书馆藏量，用公共图书馆藏量与常住人口数比值表示。公共图书馆是一个地区重要的文化传播机构，在社会大众的教育方面起着不可替代的作用，能够协助政府开展社会文化教育。 公共图书的投入量直观反映一个地区对文化的投入水平，公共图书馆藏量越多，说明该地区文化建设越好。

互联网普及率，用互联网上网人数与常住人口数的比值反映，其中互联网上网人数是指 6 岁及以上的居民使用过互联网的人数。 互联网的普及、媒体的传播能够弘扬和传播社会主义文化，提高居民文化素质。 该指标数值越大，说明地区对文化产业的投入力度越大。

4. 医疗卫生投入

每万人拥有卫生技术人员数。 计算公式为卫生技术人员数/常住人口数×10000，反映医疗卫生环境建设情况。 该指标数值越大，表明地区对医疗卫生的投入越大，地区医疗卫生环境越好。

人均卫生总费用。 卫生总费用指一个地区在医疗卫生服务上所消耗费用总额。 该指标是总量指标，反映地方政府对医疗卫生行业的投入规模。 为使区域间可比，选用人均卫生总费用。 该指标值越大，说明地方政府对医疗卫生行业的投入力度越大，政府对民生的关注度高。

（三）劳动者积极性投入

关于提升劳动者积极性的途径，不少学者对此展开过研究。 激励是提高劳动者积极性的手段（武玉林，周渝东，1993；陈传军，1998；Ren，2003），赵磊（1983）认为可以从物质利益、思想觉悟两方面调动劳动者积极性，乔秀民（2004）认为可以从物质和精神两方面来提高劳动者积极性，刘成果（2001）认为可以从物质、思想和动力 3 个方面提升劳动者积极性。 参考已有文献，本研究从物质激励、精神激励和人才激励 3 个方面反映劳动者积极性投入。

1. 物质激励

人均工资收入，用劳动报酬支出总额与全年平均就业人口数比值表示。劳动报酬支出是指劳动者从事生产活动所获得的报酬，报酬既有货币形式的也有实物形式的。[①] 人均工资收入指平均每个就业人员的工资收入，是反映地区就业人员工资水平的直接指标。

劳动报酬支出。吴伏平（2017）指出人工成本不仅表现为员工的工资支出，还包括员工福利、培训经费、团建活动经费等。诸如员工福利、团建活动等支出可以提升劳动者积极性，但并不是定期对所有人员的工资报酬，因此在选取人均工资收入这个相对指标的基础上，又选取总量指标来反映。地区劳动报酬支出规模大，表明对劳动者的物质激励投入高，更能激发劳动者的工作积极性。

全员劳动生产率，指劳动者的产出效率，用增加值与平均从业人员数的比值来反映。董礼华（2012）指出劳动生产率是产出与劳动投入的比值，论证了用增加值作为产出来计算劳动生产率是合理的。劳动投入通过劳动投入时间反映，由于数据不可获得，因此采取劳动投入人员数来表示。劳动生产率是劳动积极性、企业生产技术水平等多种因素的综合表现，因此劳动生产率高可以反映出劳动者的积极性较高。由于数据无法获取，因此在实际分析中未使用该指标。

人才激励经费支出，是政府和企业为了引进人才进行的支出，反映地区人才引进强度。人才引进指根据地区经济发展需要，从外地引进当地所需的高层次人才。人才是社会进步、企业发展的基石。人才引进是提升人力资本质量的手段，是人才战略开展的前提。由于该指标数据无法获取，因此在实际分析中未使用该指标，建议政府相关部门可以对该数据进行搜集整理，为以后研究提供便利。

[①] 解释来自国家统计局官方网站 http://www.stats.gov.cn/sjsj/zbjs/201912/t20191202_1713057.html。

2.精神激励

获得省级及以上人才称号数，指一个地区常住人口中获得过省级或省级以上人才称号的人员数。 人才称号是在工作中所获得的荣誉奖励，这种奖励不是物质上的，是给予努力工作的劳动者外在的支持与鼓励，能够在一定程度上满足劳动者的精神需求，有利于劳动者积极性的发挥。 由于数据不可获得，在实际分析中未使用该指标。

3.人才激励

人才净流入率，是反映人才流动的相对指标，在一定程度上衡量了地区对于人才的吸引力。 人才净流入率越大，说明该地区对人才的吸引力越大，在一定程度上反映出劳动者的积极性越高，该指标为正指标。 但由于实际数据难以获取，因此在实际分析中未使用该指标。

就业人员中大学本科文化程度就业人员占比，用就业人员中大学本科文化程度人数与就业人员数比值表示。 地区的劳动者积极性投入越大，越能吸引人才，因此选用就业人员中大学本科文化程度就业人员占比来衡量。

就业人员中研究生文化程度就业人员占比，用就业人员中研究生文化程度人数与就业人员数比值表示。 就业人员中研究生文化程度就业人员占比越大，说明地区越能吸引高层次人才，地区的劳动者积极性投入越大。

三、软投入评价指标体系

根据软投入的内涵和组成要素，参考指标的构建原则，结合我国经济社会发展的实际，从综合政策投入、综合科技投入、劳动者积极性投入 3 个方面设计了如下指标体系（如表 4-1 所示）。

表 4-1　软投入评价指标体系（理论）

一级指标	二级指标	三级指标	计算公式
综合政策投入	产权制度	非国有工业经济占比	非国有工业增加值/全部工业增加值×100
	财政配置	人均财政支出 一般公共服务支出 基本公共服务支出占地方财政支出比重	地方财政支出/常住人口数 基本公共服务支出/地方财政支出×100
	法制环境	知识产权保护强度 市场秩序	用 4 个指标综合反映 经济案件发生数/GDP
	市场机制	电子商务交易额占市场份额比例 私营工业企业数占比	电子商务交易额/全国电子商务交易总额×100 私营工业企业数/工业企业数×100
	对外开放	外贸依存度 人均实际利用外资	进出口总额/GDP 实际利用外商直接投资额/常住人口数
综合科技投入	科技投入	R&D 经费投入强度 R&D 经费内部支出 人均 R&D 经费支出 每万人 R&D 人员数	R&D 经费支出/GDP R&D 经费支出/常住人口数 R&D 人员全时当量/常住人口数×10000
	教育投入	平均受教育年限 教育经费 人均教育经费 继续教育经费支出	抽样中不同受教育程度的人口比例×受教育年限 教育经费/常住人口数
	文化投入	人均拥有公共图书馆藏量 互联网普及率	公共图书馆藏量/常住人口数 互联网上网人数/常住人口数
	医疗卫生投入	每万人拥有卫生技术人员数 人均卫生总费用	卫生技术人员数/常住人口数×10000 卫生总费用/常住人口数
劳动者积极性投入	物质激励	人均工资收入 劳动报酬支出 全员劳动生产率 人才激励经费支出	劳动报酬支出/全年平均从业人口数 增加值/平均从业人员数
	精神激励	获得省级及以上人才称号数	
	人才激励	人才净流入率 就业人员中大学本科文化程度就业人员占比 就业人员中研究生文化程度就业人员占比	就业人员中大学本科文化程度人数/就业人员数×100 就业人员中研究生文化程度人数/就业人员数×100

第三节　逐层拉开档次法的递阶综合评价方法

一、综合评价方法的选择

综合评价指对研究对象进行客观、公正、合理的全面评价，软投入的测度实际上就是多指标综合评价问题。综合评价的方法基本分为两类：一类是基于主观的赋权评估，如二项系数法、德尔菲法等；另一类是基于客观的赋权评估，如熵权法、多目标规划法等。郭亚军（2012）在《综合评价理论、方法及扩展》一书中，将赋权方法归为如下几类（如表 4-2 所示）。

表 4-2　赋权方法归类

原理	类型	方法	特点
功能驱动	指标偏好型	集值迭代法、特征值法、G1 法、G2 法	直接表达评价者主观信息
	方案偏好型	基于方案偏好的赋权、基于方案偏好强度的赋权	突出评价者直觉判断能力
差异驱动	整体差异型	拉开档次法、逼近理想解法	突出方案的可辨识性或自由竞争性原则
	局部差异型	均方差法、极值法、熵值法	突出指标可辨识性原则

在选取综合评价方法上，首先，基于功能驱动的主观赋权法是根据决策者（专家）主观上对各属性的重要程度的评判确定其权重，因此综合评价的结果具有较强的主观性；而基于差异驱动的客观赋权法可以弥补这种缺陷，使得评价过程和评价结果不具有任何主观色彩，客观得到的综合评价结果更科学。其次，关于软投入的研究还不算成熟，软投入各要素之间的影响关系和影响程度还不能够确定，因此依靠专家评判指标重要性不易实现。因此本研究选取的是基于差异驱动的客观赋权方法，即能够突出评价对象整体差异性的拉开档次法。

除此之外，本研究构建的软投入综合评价指标体系下分三级评价指标，并且软投入系统由综合政策投入、综合科技投入、劳动者积极性投入三个子系统构成，这就需要一套能够评价多层次系统的综合评价方法，也就是递阶综合评价方法。综上所述，本研究所选取的综合评价方法是基于"差异驱动"原理建立的递阶综合评价方法——逐层拉开档次法。

二、纵横向拉开档次法介绍

（一）纵横向拉开档次法原理

本研究采用的动态评价方法为逐层拉开档次法，首先利用纵横向拉开档次法计算软投入 3 个子系统的综合得分，然后根据子系统得分利用纵横向拉开档次法计算软投入综合得分。纵横向拉开档次法是郭亚军（2002）针对面板数据求解多指标权重而提出的，基本思想是最大限度地从横向和纵向体现评价对象的整体差异性。假设有 n 个被评价对象 $s_1, s_2, \cdots, s_n$，p 个评价指标 $M_1, M_2, \cdots, M_p$，q 个时期 $t_1, t_2, \cdots, t_q$，这样一组按时间顺序排列的平面数据表就组成了一张时序立体数据表（如表 4-3 所示），记为 $\{x_{ij}(t_k)\}$。

表 4-3　时序立体数据表

	t_1	t_2	$\cdots$	t_q
	$M_1 M_2 \cdots M_p$	$M_1 M_2 \cdots M_p$	$\cdots$	$M_1 M_2 \cdots M_p$
s_1	$x_{11}(t_1) x_{12}(t_1) \cdots x_{1p}(t_1)$	$x_{11}(t_2) x_{12}(t_2) \cdots x_{1p}(t_2)$	$\cdots$	$x_{11}(t_k) x_{12}(t_k) \cdots x_{1p}(t_k)$
s_2	$x_{21}(t_1) x_{22}(t_1) \cdots x_{2p}(t_1)$	$x_{21}(t_2) x_{22}(t_2) \cdots x_{2p}(t_2)$	$\cdots$	$x_{21}(t_k) x_{22}(t_k) \cdots x_{2p}(t_k)$
$\vdots$	$\vdots$	$\vdots$		$\vdots$
s_n	$x_{n1}(t_1) x_{n2}(t_1) \cdots x_{np}(t_1)$	$x_{n1}(t_2) x_{n2}(t_2) \cdots x_{np}(t_2)$	$\cdots$	$x_{n1}(t_k) x_{n2}(t_k) \cdots x_{np}(t_k)$

纵横向拉开档次法要求总体数据均值为 0，由于该方法的特殊要求，本研究选取的无量纲方法为零均值标准化方法，即 $x_{ij}^* = \dfrac{x_{ij} - \overline{x}_j}{S_j}(i = 1, \cdots, n, j = 1, \cdots, p)$，其中 $\overline{x}_j = \dfrac{1}{n}\sum_{i=1}^{n} x_{ij}$ 表示第 j 个指标的均值，$S_j = \sqrt{\dfrac{1}{n}\sum_{i=1}^{n}(x_{ij} - \overline{x}_j)^2}$ 表示第 j 个指标的标准差。为了便于表示，假设 $\{x_{ij}(t_k)\}$ 为标准化后的数据。对时刻 $t_k(k = 1, \cdots, q)$，综合评价函数为：

$$y_i(t_k) = \sum_{j=1}^{p} w_j x_{ij}(t_k), i=1,\cdots,n, j=1,\cdots,p, k=1,\cdots,q \quad (4\text{-}2)$$

则某一时期的评价值记为 $\boldsymbol{y}(t_k) = \boldsymbol{x}(t_k)\boldsymbol{w}$，其中 $\boldsymbol{y} = \begin{bmatrix} y_1 \\ y_2 \\ \vdots \\ y_n \end{bmatrix}, \boldsymbol{w} = \begin{bmatrix} w_1 \\ w_2 \\ \vdots \\ w_p \end{bmatrix}$,

$$\boldsymbol{x}(t_k) = \begin{bmatrix} x_{11}(t_k) & \cdots & x_{1p}(t_k) \\ \vdots & \ddots & \vdots \\ x_{n1}(t_k) & \cdots & x_{np}(t_k) \end{bmatrix}, k=1,2,\cdots,q_\circ$$

其中权重 $w_j(j=1,\cdots,p)$ 的确定准则是在时序立体数据表上尽可能大地体现出被评价对象之间的差异。也就是说对于指标向量 $\boldsymbol{x}$ 的线性函数 $\boldsymbol{xw}$，使得这个线性函数对 n 个评价对象得分的分散程度尽可能大。被评价对象 s_1，$s_2,\cdots,s_n$ 在时序立体数据表 $\{x_{ij}(t_k)\}$ 上的差异可以用 $y_i(t_k)$ 的总离差平方和来表示：

$$\sigma^2 = \sum_{k=1}^{q}\sum_{i=1}^{n} \left[y_i(t_k) - \overline{y} \right]^2 \quad (4\text{-}3)$$

对原始数据进行标准化处理，有 $\overline{y} = \dfrac{1}{q}\sum_{k=1}^{q}\left[\dfrac{1}{n}\sum_{i=1}^{n}\sum_{j=1}^{p} w_j x_{ij}(t_k)\right] = 0$，从而有

$$\sigma^2 = \sum_{k=1}^{q}\sum_{i=1}^{n} \left[y_i(t_k) - \overline{y} \right]^2 = \sum_{k=1}^{q}\left[\boldsymbol{w}^{\mathrm{T}}\boldsymbol{H}_k\boldsymbol{w} \right] = \boldsymbol{w}^{\mathrm{T}}\sum_{k=1}^{q}\boldsymbol{H}_k\boldsymbol{w} = \boldsymbol{w}^{\mathrm{T}}\boldsymbol{Hw}$$

$$(4\text{-}4)$$

式中，$\boldsymbol{w} = (w_1, w_2, \cdots, w_p)^{\mathrm{T}}$，$\boldsymbol{H} = \sum_{k=1}^{q}\boldsymbol{H}_k$ 为 $n \times n$ 阶对称矩阵，其中 $\boldsymbol{H}_k = \boldsymbol{A}_k^{\mathrm{T}}\boldsymbol{A}_k(k=1,\cdots,q)$，且 $\boldsymbol{A}_k = \begin{bmatrix} x_{11}(t_k) & \cdots & x_{1p}(t_k) \\ \vdots & \ddots & \vdots \\ x_{n1}(t_k) & \cdots & x_{np}(t_k) \end{bmatrix}, k=1,2,\cdots,q_\circ$

若限定 $\boldsymbol{w}^{\mathrm{T}}\boldsymbol{w} = 1$，要求方差的最大值，即选择 $\boldsymbol{w}$，使得公式（4-5）的非线性规划问题成立：

$$\max \ \boldsymbol{w}^{\mathrm{T}} \boldsymbol{H} \boldsymbol{w}$$
$$s.t. \begin{cases} \boldsymbol{w}^{\mathrm{T}} \boldsymbol{w} = 1 \\ \boldsymbol{w} > 0 \end{cases} \quad (4\text{-}5)$$

（二）纵横向拉开档次法步骤

本研究将纵横向拉开档次法的步骤归结如下（如图 4-1 所示）：

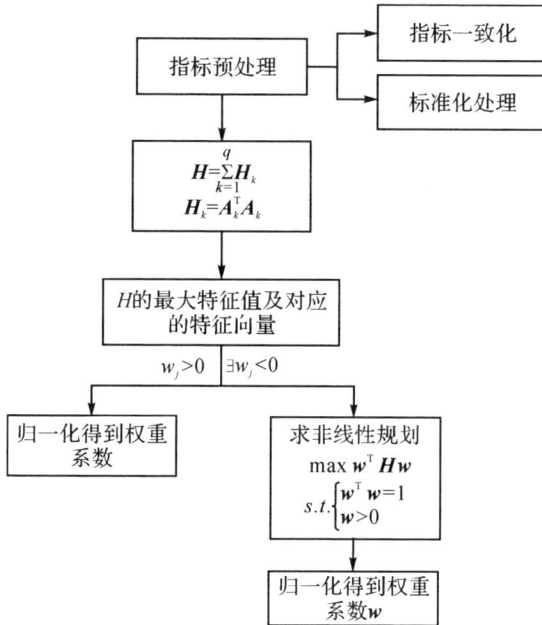

图 4-1　纵横向拉开档次法步骤

（三）纵横向拉开档次法特点

利用纵横向拉开档次法求出的权重系数，能够使得指标观测值最大限度地体现各被评价对象的整体差异性。因此拉开档次法具有以下几个特点：

1.无论是对于截面数据还是时序立体数据，评价结果都客观可比，无主观色彩。

2.既在横向上体现了在时刻 t_k 处各研究对象的差异，又在纵向上体现了研究对象软投入各子系统的投入情况。

3.权重系数 w_j 具有"不可继承性",随着评价对象 s_i、评价指标 M_j、研究时间段 t_k 的变化而变化。

4.权重系数 w_j 的直观意义是从整体上体现数据 $\{x_{ij}\}$ 最大离散程度的投影因子,不是体现评价指标 M_j 的相对重要性,因此可能出现某个 $w_j < 0$。

三、逐层拉开档次法介绍

(一) 逐层拉开档次法原理

假设大系统内有 n 个被评价对象 $s_1, s_2, \cdots, s_n$,假设评价指标体系有 p 层子系统,假设第 i 层子系统有 n_i 个相同级别的子系统,记为 $s_1^{(i)}, s_2^{(i)}, \cdots, s_{n_i}^{(i)}$。本研究构建的软投入评价指标体系,除了大系统外,还有 3 个不同级别的子系统,由于第三个级别子系统对应指标较少,所以本研究将软投入指标体系作为含有两个级别子系统来处理,即 $p = 2$。大系统的下一层次即第一层次($p = 1$),有 n_1 个相同级别的子系统 $s_1^{(1)}, s_2^{(1)}, \cdots, s_{n_1}^{(1)}$,第二层次($p = 2$)为上一节选取的反映软投入的一系列指标。假定第一层的子系统 $s_k^{(1)}, k = 1\cdots, n_1$ 取了 m_k 个指标,从而把观测数据记为 $x_{ij}^{(1,k)}$($i = 1, \cdots, n, j = 1, \cdots, m_k, k = 1, \cdots, n_1$),表示第 i 个评价对象来自第一层次子系统 $s_k^{(1)}, k = 1, \cdots, n_1$ 的第 j 个指标的观测值。

1.子系统 $s_k^{(1)}$ 的综合评价函数

首先对各项指标进行权化处理[如公式(4-6)所示],式中的 $w_j^{(1,k)}$ 表示指标 $x_j^{(1,k)}$ 相对于目标的重要程度,称为权化系数。

$$x_{ij}^{*(1,k)} = w_j^{(1,k)} x_{ij}^{(1,k)} \qquad (4\text{-}6)$$

指标 $x_j^{(1,k)}$ 的综合评价函数为:

$$y^{(1,k)} = \sum_{j=1}^{m_k} b_j^{(1,k)} x_j^{(1,k)}, j = 1, \cdots, m_k, k = 1, \cdots, n_1 \qquad (4\text{-}7)$$

令 $\boldsymbol{B}^{(1,k)} = (b_1^{(1,k)}, b_2^{(1,k)}, \cdots, b_{m_k}^{(1,k)})^{\mathrm{T}}$,$\boldsymbol{Y}^{(1,k)} = (y_1^{(1,k)}, y_2^{(1,k)}, \cdots, y_n^{(1,k)})^{\mathrm{T}}$,$\boldsymbol{A}$

$$= \begin{bmatrix} x_{11}^{(1,k)} & x_{12}^{(1,k)} & \cdots & x_{1m_k}^{(1,k)} \\ x_{21}^{(1,k)} & x_{22}^{(1,k)} & \cdots & x_{2m_k}^{(1,k)} \\ \vdots & \vdots & & \vdots \\ x_{n1}^{(1,k)} & x_{n2}^{(1,k)} & \cdots & x_{nm_k}^{(1,k)} \end{bmatrix}$$,则公式(4-7)可以写为 $\boldsymbol{Y}^{(1,k)} = \boldsymbol{AB}^{(1,k)}$,其中

$\boldsymbol{B}^{(1,k)}$ 为由纵横向拉开档次法求出的权重系数向量。

2.大系统的综合评价函数

根据求得的权重系数 $\boldsymbol{B}^{(1,k)}$，可以求出子系统 $s_k^{(1)}$ 的综合得分 $y^{(1,k)}$。在此基础上，利用求得的子系统综合得分求大系统的综合得分。首先对子系统得分 $y^{(1,k)}$ 进行权化处理［如公式（4-8）所示］，其中 $w^{(1,k)}$ 为第 k 个子系统综合得分值 $y_i^{(1,k)}$ 的权重系数，表示的是各个子系统相对于大系统的重要程度。以下将 $y^{*(1,k)}$ 简记为 $y_i^{(1,k)}$。

$$y^{*(1,k)} = w^{(1,k)} y_i^{(1,k)}, i = 1,\cdots,n, k = 1,\cdots,n_1 \qquad (4\text{-}8)$$

大系统的综合评价函数为：

$$y = \sum_{k=1}^{n_1} b_k x_k \qquad (4\text{-}9)$$

令 $\boldsymbol{B} = (b_1, b_2, \cdots, b_{n_1})^{\mathrm{T}}$，且 $x_k = y^{(1,k)}, k = 1,\cdots,n_1$ 为子系统 $s_k^{(1)}$ 的综合评价值。

类似地，使用纵横向拉开档次法求出权重系数，代入公式(4-9)中，即可得到第 i 个评价对象的综合评价值。

本书在研究软投入的综合评价时，认为3个子系统对大系统的影响及3个子系统内的各个指标的重要性相同，因此省去了指标权化与子系统权化的过程。

（二）逐层拉开档次法步骤

本研究将逐层拉开档次法的步骤归结如下：

1.指标数据的一致化、无量纲化处理。

2.确定指标的权化系数，对各指标进行权化处理。

3.利用纵横向拉开档次法，计算所有子系统的综合得分。

4.重复上述步骤，根据子系统综合得分，利用纵横向拉开档次法，计算大系统的综合得分。

5.对各大系统（即评价对象）的评价值进行排序。

（三）逐层拉开档次法特点

1.评价结果具有明显的客观性、可比性，无任何主观色彩。

2.评价结果可以反映软投入整体特征及软投入各个要素的特征，并且反映出软投入各个要素对软投入综合得分的影响程度。

3.评价结果不仅应用于各子系统之间的比较，也应用于各大系统之间的比较，即评价对象之间的比较。

5

第五章　区域软投入的测度与分析

第一节　数据来源

　　本章研究的省域范围包括我国 30 个省、自治区及直辖市，由于西藏、台湾、香港、澳门有大量的数据缺失，故予以排除。 选择的研究时期为 2002—2018 年。 本研究中变量的相关数据来自《中国统计年鉴》《中国律师年鉴》《中国科技统计年鉴》《中国工业统计年鉴》《中国第三产业统计年鉴》《中国城市统计年鉴》等统计年鉴。 对于年鉴中缺失数据采用插值法处理，由于数据的可获得性，本章使用的指标体系如表 5-1 所示。

表 5-1　软投入评价指标体系（实际）

一级指标	二级指标	三级指标	方向	单位
综合政策投入	产权制度	非国有工业经济占比 X_1	正	％
	财政配置	人均财政支出 X_2	正	元
		一般公共服务支出 X_3	正	亿元
		基本公共服务支出占地方财政支出比重 X_4	正	％
	法制环境	知识产权保护强度 X_5	正	
	市场机制	电子商务交易额占市场份额比例 X_6	正	％
		私营工业企业数占比 X_7	正	％
	对外开放	外贸依存度 X_8	正	％
		人均实际利用外资 X_9	正	元/人
综合科技投入	科技投入	R&D 经费投入强度 X_{10}	正	％
		R&D 经费内部支出 X_{11}	正	万元
		人均 R&D 经费支出 X_{12}	正	元/人
		每万人 R&D 人员数 X_{13}	正	人/万人
	教育投入	平均受教育年限 X_{14}	正	年
		人均教育经费 X_{15}	正	元/人
		教育经费 X_{16}	正	万元
	文化投入	人均拥有公共图书馆藏量 X_{17}	正	册/人
		互联网普及率 X_{18}	正	％
	医疗卫生投入	每万人拥有卫生技术人员数 X_{19}	正	人
		人均卫生总费用 X_{20}	正	元/人
劳动者积极性投入	物质激励	人均工资收入 X_{21}	正	元/人
		劳动报酬支出 X_{22}	正	亿元
	人才激励	就业人员中大学本科文化程度就业人员占比 X_{23}	正	％
		就业人员中研究生文化程度就业人员占比 X_{24}	正	％

第二节　综合政策投入的测度与分析

一、综合政策投入的评价

综合政策投入包括非国有工业经济占比、人均财政支出、一般公共服务支出、基本公共服务支出占财政支出比重、知识产权保护强度、电子商务交易额占市场份额比例、私营工业企业数占比、外贸依存度和人均实际利用外资这 9 个指标。

（一）综合政策投入评价权重系数

子系统一为综合政策投入，对反映综合政策投入的 9 个指标数据进行标准化处理，利用 Matlab R2017b 使用纵横向拉开档次法（程序见附录 1）求出矩阵 H 为：

$$H=\begin{bmatrix} 509.00 & 100.01 & 307.53 & -5.88 & 186.08 & 175.18 & 285.24 & 182.52 & 177.79 \\ 100.01 & 509.00 & 163.37 & 246.80 & 376.55 & 88.45 & 55.07 & 42.96 & 229.64 \\ 307.53 & 163.37 & 509.00 & -47.94 & 226.65 & 151.61 & 243.97 & 57.77 & 109.36 \\ -5.88 & 246.80 & -47.94 & 509.00 & 107.88 & 79.57 & -87.93 & 84.44 & 129.95 \\ 186.08 & 376.55 & 226.65 & 107.88 & 509.00 & 122.73 & 187.44 & 106.76 & 191.77 \\ 175.18 & 88.45 & 151.61 & 79.57 & 122.73 & 509.00 & 29.17 & 393.74 & 152.98 \\ 285.24 & 55.07 & 243.97 & -87.93 & 187.44 & 29.17 & 509.00 & -34.18 & 41.32 \\ 182.52 & 42.96 & 57.77 & 84.44 & 106.76 & 393.74 & -34.18 & 509.00 & 181.48 \\ 177.79 & 229.64 & 109.36 & 129.95 & 191.77 & 152.98 & 41.32 & 181.48 & 509.00 \end{bmatrix}$$

利用 Matlab R2017b 求出矩阵 H 的最大特征值 λ_{max} 为 1698.38，最大特征值对应的特征向量 α_1 为：

$\alpha_1 =(0.3956, 0.3617, 0.3652, 0.1584, 0.4165, 0.3337, 0.2521,$
$0.2958, 0.3438)^T$

由于得到的特征向量中的元素大于 0，因此得到的特征向量即为指标的权重向量，将权重系数进行归一化处理，得到的指标权重系数向量 w_1 为：

$w_1 =(0.1354, 0.1238, 0.1249, 0.0542, 0.1425, 0.1141, 0.0862,$

$0.1012,0.1176)^{\mathrm{T}}$

综合政策投入评价模型为：

$$s_1 = 0.1354x_1 + 0.1238x_2 + 0.1249x_3 + 0.0542x_4 + 0.1425x_5 + 0.1141x_6$$
$$+ 0.0862x_7 + 0.1012x_8 + 0.1176x_9$$

其中，x_i 为标准化处理后的数据。根据此模型得到的我国各省份综合政策投入得分如表 5-2 和表 5-3 所示，各省份综合政策投入得分的排名情况如表 5-4 和表 5-5 所示。

(二)各省份综合政策投入得分及排名

表 5-2　2002—2009 年我国各省份综合政策投入得分情况

省份	年份							
	2002	2003	2004	2005	2006	2007	2008	2009
北京	-0.38	-0.28	-0.02	0.22	0.42	0.45	0.52	0.54
天津	-0.11	-0.27	0.03	0.24	0.38	0.35	0.48	0.53
河北	-0.85	-0.76	-0.61	-0.40	-0.28	-0.30	-0.18	-0.11
山西	-1.06	-0.94	-0.78	-0.64	-0.54	-0.61	-0.53	-0.53
内蒙古	-1.07	-0.93	-0.74	-0.54	-0.39	-0.39	-0.30	-0.17
辽宁	-0.73	-0.60	-0.41	-0.24	-0.06	-0.03	0.14	0.28
吉林	-1.07	-1.00	-0.85	-0.63	-0.52	-0.53	-0.39	-0.28
黑龙江	-1.01	-0.98	-0.89	-0.67	-0.60	-0.58	-0.49	-0.38
上海	0.17	0.35	0.64	0.89	0.96	0.96	1.05	0.96
江苏	0.37	0.53	0.77	0.78	0.88	0.89	0.95	0.91
浙江	-0.21	-0.09	0.12	0.29	0.40	0.42	0.49	0.51
安徽	-0.98	-0.88	-0.72	-0.50	-0.37	-0.34	-0.24	-0.15
福建	-0.44	-0.33	-0.17	0.03	0.12	0.04	0.11	0.08
江西	-1.13	-0.96	-0.78	-0.53	-0.40	-0.41	-0.28	-0.18
山东	-0.65	-0.55	-0.33	-0.11	0.00	0.02	0.11	0.17
河南	-1.01	-0.91	-0.62	-0.43	-0.28	-0.30	-0.15	-0.04
湖北	-0.96	-0.85	-0.78	-0.55	-0.41	-0.46	-0.34	-0.24
湖南	-0.98	-0.86	-0.67	-0.39	-0.30	-0.33	-0.19	-0.08

省份	年份							
	2002	2003	2004	2005	2006	2007	2008	2009
广东	0.08	0.19	0.30	0.53	0.65	0.71	0.75	0.74
广西	−1.12	−1.03	−0.89	−0.61	−0.51	−0.54	−0.39	−0.33
海南	−0.98	−0.97	−0.79	−0.63	−0.51	−0.46	−0.31	−0.28
重庆	−0.90	−0.77	−0.71	−0.40	−0.31	−0.31	−0.09	0.00
四川	−1.00	−0.91	−0.69	−0.51	−0.41	−0.39	−0.16	−0.07
贵州	−1.34	−1.26	−1.14	−0.96	−0.83	−0.78	−0.67	−0.61
云南	−1.25	−1.13	−0.95	−0.71	−0.60	−0.62	−0.51	−0.43
陕西	−1.25	−1.19	−1.03	−0.83	−0.77	−0.82	−0.69	−0.57
甘肃	−1.24	−1.21	−1.14	−0.81	−0.75	−0.80	−0.70	−0.64
青海	−1.09	−1.03	−0.89	−0.67	−0.57	−0.71	−0.60	−0.35
宁夏	−1.00	−0.88	−0.57	−0.46	−0.34	−0.45	−0.38	−0.32
新疆	−1.17	−1.12	−1.02	−0.83	−0.75	−0.76	−0.61	−0.55

表 5-3　2010—2018 年我国各省份综合政策投入得分情况

省份	年份								
	2010	2011	2012	2013	2014	2015	2016	2017	2018
北京	0.60	0.62	0.68	0.78	0.82	1.08	1.15	1.62	1.42
天津	0.69	0.80	0.95	1.07	1.22	1.39	1.03	1.02	0.85
河北	−0.02	0.08	0.16	0.23	0.26	0.34	0.41	0.58	0.68
山西	−0.40	−0.26	−0.16	−0.08	−0.03	0.00	0.02	0.06	0.17
内蒙古	−0.04	0.05	0.09	0.18	0.19	0.27	0.36	0.34	0.41
辽宁	0.46	0.58	0.71	0.81	0.75	0.33	0.19	0.33	0.41
吉林	−0.19	−0.14	−0.08	−0.03	0.01	0.08	0.14	0.14	0.21
黑龙江	−0.29	−0.23	−0.15	−0.07	−0.05	0.03	0.06	0.12	0.19
上海	1.04	1.05	1.02	0.82	1.02	1.56	1.66	1.67	1.72
江苏	1.02	1.08	1.11	1.14	1.07	1.04	1.08	1.18	1.32
浙江	0.63	0.67	0.71	0.79	0.78	0.91	0.98	1.07	1.20

省份	年份								
	2010	2011	2012	2013	2014	2015	2016	2017	2018
安徽	−0.03	0.06	0.15	0.29	0.35	0.42	0.47	0.55	0.64
福建	0.17	0.25	0.28	0.37	0.39	0.47	0.52	0.58	0.55
江西	−0.09	−0.01	0.07	0.15	0.22	0.31	0.38	0.46	0.55
山东	0.30	0.39	0.51	0.67	0.67	0.73	0.85	0.97	1.03
河南	0.05	0.16	0.25	0.32	0.36	0.43	0.50	0.58	0.69
湖北	−0.13	−0.07	0.04	0.17	0.27	0.39	0.45	0.48	0.62
湖南	−0.01	0.11	0.19	0.29	0.37	0.46	0.55	0.65	0.77
广东	0.90	1.01	1.08	1.27	1.20	1.33	1.41	1.55	1.70
广西	−0.22	−0.15	−0.08	−0.03	0.02	0.11	0.15	0.24	0.31
海南	−0.20	−0.12	−0.11	−0.08	0.01	0.03	0.08	0.15	0.13
重庆	0.11	0.30	0.37	0.42	0.37	0.56	0.43	0.49	0.57
四川	0.03	0.12	0.16	0.24	0.34	0.31	0.43	0.55	0.67
贵州	−0.51	−0.40	−0.34	−0.23	−0.07	0.02	0.17	0.29	0.40
云南	−0.34	−0.30	−0.20	−0.11	−0.05	−0.04	−0.01	0.10	0.16
陕西	−0.49	−0.43	−0.37	−0.30	−0.12	−0.13	0.04	0.14	0.27
甘肃	−0.56	−0.56	−0.49	−0.40	−0.45	−0.23	−0.29	−0.25	−0.14
青海	−0.18	−0.09	0.17	0.20	0.02	0.32	0.10	0.05	0.11
宁夏	−0.24	−0.15	−0.07	0.02	0.08	0.17	0.27	0.37	0.43
新疆	−0.42	−0.36	−0.28	−0.17	−0.10	0.00	0.06	0.14	0.21

表 5-4　2002—2009 年我国各省份综合政策投入得分排名情况

省份	年份							
	2002	2003	2004	2005	2006	2007	2008	2009
北京	6	6	6	6	4	4	4	4
天津	4	5	5	5	6	6	6	5
河北	10	10	11	12	11	11	13	14
山西	20	19	20	23	23	24	25	26

省份	年份							
	2002	2003	2004	2005	2006	2007	2008	2009
内蒙古	21	18	17	18	16	16	17	16
辽宁	9	9	9	9	9	9	7	7
吉林	22	23	22	22	22	21	21	20
黑龙江	19	22	23	25	26	23	23	24
上海	2	2	2	1	1	1	1	1
江苏	1	1	1	2	2	2	2	2
浙江	5	4	4	4	5	5	5	6
安徽	15	14	16	15	15	14	15	15
福建	7	7	7	7	7	7	8	9
江西	25	20	18	17	17	17	16	17
山东	8	8	8	8	8	8	9	8
河南	18	17	12	13	10	10	11	11
湖北	12	12	19	19	18	19	19	18
湖南	14	13	13	10	12	13	14	13
广东	3	3	3	3	3	3	3	3
广西	24	24	25	20	21	22	22	22
海南	13	21	21	21	20	20	18	19
重庆	11	11	15	11	13	12	10	10
四川	16	16	14	16	19	15	12	12
贵州	30	30	29	30	30	28	28	29
云南	28	27	26	26	25	25	24	25
陕西	29	28	28	28	29	30	29	28
甘肃	27	29	30	27	28	29	30	30
青海	23	25	24	24	24	26	26	23
宁夏	17	15	10	14	14	18	20	21
新疆	26	26	27	29	27	27	27	27

表 5-5　2010—2018 年我国各省份综合政策投入得分排名情况

省份	年份								
	2010	2011	2012	2013	2014	2015	2016	2017	2018
北京	6	6	7	7	5	4	3	2	3
天津	4	4	4	3	1	2	5	6	7
河北	14	14	14	15	16	14	15	10	10
山西	26	25	25	24	24	27	28	28	26
内蒙古	16	16	17	17	18	19	17	18	18
辽宁	7	7	6	5	7	15	19	19	19
吉林	20	21	21	22	23	22	22	24	24
黑龙江	24	24	24	23	25	24	25	26	25
上海	1	2	3	4	4	1	1	1	1
江苏	2	1	1	2	3	5	4	4	4
浙江	5	5	5	6	6	6	6	5	5
安徽	15	15	16	12	13	12	11	12	12
福建	9	10	10	10	9	9	9	9	16
江西	17	17	18	19	17	18	16	16	15
山东	8	8	8	8	8	7	7	7	6
河南	11	11	11	11	12	11	10	11	9
湖北	18	18	19	18	15	13	12	15	13
湖南	13	13	12	13	11	10	8	8	8
广东	3	3	2	1	2	3	2	3	2
广西	22	22	22	21	20	21	21	21	21
海南	21	20	23	25	22	23	24	22	28
重庆	10	9	9	9	10	8	14	14	14
四川	12	12	15	14	14	17	13	13	11
贵州	29	28	28	28	27	25	20	20	20
云南	25	26	26	26	26	28	29	27	27
陕西	28	29	29	29	29	29	27	23	22
甘肃	30	30	30	30	30	30	30	30	30

省份	年份								
	2010	2011	2012	2013	2014	2015	2016	2017	2018
青海	19	19	13	16	21	16	23	29	29
宁夏	23	23	20	20	19	20	18	17	17
新疆	27	27	27	27	28	26	26	25	23

结合表 5-2—表 5-5 可以看出，我国各省份综合政策投入发展趋势良好，多数省份得分持续增长，综合政策投入水平不断提升。 表 5-2 和表 5-3 中综合政策投入得分中最大值为 1.72，最小值为 -1.34，并不直观，采用功效系数法转换评价得分。 考虑到各省份的综合政策投入仍存在一定提升的空间，因此将 95 分作为得分上限。 根据公式（5-1）对其进行数据变换，将各个地区的综合政策投入得分转化为百分制。

$$Y = \frac{x - x_{\min}}{x_{\max} - x_{\min}} \times 40 + 55 \qquad (5-1)$$

其中，x 为进行数据变换前的综合政策投入得分，$x_{\max}$ 为这组数据中的最大值，$x_{\min}$ 为这组数据中的最小值。 经过公式（5-1）的变换后，所有得分将介于 55—95 之间，计算结果如表 5-6 和表 5-7 所示。

表 5-6　2002—2009 年我国各省份综合政策投入百分制得分情况

省份	年份							
	2002	2003	2004	2005	2006	2007	2008	2009
北京	67.56	68.84	72.22	75.42	78.00	78.41	79.35	79.51
天津	71.00	68.90	72.83	75.64	77.46	77.03	78.74	79.41
河北	61.36	62.50	64.53	67.24	68.76	68.55	70.11	70.99
山西	58.59	60.16	62.25	64.12	65.40	64.46	65.54	65.54
内蒙古	58.46	60.33	62.84	65.40	67.45	67.34	68.52	70.26
辽宁	62.91	64.63	67.07	69.38	71.74	72.10	74.27	76.21
吉林	58.44	59.34	61.42	64.24	65.64	65.50	67.45	68.80
黑龙江	59.23	59.64	60.88	63.66	64.58	64.84	66.12	67.53
上海	74.68	77.10	80.87	84.08	85.03	85.09	86.23	85.11

续　表

省份	年份							
	2002	2003	2004	2005	2006	2007	2008	2009
江苏	77.40	79.40	82.52	82.74	83.97	84.15	84.97	84.45
浙江	69.78	71.27	74.02	76.25	77.72	77.93	78.92	79.22
安徽	59.64	61.01	63.01	65.92	67.65	68.10	69.34	70.50
福建	66.70	68.22	70.29	72.91	74.05	72.97	73.98	73.48
江西	57.74	59.88	62.32	65.59	67.31	67.15	68.76	70.18
山东	63.92	65.30	68.21	71.00	72.47	72.77	73.87	74.76
河南	59.27	60.53	64.35	66.83	68.77	68.62	70.56	71.91
湖北	59.88	61.37	62.31	65.33	67.14	66.53	68.07	69.31
湖南	59.67	61.23	63.79	67.35	68.57	68.17	69.96	71.46
广东	73.49	75.03	76.42	79.48	80.95	81.74	82.33	82.20
广西	57.79	59.04	60.78	64.55	65.79	65.48	67.43	68.12
海南	59.73	59.77	62.18	64.29	65.81	66.43	68.41	68.87
重庆	60.78	62.47	63.21	67.32	68.41	68.37	71.35	72.45
四川	59.36	60.60	63.42	65.87	67.12	67.41	70.39	71.55
贵州	55.00	56.04	57.54	59.96	61.64	62.22	63.78	64.52
云南	56.15	57.70	60.12	63.21	64.60	64.36	65.82	66.93
陕西	56.07	56.89	59.00	61.68	62.44	61.76	63.45	65.00
甘肃	56.30	56.70	57.53	61.89	62.61	62.00	63.31	64.17
青海	58.23	58.96	60.80	63.71	65.01	63.14	64.69	67.95
宁夏	59.36	60.94	65.01	66.51	68.03	66.58	67.53	68.28
新疆	57.24	57.80	59.10	61.63	62.64	62.51	64.46	65.34

表 5-7　2010—2018 年我国各省份综合政策投入百分制得分情况

省份	年份								
	2010	2011	2012	2013	2014	2015	2016	2017	2018
北京	80.30	80.59	81.34	82.68	83.17	86.57	87.51	93.72	91.15
天津	81.56	83.01	84.90	86.56	88.48	90.68	85.93	85.81	83.60

省份	年份								
	2010	2011	2012	2013	2014	2015	2016	2017	2018
河北	72.25	73.49	74.58	75.55	75.87	76.89	77.87	80.10	81.36
山西	67.31	69.08	70.35	71.49	72.06	72.48	72.72	73.31	74.68
内蒙古	71.93	73.12	73.74	74.80	75.02	76.09	77.20	76.96	77.91
辽宁	78.52	80.12	81.73	83.05	82.25	76.85	74.97	76.82	77.88
吉林	69.96	70.60	71.47	72.07	72.59	73.48	74.33	74.37	75.29
黑龙江	68.70	69.47	70.49	71.54	71.83	72.88	73.30	74.11	74.95
上海	86.11	86.18	85.80	83.24	85.79	92.86	94.26	94.31	95.00
江苏	85.90	86.66	87.00	87.46	86.44	86.16	86.61	87.95	89.76
浙江	80.76	81.23	81.74	82.85	82.72	84.44	85.38	86.51	88.15
安徽	72.08	73.21	74.51	76.29	77.03	77.94	78.60	79.68	80.84
福建	74.78	75.75	76.13	77.29	77.61	78.62	79.34	80.12	79.72
江西	71.35	72.33	73.45	74.45	75.34	76.52	77.41	78.57	79.74
山东	76.37	77.64	79.11	81.24	81.27	82.03	83.59	85.15	86.03
河南	73.09	74.56	75.81	76.63	77.21	78.06	79.02	80.09	81.57
湖北	70.76	71.54	72.95	74.75	75.97	77.56	78.33	78.79	80.63
湖南	72.40	73.90	75.04	76.24	77.28	78.58	79.74	81.06	82.58
广东	84.26	85.67	86.58	89.12	88.25	89.96	90.92	92.79	94.69
广西	69.61	70.55	71.40	72.08	72.74	73.89	74.47	75.65	76.61
海南	69.94	70.90	71.08	71.43	72.60	72.88	73.51	74.42	74.24
重庆	73.94	76.37	77.31	77.95	77.38	79.84	78.16	78.94	79.94
四川	72.86	74.01	74.55	75.67	76.96	76.61	78.16	79.67	81.33
贵州	65.80	67.31	68.09	69.50	71.61	72.71	74.78	76.26	77.69
云南	67.98	68.53	69.83	71.12	71.83	71.93	72.40	73.80	74.58
陕西	66.05	66.86	67.62	68.63	70.94	70.75	72.95	74.37	75.96
甘肃	65.20	65.10	66.12	67.22	66.60	69.44	68.68	69.16	70.66
青海	70.13	71.34	74.76	75.05	72.72	76.69	73.77	73.09	73.98
宁夏	69.32	70.53	71.62	72.72	73.53	74.74	76.03	77.39	78.07
新疆	66.95	67.73	68.85	70.27	71.14	72.52	73.27	74.33	75.30

为了更直观地反映出各个省份的综合政策投入水平，以 2018 年为例，依据表 5-7 数据绘制出 30 个省份综合政策投入得分条形图，见图 5-1。

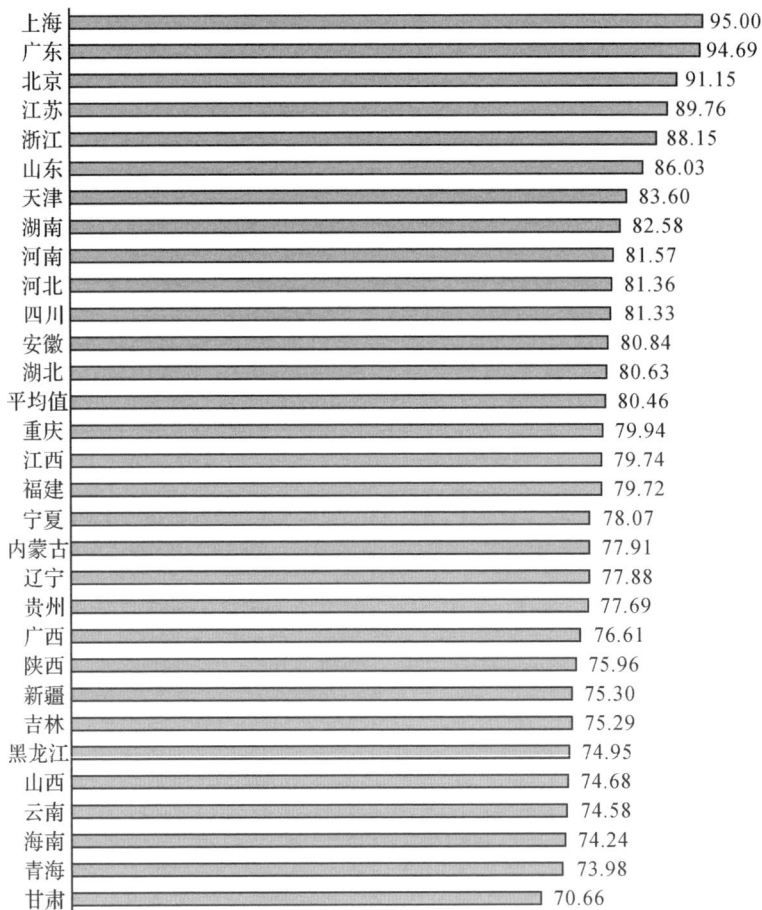

图 5-1　2018 年各省份综合政策投入得分条形图

由表 5-7 和图 5-1 可知，上海、广东、北京综合政策投入得分处于全国领先地位，综合政策投入得分分别达到 95.00、94.69 和 91.15，高于其余省份；其次是江苏、浙江、山东这 3 个省，综合政策投入得分在 85 以上，综合政策投入情况较好；山西、云南、海南、青海、甘肃综合政策投入得分位于全国后 5 位，表明这些区域应增加综合政策投入。

二、我国各省份综合政策投入的分类比较与分析

(一)面板数据的层次聚类方法

聚类分析是根据数据相似性对研究对象进行分类,最终能够使同一个类中的所有个体具有高度同质性,不同类之间的个体具有高度异质性。 通过聚类分析将研究对象进行划分,能够帮助我们更清晰地认识到各个研究对象之间的差异。

1.层次聚类的主要思想

层次聚类是基于距离的聚类,将距离相近的样本点归为一类,以便更好地研究被评价对象之间的差异。 层次聚类方法有多种:Single-linkage、Complete-linkage、Average-linkage、Ward linkage 聚类法。 本研究选取的方法为 Ward 法,其基本思想是使得聚类结果中同一个类中样本点的离差平方和较小,而不同类别之间的离差平方和较大。 Ward 聚类法求出的同类样本的离差平方和不一定均为极小值,而是通过某种规则求出局部最优解。

2.层次聚类的算法过程

假设有 N 个样本点即被评价对象,层次聚类的算法过程如下:

（1）将每个对象归为一类,共得到 N 类,计算类与类之间的距离。

（2）根据选取方法,找到最接近的两个类并合并成一类,完成类间合并。

（3）重新计算新形成的类与所有的旧类之间的距离。

（4）重复（2）和（3）,直到最后所有的评价对象被合并为一个类为止。

3.距离的计算

选取欧氏距离计算两个样本点之间的距离,因为欧氏距离表示的是空间中两个样本点的真实距离。 两个 p 维向量间的欧氏距离表达式为:

$$d_{ij} = \Big[\sum_{k=1}^{p} (x_{ik} - x_{jk}) \Big]^{\frac{1}{2}} \qquad (5\text{-}2)$$

采用郑兵云（2008）提出的多指标面板数据的距离算法，并将面板数据计算的欧氏距离定义为"欧氏时空距离"。 将第 r 个样本点与第 k 个样本点之间的"欧氏时空距离"记为 d_{rk}，即：

$$d_{rk} = \left\{ \sum_{t=1}^{T} \sum_{j=1}^{p} \left[x_{rj}(t) - x_{kj}(t) \right]^2 \right\}^{\frac{1}{2}} \qquad (5\text{-}3)$$

该方法将欧氏距离与面板数据的特征结合起来，易操作且容易理解，将不同年份研究对象之间的差异视为同等重要处理，在多指标面板数据聚类方法中较优。

(二)综合政策投入的分类比较与分析

利用 Matlab R2017b 计算出综合政策投入的欧氏时空距离矩阵（程序见附录 2）。 利用 R 语言，通过层次聚类的 Ward 法将 30 个省份按综合政策投入水平分类，得到聚类谱系图，如图 5-2 所示。

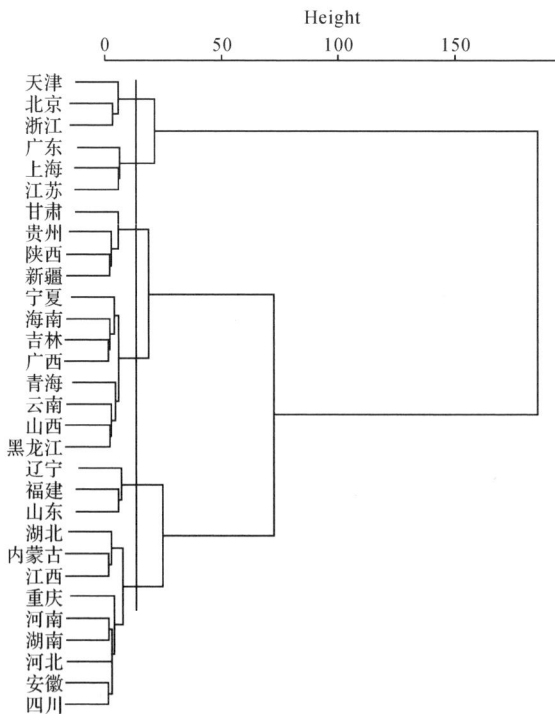

图 5-2　各省份综合政策投入聚类谱系图

由图 5-2，依据 2002—2018 年的综合政策投入得分对 30 个省份进行分类。 若直接按照欧氏时空距离矩阵的信息进行分类，可以按聚类谱系图中红线分为 6 个类，缺点是这仅仅考虑了数据上的差异而忽略了现实意义。 因此，结合实际情况将 30 个省份分为如下 5 类：

第一类包括上海、江苏、广东、北京、浙江、天津 6 个省份，这些省份的综合政策投入在全国处于领先水平。

第二类包括福建、山东、辽宁 3 个省份，综合政策投入水平较高。

第三类包括重庆、河南、湖南、河北、安徽、四川、湖北、内蒙古、江西 9 个省份，综合政策投入处于中等水平。

第四类包括宁夏、海南、吉林、广西、青海、云南、山西、黑龙江 8 个省份，综合政策投入水平相对较低。

第五类包括甘肃、贵州、陕西、新疆 4 个省份，综合政策投入水平最低，这些省份应当加快自身综合政策投入。

三、八大综合经济区综合政策投入测算比较分析

区域协调发展战略是我国重大战略之一。 2018 年 11 月，中共中央、国务院出台《关于建立更加有效的区域协调发展新机制的意见》，提出要"加快形成统筹有力、竞争有序、绿色协调、共享共赢的区域协调发展新机制，促进区域协调发展"。 近年来，我国相继出台《京津冀协同发展规划》《长江经济带发展规划》等文件，旨在将区域一体化从顶层设计落到实处。 区域一体化逐渐成为引领经济高质量发展的关键阵地。

区域一体化有利于发挥各地区的比较优势，高效地对资源进行聚合，并将资源优势辐射到其他地区，使地理位置、要素禀赋和产业结构不同的地区承担不同经济功能，实现单个孤立市场无法达到的规模经济和集聚效应，提升区域整体综合能力。 因此，协调区域软投入对提高国家软投入水平具有重要意义。

然而，我国地区间的综合政策投入、综合科技投入、劳动者积极性投入、综合软投入的绝对水平以及发展趋势存在较大差异。 对八大综合经济区软投入进行测算和分析，对形成高效协同、补位合作和错位竞争的区域一体化发

展战略布局很有必要。国务院发展研究中心在 2003 年提出八大综合经济区
的具体划分：

东北综合经济区包括：辽宁、吉林、黑龙江。

北部沿海综合经济区包括：北京、天津、河北、山东。

东部沿海综合经济区包括：上海、江苏、浙江。

南部沿海综合经济区包括：福建、广东、海南。

黄河中游综合经济区包括：陕西、山西、河南、内蒙古。

长江中游综合经济区包括：湖北、湖南、江西、安徽。

大西南综合经济区包括：云南、贵州、四川、重庆、广西。

大西北综合经济区包括：甘肃、青海、宁夏、西藏、新疆。西藏因有

较多指标的数据缺失而被剔除。

根据各个省份的综合政策投入得分，利用算术平均数计算出八大综合经
济区 2002—2018 年综合政策投入得分，将数据整理成表 5-8 和表 5-9，并据此
绘制出 2002—2018 年各经济区综合政策投入得分的发展趋势图，如图 5-3
所示。

表 5-8　2002—2009 年八大综合经济区综合政策投入得分

综合经济区	年份							
	2002	2003	2004	2005	2006	2007	2008	2009
东北综合经济区	60.19	61.20	63.13	65.76	67.32	67.48	69.28	70.85
北部沿海综合经济区	65.96	66.39	69.45	72.32	74.17	74.19	75.52	76.17
东部沿海综合经济区	73.95	75.92	79.14	81.02	82.24	82.39	83.37	82.93
南部沿海综合经济区	66.64	67.68	69.63	72.23	73.60	73.71	74.91	74.85
黄河中游综合经济区	58.10	59.48	62.11	64.51	66.02	65.55	67.02	68.18
长江中游综合经济区	59.23	60.88	62.86	66.05	67.67	67.49	69.03	70.36
大西南综合经济区	57.81	59.17	61.01	64.18	65.51	65.57	67.75	68.71
大西北综合经济区	57.78	58.60	60.61	63.43	64.57	63.56	65.00	66.44

表 5-9　2010—2018 年八大综合经济区综合政策投入得分

综合经济区	年份								
	2010	2011	2012	2013	2014	2015	2016	2017	2018
东北综合经济区	72.39	73.40	74.56	75.55	75.56	74.40	74.20	75.10	76.04
北部沿海综合经济区	77.62	78.68	79.98	81.51	82.20	84.04	83.73	86.20	85.54
东部沿海综合经济区	84.26	84.69	84.85	84.52	84.98	87.82	88.75	89.59	90.97
南部沿海综合经济区	76.32	77.44	77.93	79.28	79.49	80.49	81.26	82.44	82.88
黄河中游综合经济区	69.59	70.90	71.88	72.89	73.80	74.35	75.47	76.18	77.53
长江中游综合经济区	71.65	72.75	73.99	75.43	76.41	77.65	78.52	79.53	80.95
大西南综合经济区	70.04	71.36	72.24	73.26	74.10	75.00	75.59	76.86	78.03
大西北综合经济区	67.90	68.68	70.34	71.32	71.00	73.35	72.94	73.49	74.50

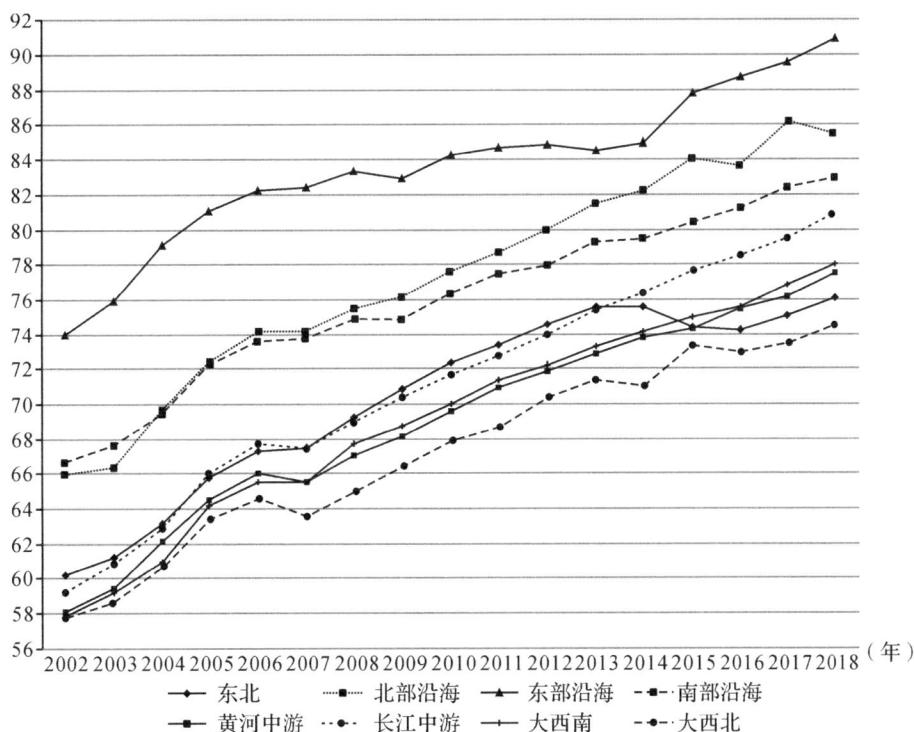

图 5-3　2002—2018 年八大综合经济区综合政策投入得分发展趋势图

由表 5-8、表 5-9 和图 5-3 可知，2002—2018 年八大综合经济区综合政策投入得分总体呈增长趋势，但区域间综合政策投入水平与演变趋势存在差异。 东部沿海综合经济区综合政策投入处于全国领先水平且发展趋势与其余区域存在较大差异；北部沿海综合经济区与南部沿海综合经济区综合政策投入水平相近且发展趋势相似；东北综合经济区、长江中游综合经济区、黄河中游综合经济区、大西北综合经济区、大西南综合经济区的综合政策投入水平较低且发展趋势相近。

"十五"期间，我国八大综合经济区综合政策投入得分逐年上升。 东部沿海综合经济区综合政策投入得分明显高于其他地区；北部沿海综合经济区、南部沿海综合经济区综合政策投入得分相似，高于另外 5 个经济区，且在 2005 年超过 70 分；东北综合经济区、长江中游综合经济区、黄河中游综合经济区、大西北综合经济区、大西南综合经济区的发展趋势相似。 相对而言，这些地区得分处于较低的水平，说明这些地区综合政策投入方面落后于东部沿海、北部沿海和南部沿海区域。

"十一五"期间，我国八大综合经济区综合政策投入得分总体呈上升态势，各区域发展趋势有所差异。 部分综合经济区 2007 年综合政策投入较 2006 年有所下降或基本不变，究其原因是财政配置发生了变化。 东部沿海经济区综合政策投入得分增长较为缓慢，但绝对水平仍处于全国领先地位；北部沿海综合经济区与南部沿海综合经济区的综合政策投入得分发展态势相近；大西南综合经济区发展最为迅速，在这一时期超过了黄河中游综合经济区，说明大西南综合经济区在这一时期综合政策投入力度较大；东北综合经济区、长江中游综合经济区、大西北综合经济区、黄河中游综合经济区发展速度较快。

"十二五"期间，我国八大综合经济区综合政策投入得分发展趋势不同。东部沿海经济区综合政策投入得分呈波动性上升，2012 年较 2011 年略微上升，2013 年有所下降，原因是上海市 2013 年的综合政策投入得分较上年偏低，但 2015 年加强了综合政策投入力度，得分增长较快；北部沿海综合经济区综合政策投入得分稳步上升，增长速度较快，说明该区域综合政策投入力度持续提升，与南部沿海综合经济区的差距逐渐拉大；南部沿海综合经济区、长江中游综合经济区、大西南综合经济区、黄河中游综合经济区发展态势相近，均呈现较快速度提升；东北综合经济区综合政策投入得分总体呈现上升态势，但在 2015 年有所下降；大西北综合经济区 2015 年的综合政策投入得分相较于 2014 年提高较多，说明综合政策投入力度加大。

2016—2018 年"十三五"时期，我国八大综合经济区总体呈现上升态势，且得分均高于 70 分，说明八大综合经济区的综合政策投入水平良好，但各个区域之间仍存在差距。东部沿海综合经济区、北部沿海综合经济区综合政策投入得分最高，说明这些区域十分重视综合政策投入；南部沿海综合经济区和长江中游综合经济区综合投入水平较高，但与东部沿海和北部沿海综合经济区仍存在一定差距，尚存较大发展空间；东北综合经济区、黄河中游综合经济区、大西北综合经济区、大西南综合经济区的综合政策投入相近且相对较弱，这些区域应从产权制度、财政配置、市场机制、对外开放等方面学习吸取其他综合经济区的优秀经验，不断提高综合政策投入水平。

为从全局把握八大综合经济区综合政策投入水平及其得分变化趋势，分别计算"十五"（2002—2005 年）、"十一五"、"十二五"、"十三五"（2016—2018 年）期间各综合经济区综合政策投入得分平均值，并据此绘制雷达图，如图 5-4 所示。

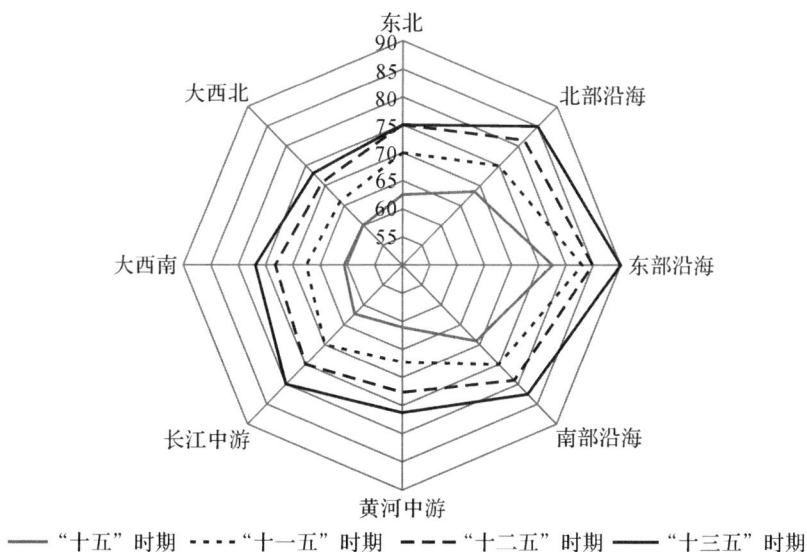

图 5-4　各时期八大综合经济区综合政策投入得分变化雷达图

各时期八大综合经济区综合政策投入得分均呈增长趋势，但区域间差异明显。东部沿海综合经济区综合政策投入得分最高，且以稳定的速度增长；北部沿海综合经济区、南部沿海综合经济区、黄河中游综合经济区、长江中游综合经济区、大西南综合经济区在"十一五"期间增长最为迅速；大西北综合经济区在"十二五"期间增长最为迅速；东北综合经济区"十一五"和"十二五"时期以较高、较稳定的速度发展，但在"十三五"时期发展减缓，应加大对综合政策投入的重视程度。

四、重点省份综合政策投入的比较

(一)各重点省份综合政策投入的比较与分析

以 2018 年的数据为依据，选取综合政策投入得分、综合科技投入得分、劳动者积极性投入得分和软投入综合得分均在平均值以上的省份为重点省份，具体包括北京、天津、上海、江苏、浙江、广东、山东 7 个省份；为直观显示各重点省份综合政策投入的差异，以及近 5 年综合政策投入的变化趋势，根据表 5-7 数据绘制雷达图，如图 5-5 所示。

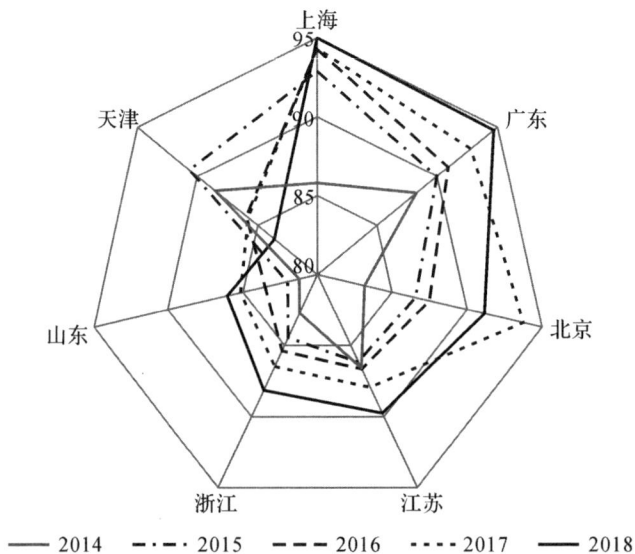

图 5-5　2014—2018 年重点省份综合政策投入得分变化雷达图

由图 5-5 可知，大部分省份的综合政策投入得分逐年增长；上海、北京、广东综合政策投入领先于其他各省份，其次是江苏、浙江，天津近 5 年综合政策投入有较大波动，山东在这 7 个重点省份中相对落后。

上海总体综合政策投入水平高，发展速度快。2014 年上海市综合政策投入水平位于全国第 4，次于天津、广东和江苏；2015 年上海市综合政策投入得分增长极为迅速，位于全国第 1，这一时期上海财政配置、对外开放等指标有明显的优化；同年，国务院批准《进一步深化中国（上海）自由贸易试验区改革开放方案》，促进上海对外开放水平的进一步提高；2018 年上海综合政策投入得分位于全国领先水平，远超江苏、浙江、山东、天津等省份，分析原始数据发现上海有关财政配置的指标明显优于全国其余省份。综上，上海的高综合政策投入水平得益于其优越的财政配置和较高的对外开放水平。

广东总体综合政策投入水平高，发展较为稳定，呈稳步上升的态势。2014 年广东综合政策投入位于全国领先水平，仅次于天津，得益于其健全的产权制度和灵活的市场机制；2016 年广东省政府为贯彻《国务院办公厅关于促进跨境电子商务健康快速发展的指导意见》，加快本省跨境电子商务发展，提出了壮大跨境电子商务经营主体、培育跨境电子商务竞争新优势等实施意见，这些都促进了电子商务的发展；2014—2018 年广东进一步扩大自身在对外开放和市场机制方面的优势，尤其是电子商务交易额占市场份额等指标进一步提高，这些都带来了广东综合政策投入水平的提高。综上，广东在产权制度、市场机制、对外开放等方面的优势共同促成了其高水平的综合政策投入，值得其余省份借鉴。

北京总体综合政策投入水平高，综合政策投入得分在 2014—2017 年间呈持续增长态势，2018 年略微有所下降。2014 年，北京综合政策投入得分在 7 个省份中相对较低，原因是北京非国有工业经济占比较低；而北京在 2015 年与 2018 年有两次明显的增长，2015 年北京财政配置得到了优化，综合政策投入水平提高，2017 年北京人均实际利用外资有明显提高，说明其对外开放水平进一步提高；2018 年北京综合政策投入得分有所下降，是北京 2018 年人均实际利用外资相对 2017 年有所下降导致的，但这并不意味着北京对外开放水平低，其综合政策投入水平在这一时期仍处于全国前列；北京贯彻落实《北京市进一步优化营商环境行动计划（2018 年—2020 年）》，在对外贸投资环境、法治环境、创业环境等方面进行优化。 综上，北京强化优势，补齐短板，全面促进综合政策投入水平不断提升。

相较于上海、广东、北京这 3 个省份，江苏、浙江、山东这 3 个省份的综合政策投入水平相对较低，且存在自身发展特点。

江苏综合政策投入得分总体呈增长态势，发展速度先低后高。 2014 年江苏综合政策投入得分位于全国第三，产权制度、财政配置、市场机制均为江苏省综合政策投入的优势，而知识产权保护强度在 7 个省份中相对较低；2017—2018 年江苏优化自身财政配置，综合政策投入得分增长较多；江苏近 5 年来在财政配置、法制环境方面得到了明显的优化，市场机制和对外开放处于全国领先水平但进步较小。

浙江综合政策投入得分逐年增长。 2014 年浙江综合政策投入得分在 7 个省份中相对较低，其财政配置、法制环境与北京、上海、广东存在一定差距；市场机制是浙江一大优势，浙江的非国有化进程领先于上海，超过天津、北京，市场更具多样性与活力。 2014—2018 年间，浙江不断完善自身产权制度，优化财政配置和法制环境，扶持中小企业发展，进一步提高浙江私营经济竞争力和电子商务规模，综合政策投入水平进一步提高。 浙江可进一步扩大灵活的市场机制所带来的优势，多方面协同发展，带动综合政策投入水平的提高。

山东综合政策投入得分在 7 个省份中相对较低，但从发展速度来看较为稳定。 2014—2018 年间，山东产权制度得到了明显的完善，相较于其余省份，山东产权制度处于优势地位；在财政配置和法制环境方面，山东仍有待提高，近年来山东不断建立优化法制环境工作协调机制以促进法制环境的改善；在市场机制方面，山东的电子商务交易额占市场份额比例增长较快，私营工业企业数占比较优，市场机制正朝更灵活的方向发展；山东的外贸依存度及人均可利用外资在 7 个省份中较低，对外开放水平仍有待提高。 综上，山东可扩大产权制度方面的优势，保持财政配置、法制环境、市场机制等方面的发展速度，提升对外开放水平。

天津的综合政策投入得分发展趋势与其余 6 个省份存在较大差异，总体呈先增长后下降趋势。 2014 年天津综合政策投入得分位于全国第 1，其较高的对外开放水平带动了综合政策投入得分排名提升。 2015 年天津综合政策投入得分有较为明显的增长，但 2016—2018 年天津综合政策投入得分呈下降趋势，财政配置、对外开放水平是得分下降的主要因素；天津应完善财政配置，建立更加灵活的市场机制，扩大对外开放水平，推动综合政策投入水平的提高。

（二）浙江综合政策投入的优劣势分析

2014 年浙江综合政策投入得分较低，且与江苏存在一定的差距。 但浙江经过 5 年稳定的发展，2018 年浙江综合政策投入得分超过天津、山东，且与江苏相近，说明浙江省政府对于综合政策投入给予较大程度的重视；将 2018 年浙江的综合政策投入与其他重要省份进行对比，可找出浙江的优劣势。

浙江与北京相比，浙江的非国有化进程远超过北京。 在财政配置和法制环境方面，浙江与北京有一定差距，北京略优于浙江。 在市场机制方面，北京的电子商务发展规模明显优于浙江，但浙江的私营工业企业数占比远高于北京，市场更具活力。 在对外开放方面，浙江的外贸依存度高于北京，但人均实际利用外资水平与北京相比仍有明显差距。

浙江与天津相比，浙江的非国有化进程超过天津，但财政配置不如天津合理，法治环境不如天津。 在市场机制方面，浙江的私营工业企业数占比远超天津，市场更具多样性与活力。 在对外开放方面，浙江的外贸依存度明显低于天津，人均实际利用外资水平略超天津。

浙江与上海相比，在产权制度方面，浙江的非国有化进程领先于上海。在财政配置合理性与法制环境建设方面，浙江稍落后于上海。 在市场机制方面，上海的电子商务发展规模远高于浙江，但浙江的私营企业占比较高，市场灵活性更高。 在对外开放方面，浙江的对外开放水平远低于上海。

浙江与江苏相比，浙江的非国有化进程与财政配置合理性都不如江苏。在法治环境建设与市场机制方面，浙江的法制环境更好，市场更具多样性。在对外开放方面，江苏的外贸依存度高于浙江，但浙江的人均实际利用外资水平略高于江苏。

浙江与广东相比，两省的非国有化进程大致相似，广东的财政配置比浙江稍合理些。 在市场机制方面，浙江的电子商务发展规模不如广东，但市场灵活性比广东好。在对外开放方面，浙江的外贸依存度远不如广东，但人均实际利用外资水平高于广东。

浙江与山东相比，浙江的产权配置不如山东。浙江财政配置合理性与山东相似。在法制环境方面，浙江的知识产权保护强度高于山东。在市场机制方面，浙江的电子商务发展规模略显不足，但市场灵活性优于山东。在对外开放方面，浙江明显优于山东。

第三节 综合科技投入的测度与分析

一、综合科技投入的评价

综合科技投入包括 R&D 经费投入强度、R&D 经费内部支出、人均 R&D 经费支出、每万人 R&D 人员数、平均受教育年限、人均教育经费、教育经费、人均拥有公共图书馆藏量、互联网覆盖率、每万人拥有卫生技术人员数和人均卫生总费用这 11 个指标。

(一)综合科技投入评价权重系数

子系统二为综合科技投入，对反映综合科技投入的 11 个指标数据进行标准化处理，利用 Matlab R2017b 使用纵横向拉开档次法（程序见附录 1）求出矩阵 $\boldsymbol{H}$ 为：

$$\boldsymbol{H} = \begin{bmatrix} 509.00 & 344.80 & 462.39 & 440.73 & 384.34 & 318.09 & 212.92 & 259.58 & 297.07 & 369.23 & 339.91 \\ 344.80 & 509.00 & 363.56 & 194.30 & 264.71 & 284.11 & 433.90 & 182.34 & 318.44 & 208.15 & 311.58 \\ 462.39 & 363.56 & 509.00 & 420.76 & 395.24 & 372.15 & 210.08 & 301.08 & 326.31 & 333.07 & 415.60 \\ 440.73 & 194.30 & 420.76 & 509.00 & 396.19 & 282.03 & 43.67 & 301.29 & 221.62 & 409.34 & 306.19 \\ 384.34 & 264.71 & 395.24 & 396.19 & 509.00 & 370.94 & 187.78 & 298.53 & 367.54 & 404.48 & 383.49 \\ 318.09 & 284.11 & 372.15 & 282.03 & 370.94 & 509.00 & 263.45 & 282.33 & 458.97 & 355.52 & 477.10 \\ 212.92 & 433.90 & 210.08 & 43.67 & 187.78 & 263.45 & 509.00 & 79.07 & 332.32 & 145.70 & 257.41 \\ 259.58 & 182.34 & 301.08 & 301.29 & 298.53 & 282.33 & 79.07 & 509.00 & 251.46 & 285.10 & 295.75 \\ 297.07 & 318.44 & 326.31 & 221.62 & 367.54 & 458.97 & 332.32 & 251.46 & 509.00 & 311.87 & 431.58 \\ 369.23 & 208.15 & 333.07 & 409.34 & 404.48 & 355.52 & 145.70 & 285.10 & 311.87 & 509.00 & 325.39 \\ 339.91 & 311.58 & 415.60 & 306.19 & 383.49 & 477.10 & 257.41 & 295.75 & 431.58 & 325.39 & 509.00 \end{bmatrix}$$

利用 Matlab R2017b 求出矩阵 H 的最大特征值 λ_{max} 为 3708.58，最大特征值对应的特征向量 α_2 为：

$\alpha_2 = (0.3240, 0.2732, 0.3387, 0.2935, 0.3271, 0.3269, 0.2101,$
$0.2482, 0.3124, 0.3017, 0.3337)^T$

由于得到的特征向量中的元素均大于 0，因此得到的特征向量即为指标的权重向量，将权重系数进行归一化处理，得到的指标权重系数向量 w_2 为：

$w_2 = (0.0985, 0.0830, 0.1030, 0.0892, 0.0994, 0.0994, 0.0639,$
$0.0755, 0.0950, 0.0917, 0.1015)^T$

综合科技投入评价模型为：

$$s_2 = 0.0985x_{10} + 0.0830x_{11} + 0.1030x_{12} + 0.0892x_{13} + 0.0994x_{14} +$$
$$0.0994x_{15} + 0.0639x_{16} + 0.0755x_{17} + 0.0950x_{18} + 0.0917x_{19} +$$
$$0.1015x_{20}$$

根据此模型得到的我国各省份综合科技投入得分如表 5-10 和表 5-11 所示，各省份综合科技投入评价得分的排名情况如表 5-12 和表 5-13 所示。

(二)各省份综合科技投入得分及排名

表 5-10　2002—2009 年我国各省份综合科技投入得分情况

省份	年份							
	2002	2003	2004	2005	2006	2007	2008	2009
北京	1.30	1.39	1.53	1.68	1.69	1.80	1.88	2.11
天津	−0.07	−0.03	0.10	0.15	0.29	0.37	0.52	0.64
河北	−0.86	−0.80	−0.78	−0.76	−0.71	−0.65	−0.55	−0.47
山西	−0.73	−0.70	−0.67	−0.62	−0.52	−0.45	−0.36	−0.26
内蒙古	−0.84	−0.83	−0.76	−0.73	−0.68	−0.58	−0.50	−0.38
辽宁	−0.54	−0.43	−0.39	−0.35	−0.27	−0.18	−0.08	0.05
吉林	−0.62	−0.57	−0.52	−0.50	−0.44	−0.34	−0.27	−0.17
黑龙江	−0.68	−0.65	−0.58	−0.55	−0.50	−0.42	−0.33	−0.24
上海	0.55	0.56	0.64	1.03	1.14	1.24	1.38	1.51
江苏	−0.70	−0.64	−0.57	−0.45	−0.33	−0.18	−0.04	0.11

续　表

省份	年份							
	2002	2003	2004	2005	2006	2007	2008	2009
浙江	−0.67	−0.60	−0.50	−0.43	−0.25	−0.13	0.03	0.17
安徽	−0.99	−0.90	−0.89	−0.90	−0.82	−0.77	−0.67	−0.56
福建	−0.84	−0.79	−0.76	−0.71	−0.63	−0.54	−0.41	−0.26
江西	−0.96	−0.84	−0.83	−0.85	−0.77	−0.66	−0.60	−0.52
山东	−0.76	−0.74	−0.66	−0.62	−0.52	−0.42	−0.28	−0.17
河南	−0.92	−0.92	−0.87	−0.85	−0.78	−0.69	−0.62	−0.50
湖北	−0.82	−0.72	−0.67	−0.67	−0.58	−0.51	−0.41	−0.28
湖南	−0.87	−0.84	−0.80	−0.77	−0.72	−0.62	−0.52	−0.42
广东	−0.59	−0.55	−0.49	−0.41	−0.32	−0.13	0.01	0.14
广西	−0.94	−0.90	−0.84	−0.84	−0.76	−0.71	−0.64	−0.55
海南	−0.91	−0.86	−0.81	−0.80	−0.75	−0.67	−0.59	−0.49
重庆	−0.91	−0.86	−0.87	−0.80	−0.72	−0.62	−0.53	−0.41
四川	−0.85	−0.82	−0.77	−0.81	−0.73	−0.64	−0.55	−0.41
贵州	−1.11	−1.08	−1.05	−1.08	−1.02	−0.97	−0.87	−0.79
云南	−1.10	−1.08	−0.98	−0.99	−0.92	−0.87	−0.80	−0.72
陕西	−0.66	−0.55	−0.52	−0.49	−0.44	−0.36	−0.27	−0.12
甘肃	−0.97	−0.91	−0.87	−0.89	−0.84	−0.78	−0.70	−0.60
青海	−0.97	−0.92	−0.89	−0.84	−0.79	−0.71	−0.61	−0.47
宁夏	−0.86	−0.84	−0.79	−0.78	−0.68	−0.57	−0.48	−0.40
新疆	−0.74	−0.72	−0.67	−0.67	−0.64	−0.53	−0.41	−0.34

表 5-11　2010—2018 年我国各省份综合科技投入得分情况

省份	年份								
	2010	2011	2012	2013	2014	2015	2016	2017	2018
北京	2.25	2.47	2.61	3.03	2.98	3.21	3.40	3.61	4.03
天津	0.72	0.96	1.07	1.33	1.33	1.38	1.43	1.41	1.51
河北	−0.42	−0.29	−0.17	−0.07	0.01	0.12	0.20	0.32	0.44
山西	−0.24	−0.13	0.00	0.08	0.09	0.19	0.22	0.29	0.36

省份	年份								
	2010	2011	2012	2013	2014	2015	2016	2017	2018
内蒙古	−0.28	−0.11	0.01	0.10	0.14	0.26	0.38	0.40	0.49
辽宁	0.14	0.28	0.42	0.56	0.54	0.52	0.63	0.71	0.78
吉林	−0.13	−0.01	0.10	0.17	0.20	0.29	0.38	0.40	0.49
黑龙江	−0.19	−0.12	−0.01	0.11	0.11	0.16	0.21	0.26	0.34
上海	1.46	1.70	1.77	2.11	2.11	2.29	2.53	2.82	3.11
江苏	0.27	0.52	0.77	0.95	1.08	1.24	1.42	1.64	1.78
浙江	0.27	0.47	0.68	0.84	0.93	1.09	1.27	1.45	1.65
安徽	−0.49	−0.31	−0.09	0.00	0.08	0.16	0.22	0.35	0.50
福建	−0.18	0.00	0.14	0.26	0.35	0.48	0.56	0.72	0.85
江西	−0.54	−0.38	−0.25	−0.14	−0.10	−0.02	0.07	0.19	0.32
山东	−0.04	0.17	0.36	0.54	0.65	0.77	0.90	1.05	1.10
河南	−0.46	−0.29	−0.15	−0.07	0.05	0.11	0.21	0.35	0.48
湖北	−0.19	−0.06	0.11	0.21	0.30	0.43	0.54	0.68	0.87
湖南	−0.37	−0.23	−0.10	0.00	0.09	0.19	0.33	0.47	0.60
广东	0.23	0.53	0.70	0.90	1.01	1.21	1.43	1.68	1.93
广西	−0.50	−0.34	−0.23	−0.17	−0.08	−0.01	0.09	0.17	0.26
海南	−0.45	−0.25	−0.06	−0.10	−0.04	0.07	0.15	0.27	0.43
重庆	−0.31	−0.16	0.00	0.04	0.17	0.31	0.45	0.59	0.74
四川	−0.33	−0.22	−0.05	0.04	0.13	0.25	0.35	0.49	0.66
贵州	−0.75	−0.60	−0.46	−0.36	−0.24	−0.16	−0.06	0.14	0.29
云南	−0.64	−0.51	−0.38	−0.29	−0.26	−0.12	−0.01	0.12	0.25
陕西	−0.04	0.08	0.24	0.38	0.43	0.55	0.61	0.74	0.84
甘肃	−0.52	−0.41	−0.28	−0.21	−0.13	−0.03	0.05	0.12	0.21
青海	−0.42	−0.23	−0.17	−0.07	0.03	0.04	0.13	0.26	0.34
宁夏	−0.38	−0.21	−0.09	0.02	0.12	0.23	0.34	0.48	0.55
新疆	−0.29	−0.11	0.01	0.10	0.17	0.25	0.32	0.41	0.46

表 5-12　2002—2009 年我国各省份综合科技投入得分排名情况

省份	年份							
	2002	2003	2004	2005	2006	2007	2008	2009
北京	1	1	1	1	1	1	1	1
天津	3	3	3	3	3	3	3	3
河北	19	16	18	17	18	21	20	22
山西	11	11	13	11	12	12	12	12
内蒙古	15	18	15	16	17	17	17	16
辽宁	4	4	4	4	5	6	7	7
吉林	6	7	8	9	8	8	9	10
黑龙江	9	10	10	10	10	11	11	11
上海	2	2	2	2	2	2	2	2
江苏	10	9	9	7	7	7	6	6
浙江	8	8	6	6	4	4	4	4
安徽	28	24	28	28	27	27	27	27
福建	16	15	16	15	14	15	14	13
江西	25	20	22	26	24	22	23	25
山东	13	14	11	12	11	10	10	9
河南	23	27	24	25	25	24	25	24
湖北	14	13	12	14	13	13	15	14
湖南	20	19	20	18	19	18	18	20
广东	5	5	5	5	6	5	5	5
广西	24	25	23	23	23	25	26	26
海南	22	23	21	21	22	23	22	23
重庆	21	22	25	20	20	19	19	18
四川	17	17	17	22	21	20	21	19
贵州	30	29	30	30	30	30	30	30
云南	29	30	29	29	29	29	29	29
陕西	7	6	7	8	9	9	8	8
甘肃	26	26	26	27	28	28	28	28

续　表

省份	年份							
	2002	2003	2004	2005	2006	2007	2008	2009
青海	27	28	27	24	26	26	24	21
宁夏	18	21	19	19	16	16	16	17
新疆	12	12	14	13	15	14	13	15

表 5-13　2010—2018 年我国各省份综合科技投入得分排名情况

省份	年份								
	2010	2011	2012	2013	2014	2015	2016	2017	2018
北京	1	1	1	1	1	1	1	1	1
天津	3	3	3	3	3	3	4	6	6
河北	21	23	24	23	24	22	23	21	21
山西	14	16	15	16	19	19	20	22	23
内蒙古	15	14	14	15	15	14	14	18	17
辽宁	7	7	7	7	8	9	8	10	11
吉林	10	11	12	12	12	13	13	17	18
黑龙江	13	15	17	13	18	21	21	25	25
上海	2	2	2	2	2	2	2	2	2
江苏	5	5	4	4	4	4	5	4	4
浙江	4	6	6	6	6	6	6	5	5
安徽	25	25	20	21	21	20	19	20	16
福建	11	10	10	10	10	10	10	9	9
江西	28	27	27	26	27	27	27	26	26
山东	9	8	8	8	7	7	7	7	7
河南	24	24	23	22	22	23	22	19	19
湖北	12	12	11	11	11	11	11	11	8
湖南	19	21	22	20	20	18	17	15	14
广东	6	4	5	5	5	5	3	3	3
广西	26	26	26	27	26	26	26	27	28

省份	年份								
	2010	2011	2012	2013	2014	2015	2016	2017	2018
海南	23	22	19	25	25	24	24	23	22
重庆	17	17	16	17	14	12	12	12	12
四川	18	19	18	18	16	15	15	13	13
贵州	30	30	30	30	29	30	30	28	27
云南	29	29	29	29	30	29	29	29	29
陕西	8	9	9	9	9	8	9	8	10
甘肃	27	28	28	28	28	28	28	30	30
青海	22	20	25	24	23	25	25	24	24
宁夏	20	18	21	19	17	17	16	14	15
新疆	16	13	13	14	13	16	18	16	20

结合表 5-10—表 5-13 可以看出，我国各省份综合科技投入发展趋势良好，多数省份得分持续增长，综合科技投入水平不断提升。 为了将各个地区的综合科技投入得分转化为百分制，对其进行数据变换，结果如表 5-14 和表 5-15 所示。

表 5-14　2002—2009 年我国各省份综合科技投入百分制得分情况

省份	年份							
	2002	2003	2004	2005	2006	2007	2008	2009
北京	73.72	74.43	75.53	76.70	76.79	77.64	78.27	80.04
天津	63.11	63.35	64.40	64.81	65.86	66.53	67.71	68.59
河北	56.96	57.42	57.58	57.69	58.12	58.54	59.36	59.98
山西	57.92	58.21	58.40	58.82	59.57	60.13	60.81	61.57
内蒙古	57.10	57.15	57.69	57.91	58.34	59.14	59.69	60.63
辽宁	59.39	60.24	60.55	60.92	61.52	62.24	63.00	63.99
吉林	58.78	59.16	59.54	59.72	60.19	60.95	61.50	62.26
黑龙江	58.30	58.58	59.07	59.32	59.76	60.35	61.03	61.73
上海	67.93	68.00	68.62	71.61	72.49	73.27	74.38	75.40

省份	年份							
	2002	2003	2004	2005	2006	2007	2008	2009
江苏	58.15	58.64	59.20	60.14	61.06	62.21	63.34	64.51
浙江	58.43	58.96	59.75	60.28	61.68	62.63	63.87	64.93
安徽	55.89	56.63	56.68	56.62	57.26	57.66	58.41	59.30
福建	57.07	57.43	57.67	58.07	58.73	59.44	60.42	61.56
江西	56.17	57.06	57.16	56.97	57.61	58.48	58.93	59.55
山东	57.67	57.89	58.45	58.77	59.58	60.39	61.43	62.31
河南	56.45	56.48	56.87	57.02	57.57	58.24	58.83	59.75
湖北	57.28	58.00	58.40	58.43	59.10	59.66	60.41	61.43
湖南	56.82	57.10	57.37	57.61	58.04	58.80	59.53	60.36
广东	58.99	59.34	59.80	60.43	61.14	62.62	63.66	64.70
广西	56.31	56.62	57.07	57.11	57.73	58.13	58.65	59.34
海南	56.52	56.93	57.29	57.36	57.81	58.37	59.03	59.82
重庆	56.53	56.94	56.82	57.42	57.99	58.78	59.47	60.44
四川	56.97	57.26	57.59	57.31	57.97	58.66	59.32	60.43
贵州	55.00	55.24	55.48	55.22	55.69	56.10	56.87	57.48
云南	55.06	55.20	55.99	55.88	56.43	56.85	57.38	58.00
陕西	58.49	59.31	59.59	59.77	60.18	60.79	61.54	62.71
甘肃	56.08	56.56	56.81	56.71	57.06	57.55	58.21	58.95
青海	56.03	56.46	56.70	57.10	57.49	58.12	58.90	59.98
宁夏	56.96	57.06	57.45	57.54	58.36	59.15	59.87	60.47
新疆	57.83	58.03	58.38	58.43	58.65	59.51	60.44	60.95

表 5-15　2010—2018 年我国各省份综合科技投入百分制得分情况

省份	年份							
	2010	2011	2012	2013	2014	2015	2016	2017	2018
北京	81.13	82.88	83.93	87.25	86.86	88.64	90.12	91.71	95.00
天津	69.19	71.06	71.98	73.96	74.00	74.40	74.74	74.60	75.36

续　表

省份	年份								
	2010	2011	2012	2013	2014	2015	2016	2017	2018
河北	60.38	61.39	62.30	63.11	63.67	64.58	65.17	66.14	67.08
山西	61.72	62.62	63.61	64.28	64.35	65.13	65.30	65.92	66.46
内蒙古	61.43	62.74	63.71	64.36	64.68	65.67	66.56	66.77	67.45
辽宁	64.68	65.84	66.91	67.97	67.84	67.67	68.51	69.15	69.70
吉林	62.57	63.52	64.40	64.97	65.21	65.91	66.58	66.77	67.40
黑龙江	62.14	62.66	63.56	64.51	64.47	64.89	65.29	65.65	66.23
上海	74.96	76.86	77.44	80.03	80.06	81.43	83.36	85.54	87.82
江苏	65.73	67.66	69.60	71.00	72.05	73.24	74.69	76.39	77.49
浙江	65.74	67.30	68.94	70.20	70.90	72.13	73.48	74.94	76.49
安徽	59.81	61.23	62.94	63.59	64.21	64.90	65.34	66.32	67.49
福建	62.21	63.65	64.71	65.62	66.38	67.38	67.95	69.23	70.27
江西	59.39	60.64	61.64	62.51	62.85	63.48	64.13	65.10	66.14
山东	63.30	64.94	66.44	67.86	68.70	69.58	70.65	71.81	72.19
河南	60.01	61.37	62.45	63.11	64.00	64.51	65.23	66.36	67.40
湖北	62.18	63.18	64.45	65.26	65.97	67.00	67.85	68.89	70.37
湖南	60.70	61.81	62.86	63.66	64.30	65.14	66.20	67.26	68.30
广东	65.45	67.77	69.08	70.63	71.46	73.05	74.76	76.69	78.66
广西	59.74	60.95	61.83	62.33	62.98	63.54	64.29	64.92	65.64
海南	60.11	61.65	63.14	62.85	63.34	64.20	64.83	65.75	67.00
重庆	61.22	62.36	63.58	63.96	64.96	66.03	67.12	68.24	69.40
四川	61.02	61.89	63.27	63.93	64.64	65.56	66.32	67.46	68.75
贵州	57.75	58.92	60.01	60.82	61.77	62.36	63.19	64.69	65.92
云南	58.64	59.62	60.63	61.35	61.62	62.68	63.55	64.57	65.60
陕西	63.31	64.27	65.47	66.59	66.98	67.93	68.33	69.40	70.15
甘肃	59.56	60.43	61.44	61.99	62.58	63.38	63.99	64.56	65.24
青海	60.35	61.82	62.27	63.05	63.84	63.97	64.67	65.68	66.30
宁夏	60.69	61.97	62.91	63.78	64.55	65.42	66.28	67.37	67.87
新疆	61.37	62.78	63.74	64.42	64.96	65.55	66.12	66.80	67.20

为了更直观地反映各个省份的综合科技投入水平，以 2018 年为例，依据表 5-15 绘制出 30 个省份综合科技投入得分条形图，如图 5-6 所示。

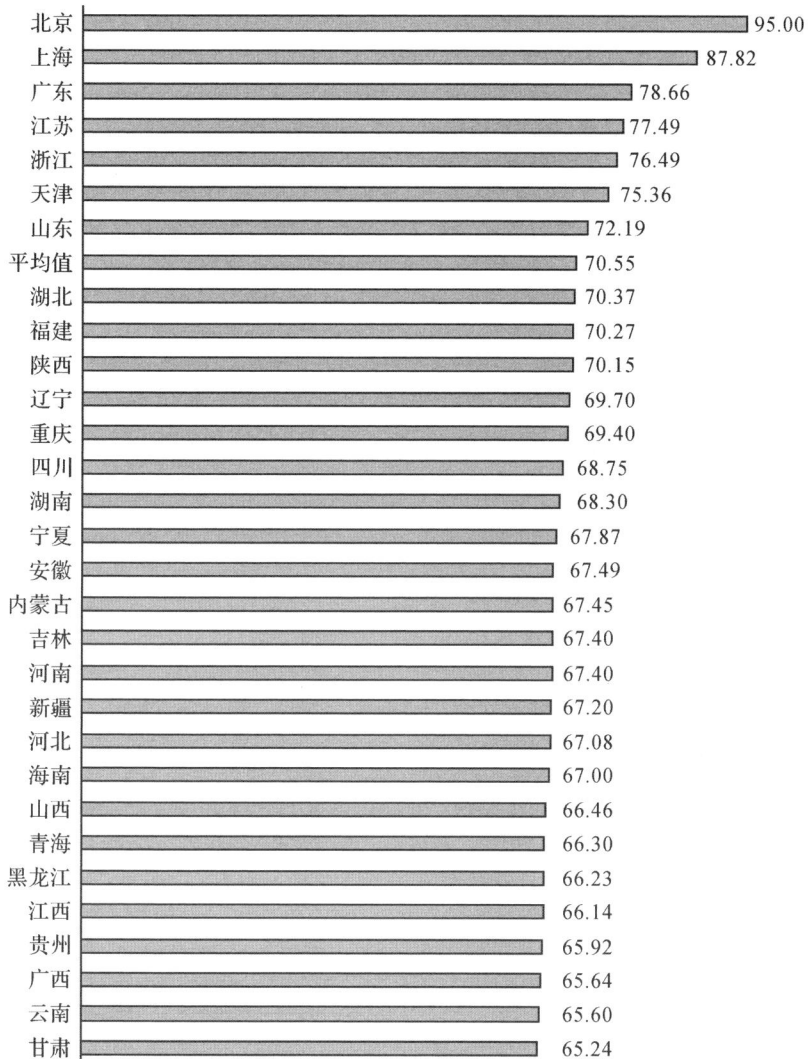

省份	得分
北京	95.00
上海	87.82
广东	78.66
江苏	77.49
浙江	76.49
天津	75.36
山东	72.19
平均值	70.55
湖北	70.37
福建	70.27
陕西	70.15
辽宁	69.70
重庆	69.40
四川	68.75
湖南	68.30
宁夏	67.87
安徽	67.49
内蒙古	67.45
吉林	67.40
河南	67.40
新疆	67.20
河北	67.08
海南	67.00
山西	66.46
青海	66.30
黑龙江	66.23
江西	66.14
贵州	65.92
广西	65.64
云南	65.60
甘肃	65.24

图 5-6 2018 年各省份综合科技投入得分条形图

由表 5-15 和图 5-6 可知，北京和上海的综合科技投入得分处于全国领先地位，综合科技投入得分分别达到 95.00 和 87.82，远高于其余省份；其次为广东、江苏、浙江、天津、山东这 5 个省份，综合科技投入得分在全国平均值

以上，综合科技投入情况较好；江西、贵州、广西、云南、甘肃综合科技投入
得分位于全国后 5 位，这些区域综合科技投入存在较大的提升空间。

二、我国各省份综合科技投入的分类比较与分析

利用 Matlab R2017b 计算出综合科技投入的欧化时空距离矩阵。利用 R
语言，通过层次聚类的 Ward 法将 30 个省份按综合科技投入水平分类，得到
聚类谱系图，如图 5-7 所示。

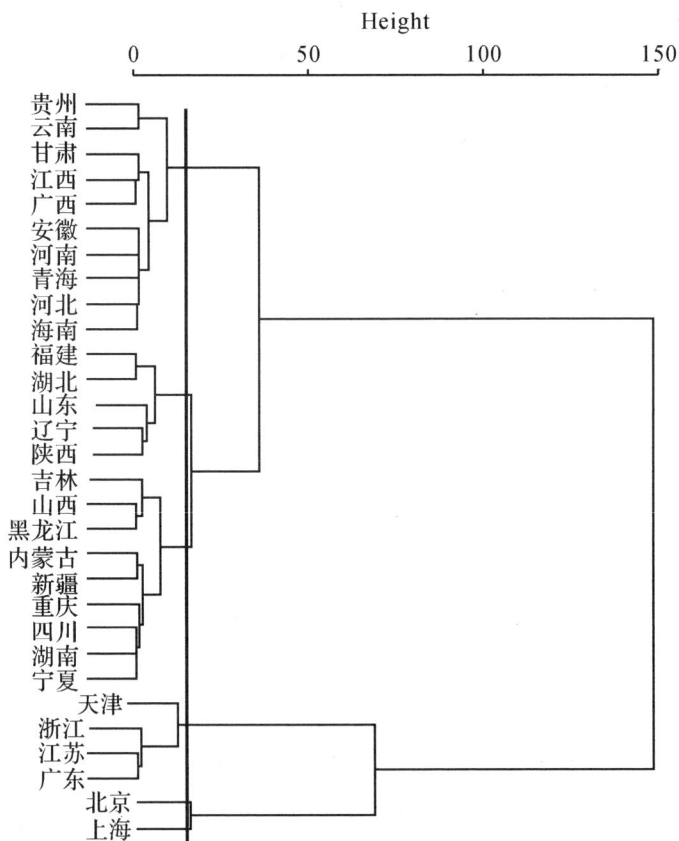

图 5-7　各省份综合科技投入聚类谱系图

由图 5-7，依据 2002—2018 年的综合科技投入水平对 30 个省份进行分
类。类比综合政策投入，结合聚类谱系图与实际意义可以将 30 个省份分为
5 类：

第一类包括北京、上海 2 个市，综合科技投入水平最高。以 2018 年为例，北京的得分为 95.00，上海的得分为 87.82，远远高于其余省份。

第二类包括天津、浙江、江苏、广东 4 个省份，综合科技投入水平高，虽与北京和上海相比存在一定差距，但仍优于其余省份。

第三类包括山东、辽宁、陕西、福建、湖北 5 个省份，综合科技投入水平较高。

第四类包括内蒙古、新疆、重庆、四川、湖南、宁夏、吉林、山西、黑龙江 9 个省份，综合科技投入水平中等。

第五类包括安徽、河南、青海、河北、海南、甘肃、江西、广西、贵州、云南 10 个省份，综合科技投入水平相对较低，这些省份应该加大科技投入。

三、八大综合经济区综合科技投入测算比较分析

根据各个省份的综合科技投入得分，计算出八大综合经济区 2002—2018 年的综合科技投入得分，将数据整理成表 5-16、表 5-17，并据此绘制出 2002—2018 年各经济区综合科技投入得分的发展趋势图，如图 5-8 所示。

表 5-16　2002—2009 年八大综合经济区综合科技投入得分

综合经济区	年份							
	2002	2003	2004	2005	2006	2007	2008	2009
东北综合经济区	58.83	59.33	59.72	59.99	60.49	61.18	61.84	62.66
北部沿海综合经济区	62.87	63.27	63.99	64.49	65.09	65.77	66.69	67.73
东部沿海综合经济区	61.50	61.87	62.52	64.01	65.08	66.04	67.20	68.28
南部沿海综合经济区	57.53	57.90	58.26	58.62	59.23	60.14	61.04	62.03
黄河中游综合经济区	57.49	57.79	58.14	58.38	58.92	59.57	60.22	61.16
长江中游综合经济区	56.54	57.19	57.40	57.41	58.00	58.65	59.32	60.16
大西南综合经济区	55.97	56.25	56.59	56.59	57.16	57.70	58.34	59.14
大西北综合经济区	56.73	57.03	57.34	57.45	57.89	58.58	59.36	60.09

表 5-17 2010—2018 年八大综合经济区综合科技投入得分

综合经济区	年份								
	2010	2011	2012	2013	2014	2015	2016	2017	2018
东北综合经济区	63.13	64.01	64.96	65.81	65.84	66.16	66.79	67.19	67.78
北部沿海综合经济区	68.50	70.07	71.16	73.05	73.31	74.30	75.17	76.07	77.41
东部沿海综合经济区	68.81	70.61	71.99	73.74	74.34	75.60	77.17	78.96	80.60
南部沿海综合经济区	62.59	64.36	65.64	66.37	67.06	68.21	69.18	70.55	71.98
黄河中游综合经济区	61.61	62.75	63.81	64.59	65.00	65.81	66.36	67.11	67.86
长江中游综合经济区	60.52	61.72	62.97	63.75	64.33	65.13	65.88	66.89	68.08
大西南综合经济区	59.67	60.75	61.87	62.48	63.19	64.03	64.90	65.98	67.06
大西北综合经济区	60.49	61.75	62.59	63.31	63.98	64.58	65.27	66.10	66.65

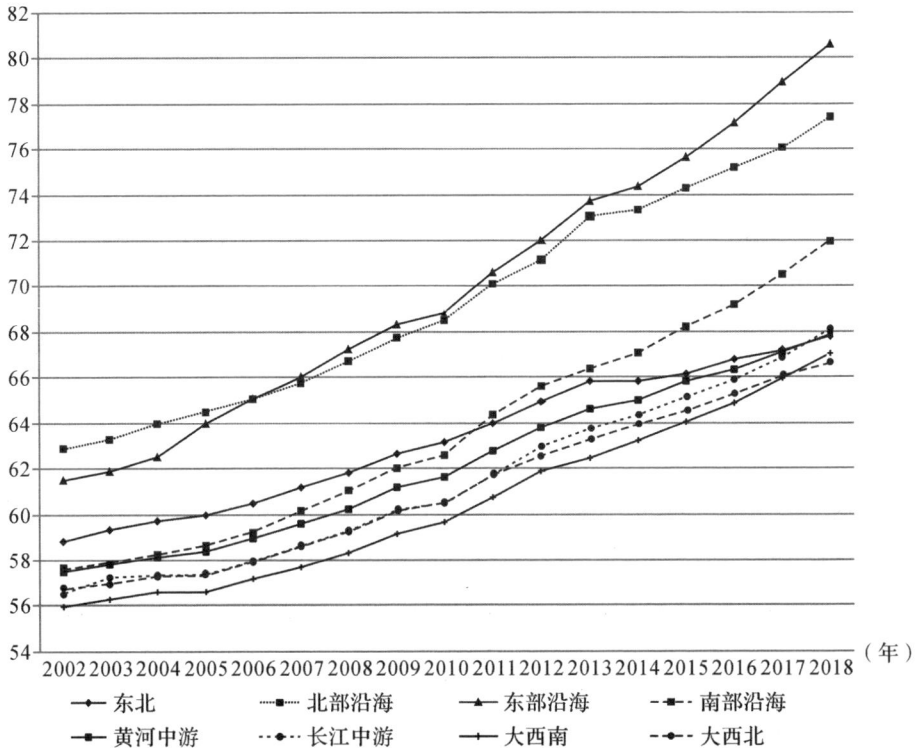

图 5-8 2002—2018 年八大综合经济区综合科技投入得分发展趋势图

由表 5-16、表 5-17 和图 5-8 可知，2002—2018 年八大综合经济区综合科技投入得分均呈增长趋势，但区域间综合科技投入水平与演变趋势存在差异。东部沿海综合经济区与北部沿海综合经济区综合科技投入处于全国领先水平且发展趋势相近；南部沿海综合经济区综合科技投入水平较高，但与东部沿海综合经济区和北部沿海综合经济区仍存在一定差距；东北综合经济区、长江中游综合经济区、黄河中游综合经济区、大西北综合经济区、大西南综合经济区的综合科技投入水平较低且发展趋势较为相似。

"十五"期间，我国八大综合经济区综合科技投入得分逐年上升。北部沿海综合经济区在这一时期综合科技投入水平最高，领先于其余7个区域；东部沿海综合经济区综合科技投入水平较高，增速较快，有赶超北部沿海综合经济区的趋势；东北综合经济区、南部沿海综合经济区、黄河中游综合经济区、长江中游综合经济区、大西南综合经济区、大西北综合经济区的综合科技投入在这一时期发展趋势相近，总体呈上升态势，但综合科技投入水平较低且发展较为缓慢。

"十一五"期间，我国八大综合经济区综合科技投入得分总体呈上升态势。东部沿海综合经济区和北部沿海综合经济区综合科技投入处于领先水平，远超其余区域，2007年东部沿海综合经济区综合科技水平超过北部沿海综合经济区；其余6个经济区发展态势相近，处于持续上升态势，且发展速度较前一时期有较为明显的提高，按得分从高到低排序为东北综合经济区、南部沿海综合经济区、黄河中游综合经济区、长江中游综合经济区、大西北综合经济区和大西南综合经济区。

"十二五"期间，我国八大综合经济区综合科技投入得分呈持续上升态势。东部沿海综合经济区和北部沿海综合经济区发展趋势相近，总体增速较快，与其余6个区域之间的差距有所拉大，说明这两个区域对于综合科技投入的重视程度大，综合科技投入水平高；东北综合经济区得分在这一时期增长较慢；南部沿海综合经济区、黄河中游综合经济区、大西北综合经济区、长江中游综合经济区和大西南综合经济区的发展较为相近，发展速度较前一时期有所加快。

"十三五"期间，我国八大综合经济区综合科技投入得分呈现稳定、高速的增长态势。东部沿海综合经济区增速最快且发展水平最高，在2018年达到了 80.60 分；北部沿海综合经济区的综合科技投入水平虽然与东部沿海存在一定差距，但处于全国领先水平，说明东部沿海综合经济区和北部沿海综合经济区对于综合科技投入的重视程度大；南部沿海综合经济区的综合科技投入得分持续增长，且于 2018 年超过了 70 分，说明该区域的综合科技投入良好；东北综合经济区、黄河中游综合经济区、长江中游综合经济区、大西南综合经济区和大西北综合经济区的综合科技投入得分均持续增长且水平相近，东北综合经济区和大西北综合经济区的发展速度相对较慢，这两个区域可从科技、教育等方面加强综合科技投入。

为从全局把握八大综合经济区综合科技投入水平及其得分变化趋势，分别计算"十五"（2002—2005 年）、"十一五"、"十二五"、"十三五"（2016—2018 年）期间各综合经济区综合科技投入得分平均值，并据此绘制雷达图，如图 5-9 所示。

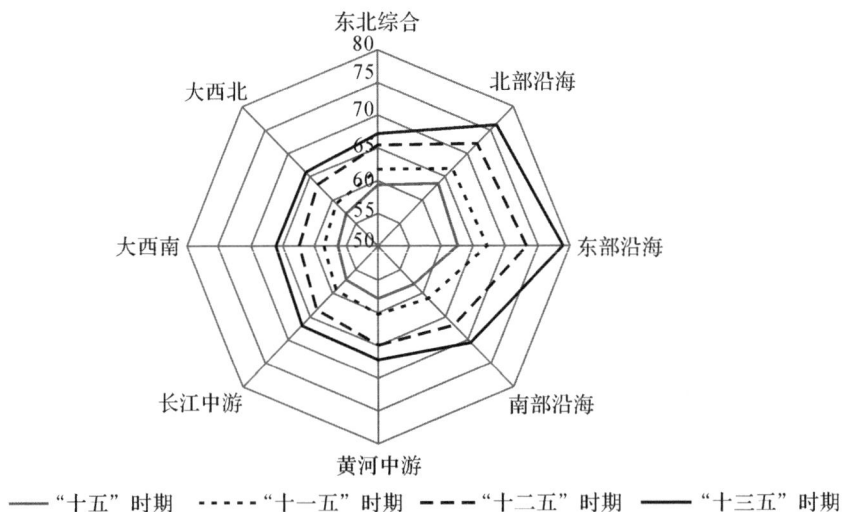

—— "十五"时期　⋯⋯ "十一五"时期　--- "十二五"时期　—— "十三五"时期

图 5-9　各时期八大综合经济区综合科技投入得分变化雷达图

各时期八大综合经济区的综合科技投入得分均呈逐步上升趋势。 东部沿海综合经济区的综合科技投入得分增长稳定且高速，其在"十五"期间低于北部沿海综合经济区，在"十一五"和"十二五"期间与北部沿海综合经济区相近，在"十三五"期间高于北部沿海综合经济区，体现了东部沿海综合经济区对于综合科技投入的扶持力度；其余经济区在"十二五"期间发展最为迅速，而且在这一时期大部分地区的人均 R&D 经费内部支出、人均教育经费等指标数值得到了明显的提高。各区域可以从科技、教育、文化、卫生等方面弥补自身不足，提高综合科技投入水平。

四、重点省份综合科技投入的比较

(一)各重点省份综合科技投入的比较与分析

为直观地显示各重点省份综合科技投入的差异，以及近 5 年综合科技投入的变化趋势，根据表 5-15 数据绘制雷达图，如图 5-10 所示。

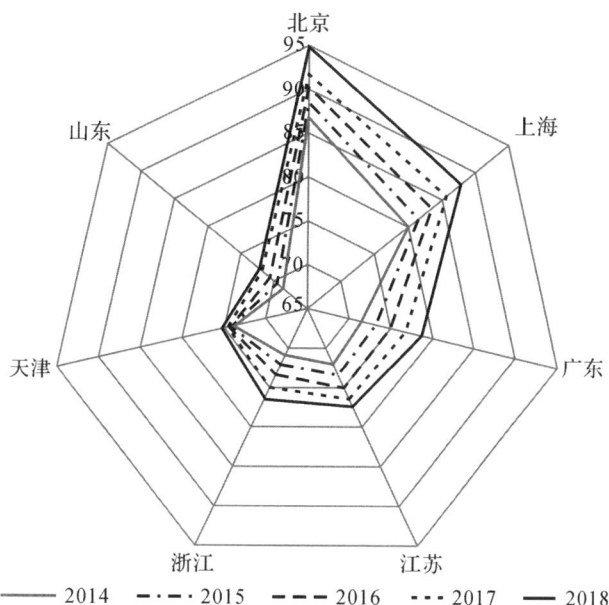

图 5-10　2014—2018 年重点省份综合科技投入得分变化雷达图

由图 5-10 可知，大部分省份的综合科技投入得分逐年增长；北京综合科技投入领先于其他省份，其次是上海、广东、江苏、浙江、天津，山东在这 7 个重点省份中相对落后。

北京综合科技投入得分高，发展速度快。2014—2018 年北京综合科技投入排名稳居全国第 1，这是北京科技、教育、文化、医疗卫生投入共同作用的结果；其间，北京不断出台促进科技发展的政策，实施相关措施促进科技发展，2019 年北京印发《中关村国家自主创新示范区创新引领高质量发展行动计划（2018—2022 年）》。 无论是从数据变化趋势还是政策角度看，北京的综合科技投入都会得到更高质量的发展。

上海综合科技投入得分高，排名稳居全国第 2，仅次于北京。 2015—2017 年，上海综合科技投入得分增长速度高于北京，但绝对水平上仍有差距；上海深入实施创新驱动发展战略，发展高科技产业，建设具有影响力的科技中心，科技投入方面的指标水平高且得到了明显增长；除此之外，上海文化投入方面优势显著，人均拥有公共图书馆藏量在 7 个省份中位居第 1。 上海可继续保持各方面优势，促进综合科技投入稳定发展。

相较于上海、北京这两个直辖市，广东、江苏、浙江、天津、山东这 5 个省份的综合科技投入水平相对较低，且存在自身发展特点。

广东综合科技投入得分总体呈增长态势，发展速度快。 2014—2015 年，广东综合科技投入排名位居全国第 4，2016 年广东超过江苏，跻身全国前 3；对比广东与江苏的指标可以发现，2016 年广东科技投入发展优于江苏，这也说明了科技投入的重要性，各地区应加以重视；相较于江苏、浙江、天津、山东，广东互联网覆盖率较高，是广东在文化投入上的优势；但广东医疗卫生方面的投入仍有待加强，广东应更加重视这一方面的投入，以加快综合科技投入的发展。

江苏综合科技投入水平总体呈增长态势，发展较为平稳。 江苏拥有良好的科技投入与教育投入的基础，这是江苏省综合科技投入水平提高的良好助力；2017 年江苏省文化投入增长明显，综合科技投入增长较快。 江苏可借鉴北京、上海、广东综合科技投入发展经验，发挥自身优势，促进综合科技投入持续发展。

浙江综合科技投入得分逐年增长，发展速度呈现逐年加快的态势，说明浙江的综合科技投入正处于加速发展阶段。 2014—2015 年浙江在科技投入方面发展较为迅速，投入力度与成果得到较为迅速的发展，每万人 R&D 人员数有明显增加；浙江人均教育经费增加，说明浙江对教育的重视程度不断提高；文化投入和医疗卫生投入是浙江综合科技投入的优势。 浙江应继续加强对科技的投入，保持综合科技投入得分加速增长的良好态势。

天津综合科技投入得分总体呈增长态势，但增长速度较慢。 2014 年天津综合科技投入得分位于 7 个省份前列，但其排名由于发展速度较慢而逐渐下降；2017 年天津综合科技投入得分较 2016 年有所下降，该时期天津教育、文化、医疗卫生投入均有所增加，但科技投入明显减少。 天津科技投入、教育投入、文化投入、医疗卫生投入是天津综合科技投入的优势方面，但科技投入与教育投入强度仍有进步空间。

山东综合科技投入得分在全国范围内较高，但在 7 个省份中相对较低。2014—2018 年间，山东各项指标呈稳步上升态势，说明山东省综合科技投入发展稳定；山东省科技投入强度从总体上看有所增强，但 2018 年略微下降。山东省的教育投入、文化投入、医疗卫生投入与其余 6 个省份相比略显不足，山东可以从这些方面增强自身综合科技投入水平。

（二）浙江综合科技投入的优劣势分析

浙江综合科技投入得分增长较快。 从排名上看，2017—2018 年浙江省的排名逐步上升至第 5 名，仅次于北京、上海、广东、江苏这 4 个省份。 将 2018 年浙江的综合科技投入与其他省份进行对比，可找出浙江的优劣势。

浙江与北京相比，在科技投入方面，北京遥遥领先于浙江，且科技成果远领先于浙江。 在教育投入方面，北京的教育投入强度高于浙江，且教育成果优于浙江。 在文化投入方面，浙江省的人均拥有公共图书馆藏量优于北京，但互联网普及率明显低于北京。 在医疗卫生投入方面，浙江的政府医疗卫生投入强度低于北京。 由此可以反映出浙江的综合科技投入成果不及北京。

浙江与天津相比，浙江的科技经费投入与天津大致相同，但浙江的每万人 R&D 人员数明显低于天津，因此浙江的科技投入强度不如天津。 在教育投入方面，浙江的教育投入强度优于天津，但教育成果仍存在一定差距。 在文化投入方面，浙江的人均拥有公共图书馆藏量高于天津，互联网普及率相近。 在医疗卫生投入方面，浙江每万人拥有卫生技术人员数远超天津，但人均卫生总费用与天津相比存在一定差距。

浙江与上海相比，浙江的科技投入强度和教育投入强度与上海相比存在一定差距。 在文化投入方面，浙江与上海相比仍有一定差距，上海人均拥有公共图书馆藏量是浙江的两倍。 在医疗卫生投入方面，浙江的每万人拥有卫生技术人员数高于上海，但人均卫生总费用却不如上海，浙江应重视改善群众的就医环境。

浙江与江苏相比，浙江的科技投入强度略低于江苏，科技成果与江苏相近。 在教育投入方面，浙江的教育成果与江苏相近，但江苏的教育投入强度不及浙江。 在文化投入方面，江苏远不如浙江，浙江对文化投入较为重视，人均拥有公共图书馆藏量及互联网普及率均较高。 在医疗卫生投入上，浙江每万人拥有卫生技术人员数超过江苏，且浙江的投入规模高于江苏。

浙江与广东相比，在科技投入方面，广东的科技投入强度高于浙江，但科技成果不如浙江。 在教育投入方面，浙江的教育投入强度高于广东，但教育成果却不如广东。 在文化投入方面，浙江省人均拥有公共图书馆藏量高于广东，但互联网普及率明显低于广东。 在医疗卫生投入方面，浙江的医疗卫生投入强度不如广东，但每万人拥有卫生技术人员数优于广东。

浙江与山东相比，浙江的科技投入强度和科技成果优于山东。 在教育投入方面，浙江的教育成果及教育投入强度高于山东，但教育经费总量略低于山东。 在文化投入与医疗卫生投入方面，浙江明显优于山东。

第四节　劳动者积极性投入的测度与分析

一、劳动者积极性投入评价

劳动者积极性投入包括人均工资收入、劳动者报酬支出、就业人员中大学本科文化程度就业人员占比和就业人员中研究生文化程度就业人员占比这 4 个指标。

(一)劳动者积极性投入评价权重系数

子系统三为劳动者积极性投入，对反映劳动者积极性投入的 4 个指标数据进行标准化处理，利用 Matlab R2017b 使用纵横向拉开档次法（程序见附录 1）求出矩阵 H 为：

$$H=\begin{bmatrix} 509.00 & 277.94 & 418.32 & 320.74 \\ 277.94 & 509.00 & 151.34 & 97.36 \\ 418.32 & 151.34 & 509.00 & 460.11 \\ 320.74 & 97.36 & 460.11 & 509.00 \end{bmatrix}$$

利用 Matlab R2017b 求出矩阵 H 的最大特征值 λ_{max} 为 1412.79，最大特征值对应的特征向量 α_3 为：

$$\alpha_3=(0.5477, 0.3202, 0.5719, 0.5200)^{T}$$

由于得到的特征向量大于 0，因此得到的特征向量即为指标的权重向量，将权重系数进行归一化处理，得到的指标权重向量 w_3 为：

$$w_3=(0.2795, 0.1634, 0.2918, 0.2653)^{T}$$

劳动者积极性投入评价模型为：

$$s_3=0.2795x_{21}+0.1634x_{22}+0.2918x_{23}+0.2653x_{24}$$

根据此模型得到的我国各省份劳动者积极性投入得分如表 5-18 和表 5-19 所示，各省份劳动者积极性投入得分的排名情况如表 5-20 和表 5-21 所示。

(二)各省份劳动者积极性投入得分及排名

表 5-18　2002—2009 年我国各省份劳动者积极性投入得分情况

省份	年份							
	2002	2003	2004	2005	2006	2007	2008	2009
北京	0.22	0.44	0.79	0.91	1.28	1.34	1.39	1.63
天津	−0.46	−0.47	−0.24	−0.28	−0.16	−0.07	0.03	0.07
河北	−0.76	−0.70	−0.69	−0.68	−0.68	−0.61	−0.44	−0.34
山西	−0.81	−0.79	−0.73	−0.70	−0.62	−0.60	−0.57	−0.50
内蒙古	−0.81	−0.78	−0.73	−0.64	−0.68	−0.62	−0.55	−0.47
辽宁	−0.76	−0.63	−0.63	−0.52	−0.49	−0.42	−0.27	−0.21
吉林	−0.75	−0.76	−0.73	−0.65	−0.65	−0.59	−0.53	−0.43
黑龙江	−0.82	−0.78	−0.78	−0.67	−0.67	−0.66	−0.62	−0.53
上海	−0.21	−0.13	0.15	0.24	0.68	0.66	0.85	1.08
江苏	−0.70	−0.61	−0.59	−0.45	−0.37	−0.37	−0.25	−0.08

省份	年份							
	2002	2003	2004	2005	2006	2007	2008	2009
浙江	−0.57	−0.54	−0.44	−0.48	−0.25	−0.24	−0.24	−0.15
安徽	−0.85	−0.79	−0.75	−0.73	−0.73	−0.69	−0.58	−0.53
福建	−0.69	−0.76	−0.69	−0.64	−0.63	−0.53	−0.42	−0.38
江西	−0.86	−0.77	−0.79	−0.78	−0.66	−0.56	−0.62	−0.55
山东	−0.70	−0.65	−0.64	−0.61	−0.57	−0.50	−0.31	−0.23
河南	−0.76	−0.80	−0.75	−0.70	−0.69	−0.63	−0.52	−0.45
湖北	−0.80	−0.79	−0.77	−0.69	−0.51	−0.56	−0.48	−0.44
湖南	−0.78	−0.78	−0.75	−0.71	−0.64	−0.60	−0.52	−0.43
广东	−0.56	−0.56	−0.46	−0.39	−0.31	−0.21	−0.05	−0.02
广西	−0.83	−0.77	−0.77	−0.74	−0.73	−0.69	−0.61	−0.55
海南	−0.87	−0.79	−0.80	−0.74	−0.74	−0.73	−0.64	−0.63
重庆	−0.84	−0.82	−0.78	−0.71	−0.68	−0.69	−0.60	−0.52
四川	−0.78	−0.76	−0.76	−0.71	−0.71	−0.61	−0.55	−0.44
贵州	−0.86	−0.76	−0.79	−0.80	−0.80	−0.73	−0.65	−0.62
云南	−0.85	−0.85	−0.75	−0.76	−0.74	−0.71	−0.68	−0.63
陕西	−0.82	−0.75	−0.68	−0.66	−0.65	−0.61	−0.42	−0.40
甘肃	−0.86	−0.82	−0.75	−0.77	−0.79	−0.71	−0.63	−0.58
青海	−0.79	−0.76	−0.74	−0.64	−0.64	−0.55	−0.49	−0.41
宁夏	−0.83	−0.80	−0.70	−0.67	−0.62	−0.58	−0.50	−0.46
新疆	−0.67	−0.55	−0.64	−0.62	−0.53	−0.54	−0.49	−0.49

表 5-19　2010—2018 年我国各省份劳动者积极性投入得分情况

省份	年份							
	2010	2011	2012	2013	2014	2015	2016	2017	2018
北京	2.26	3.21	3.47	3.57	4.10	3.63	3.98	4.40	4.87
天津	0.49	0.69	0.82	1.07	1.13	1.63	1.69	1.90	2.23
河北	−0.25	−0.08	0.01	0.04	0.16	0.36	0.44	0.55	0.69

省份	年份								
	2010	2011	2012	2013	2014	2015	2016	2017	2018
山西	−0.34	−0.21	−0.06	−0.02	0.05	0.42	0.41	0.52	0.63
内蒙古	−0.23	−0.08	0.03	0.14	0.25	0.33	0.45	0.55	0.67
辽宁	−0.02	0.02	0.07	0.16	0.33	0.60	0.57	0.69	0.77
吉林	−0.31	−0.16	−0.07	0.04	0.10	0.23	0.31	0.42	0.57
黑龙江	−0.37	−0.35	−0.29	−0.15	−0.09	0.27	0.38	0.39	0.45
上海	1.28	1.31	1.48	1.72	2.19	2.96	3.17	3.44	3.75
江苏	0.16	0.38	0.49	0.68	0.82	1.23	1.39	1.56	1.81
浙江	0.02	0.25	0.45	0.59	0.74	1.07	1.23	1.43	1.58
安徽	−0.33	−0.20	−0.06	−0.01	0.10	0.23	0.33	0.39	0.60
福建	−0.22	0.11	0.17	0.30	0.42	0.57	0.68	0.81	1.00
江西	−0.46	−0.34	−0.29	−0.15	−0.09	0.07	0.11	0.19	0.36
山东	−0.08	0.15	0.27	0.46	0.61	0.71	0.84	1.02	1.21
河南	−0.30	−0.16	−0.07	0.01	0.14	0.26	0.34	0.43	0.59
湖北	−0.26	−0.01	0.04	0.09	0.28	0.50	0.62	0.75	0.92
湖南	−0.35	−0.09	0.03	0.04	0.20	0.35	0.49	0.60	0.72
广东	0.19	0.33	0.44	0.63	0.77	1.07	1.20	1.40	1.63
广西	−0.39	−0.33	−0.25	−0.21	−0.11	0.15	0.23	0.32	0.41
海南	−0.44	−0.33	−0.19	−0.17	0.02	0.09	0.13	0.23	0.40
重庆	−0.26	−0.14	−0.03	0.06	0.17	0.45	0.52	0.62	0.72
四川	−0.31	−0.18	−0.06	0.07	0.09	0.32	0.43	0.54	0.67
贵州	−0.48	−0.34	−0.30	−0.19	−0.10	0.04	0.19	0.29	0.41
云南	−0.47	−0.33	−0.25	−0.13	−0.07	0.06	0.16	0.30	0.40
陕西	−0.29	−0.04	0.10	0.21	0.40	0.35	0.46	0.56	0.71
甘肃	−0.46	−0.31	−0.23	−0.08	−0.03	0.11	0.17	0.25	0.40
青海	−0.31	−0.09	−0.07	0.01	0.13	0.18	0.30	0.42	0.64
宁夏	−0.28	−0.10	−0.13	−0.12	0.04	0.27	0.45	0.49	0.64
新疆	−0.30	−0.18	−0.03	0.10	0.10	0.54	0.64	0.68	0.86

表 5-20　2002—2009 年我国各省份劳动者积极性投入得分排名情况

省份	年份							
	2002	2003	2004	2005	2006	2007	2008	2009
北京	1	1	1	1	1	1	1	1
天津	3	3	3	3	3	3	3	3
河北	12	10	12	17	21	18	11	9
山西	19	25	16	19	12	16	21	21
内蒙古	18	21	15	12	20	21	20	19
辽宁	11	8	7	7	7	7	7	7
吉林	10	13	14	13	17	15	18	14
黑龙江	20	20	27	15	19	23	25	23
上海	2	2	2	2	2	2	2	2
江苏	9	7	6	5	6	6	6	5
浙江	5	4	4	6	4	5	5	6
安徽	25	24	22	24	25	25	22	24
福建	7	15	11	11	13	9	10	10
江西	29	17	29	29	18	12	26	25
山东	8	9	8	8	10	8	8	8
河南	13	26	18	20	23	22	17	17
湖北	17	23	24	18	8	13	12	16
湖南	14	19	20	21	14	17	16	13
广东	4	6	5	4	5	4	4	4
广西	22	18	25	25	26	24	24	26
海南	30	22	30	26	27	29	28	30
重庆	24	28	26	23	22	26	23	22
四川	15	16	23	22	24	19	19	15
贵州	27	12	28	30	30	30	29	28
云南	26	30	21	27	28	27	30	29
陕西	21	11	10	14	16	20	9	11
甘肃	28	29	19	28	29	28	27	27

省份	年份							
	2002	2003	2004	2005	2006	2007	2008	2009
青海	16	14	17	10	15	11	14	12
宁夏	23	27	13	16	11	14	15	18
新疆	6	5	9	9	9	10	13	20

表 5-21　2010—2018 年我国各省份劳动者积极性投入得分排名情况

省份	年份								
	2010	2011	2012	2013	2014	2015	2016	2017	2018
北京	1	1	1	1	1	1	1	1	1
天津	3	3	3	3	3	3	3	3	3
河北	11	12	14	18	15	14	17	16	15
山西	22	23	19	22	22	13	19	18	20
内蒙古	10	13	13	11	12	17	16	15	16
辽宁	7	9	10	10	10	8	11	10	11
吉林	18	19	22	17	19	23	23	22	23
黑龙江	24	30	28	27	27	20	20	24	24
上海	2	2	2	2	2	2	2	2	2
江苏	5	4	4	4	4	4	4	4	4
浙江	6	6	5	6	6	6	5	5	6
安徽	21	22	18	21	18	22	22	23	21
福建	9	8	8	8	8	9	8	8	8
江西	27	29	29	26	28	28	30	30	30
山东	8	7	7	7	7	7	7	7	7
河南	17	18	21	19	16	21	21	20	22
湖北	13	10	11	13	11	11	10	9	9
湖南	23	14	12	16	13	15	13	13	12
广东	4	5	6	5	5	5	6	6	5
广西	25	27	27	30	30	25	25	25	26

续　表

省份	年份								
	2010	2011	2012	2013	2014	2015	2016	2017	2018
海南	26	26	24	28	24	27	29	29	28
重庆	12	17	15	15	14	12	12	12	13
四川	19	21	17	14	21	18	18	17	17
贵州	30	28	30	29	29	30	26	27	25
云南	29	25	26	25	26	29	28	26	27
陕西	15	11	9	9	9	16	14	14	14
甘肃	28	24	25	23	25	26	27	28	29
青海	20	15	20	20	17	24	24	21	18
宁夏	14	16	23	24	23	19	15	19	19
新疆	16	20	16	12	20	10	9	11	10

结合表 5-18—表 5-21 可以看出，我国各省份的劳动者积极性投入发展趋势良好，多数省份得分持续上升，劳动者积极性投入水平不断提升。 为了将各个地区的劳动者积极性投入得分转化为百分制，对其进行数据变换，结果如表 5-22 和表 5-23 所示。

表 5-22　2002—2009 年我国各省份劳动者积极性投入百分制得分情况

省份	年份							
	2002	2003	2004	2005	2006	2007	2008	2009
北京	62.61	64.16	66.57	67.41	69.98	70.42	70.77	72.39
天津	57.86	57.83	59.41	59.13	59.94	60.58	61.28	61.56
河北	55.75	56.18	56.24	56.31	56.31	56.84	57.99	58.70
山西	55.39	55.54	55.97	56.21	56.73	56.92	57.13	57.56
内蒙古	55.42	55.63	55.98	56.60	56.34	56.78	57.24	57.76
辽宁	55.78	56.67	56.68	57.41	57.68	58.11	59.21	59.58
吉林	55.84	55.81	55.98	56.55	56.51	56.96	57.35	58.05
黑龙江	55.39	55.63	55.61	56.41	56.39	56.46	56.78	57.40
上海	59.57	60.16	62.11	62.74	65.82	65.64	67.02	68.59

省份	年份							
	2002	2003	2004	2005	2006	2007	2008	2009
江苏	56.17	56.79	56.93	57.92	58.52	58.49	59.35	60.49
浙江	57.07	57.34	57.99	57.76	59.30	59.39	59.38	60.00
安徽	55.18	55.55	55.81	55.98	56.02	56.28	57.03	57.36
福建	56.24	55.79	56.24	56.62	56.65	57.40	58.13	58.39
江西	55.07	55.71	55.55	55.65	56.47	57.17	56.75	57.25
山东	56.18	56.52	56.62	56.80	57.12	57.62	58.89	59.47
河南	55.75	55.51	55.86	56.21	56.26	56.70	57.42	57.95
湖北	55.53	55.55	55.73	56.26	57.49	57.14	57.76	58.03
湖南	55.65	55.63	55.84	56.13	56.62	56.89	57.44	58.05
广东	57.17	57.18	57.85	58.32	58.89	59.58	60.73	60.93
广西	55.26	55.68	55.71	55.92	55.98	56.29	56.83	57.25
海南	55.00	55.59	55.52	55.91	55.94	56.01	56.62	56.68
重庆	55.19	55.37	55.66	56.12	56.30	56.25	56.88	57.43
四川	55.64	55.77	55.75	56.13	56.15	56.81	57.26	58.03
贵州	55.09	55.81	55.57	55.53	55.51	55.97	56.52	56.78
云南	55.12	55.15	55.82	55.79	55.94	56.10	56.37	56.70
陕西	55.38	55.81	56.32	56.45	56.51	56.80	58.14	58.26
甘肃	55.09	55.36	55.85	55.68	55.56	56.10	56.67	57.01
青海	55.55	55.80	55.91	56.63	56.60	57.26	57.64	58.23
宁夏	55.26	55.48	56.17	56.40	56.75	57.06	57.57	57.86
新疆	56.42	57.22	56.61	56.77	57.35	57.28	57.64	57.67

表 5-23　2010—2018 年我国各省份劳动者积极性投入百分制得分情况

省份	年份								
	2010	2011	2012	2013	2014	2015	2016	2017	2018
北京	76.83	83.45	85.21	85.95	89.65	86.34	88.77	91.74	95.00
天津	64.46	65.84	66.81	68.51	68.91	72.43	72.86	74.28	76.62
河北	59.30	60.54	61.11	61.32	62.21	63.55	64.15	64.86	65.87

续　表

省份	年份								
	2010	2011	2012	2013	2014	2015	2016	2017	2018
山西	58.73	59.58	60.62	60.90	61.42	64.00	63.92	64.68	65.43
内蒙古	59.50	60.52	61.28	62.08	62.80	63.35	64.21	64.91	65.77
辽宁	60.92	61.22	61.57	62.18	63.39	65.22	65.01	65.85	66.43
吉林	58.89	59.92	60.57	61.33	61.78	62.66	63.25	64.01	65.02
黑龙江	58.46	58.62	59.08	60.01	60.46	62.92	63.74	63.79	64.20
上海	69.96	70.22	71.35	73.02	76.30	81.70	83.15	85.00	87.16
江苏	62.16	63.74	64.49	65.84	66.76	69.65	70.72	71.90	73.67
浙江	61.22	62.80	64.20	65.18	66.25	68.50	69.64	71.01	72.09
安徽	58.74	59.71	60.68	60.99	61.79	62.69	63.35	63.81	65.28
福建	59.56	61.82	62.28	63.17	63.97	65.03	65.82	66.70	68.04
江西	57.87	58.68	59.07	60.05	60.43	61.58	61.84	62.36	63.55
山东	60.54	62.14	62.93	64.29	65.30	66.04	66.89	68.15	69.52
河南	58.96	59.92	60.57	61.12	62.03	62.85	63.44	64.10	65.19
湖北	59.24	61.00	61.37	61.67	63.04	64.53	65.40	66.28	67.47
湖南	58.66	60.46	61.30	61.36	62.47	63.54	64.50	65.23	66.11
广东	62.41	63.38	64.11	65.48	66.40	68.55	69.46	70.83	72.45
广西	58.36	58.75	59.29	59.63	60.29	62.11	62.68	63.29	63.90
海南	58.00	58.79	59.78	59.91	61.21	61.69	61.99	62.68	63.86
重庆	59.28	60.08	60.87	61.51	62.23	64.22	64.70	65.41	66.07
四川	58.88	59.79	60.68	61.54	61.73	63.27	64.04	64.80	65.72
贵州	57.74	58.71	59.00	59.75	60.41	61.34	62.40	63.06	63.95
云南	57.82	58.80	59.33	60.18	60.60	61.51	62.19	63.13	63.88
陕西	59.07	60.82	61.79	62.56	63.85	63.48	64.24	64.99	66.03
甘肃	57.83	58.90	59.49	60.49	60.84	61.80	62.23	62.80	63.83
青海	58.88	60.45	60.61	61.11	61.97	62.32	63.12	64.01	65.55
宁夏	59.11	60.34	60.15	60.23	61.32	62.92	64.23	64.47	65.53
新疆	58.96	59.81	60.86	61.73	61.75	64.81	65.53	65.82	67.04

为了更直观地反映出各个省份的劳动者积极性投入水平，以 2018 年为例，依据表 5-23 数据绘制出 30 个省份劳动者积极性投入得分条形图，如图 5-11所示。

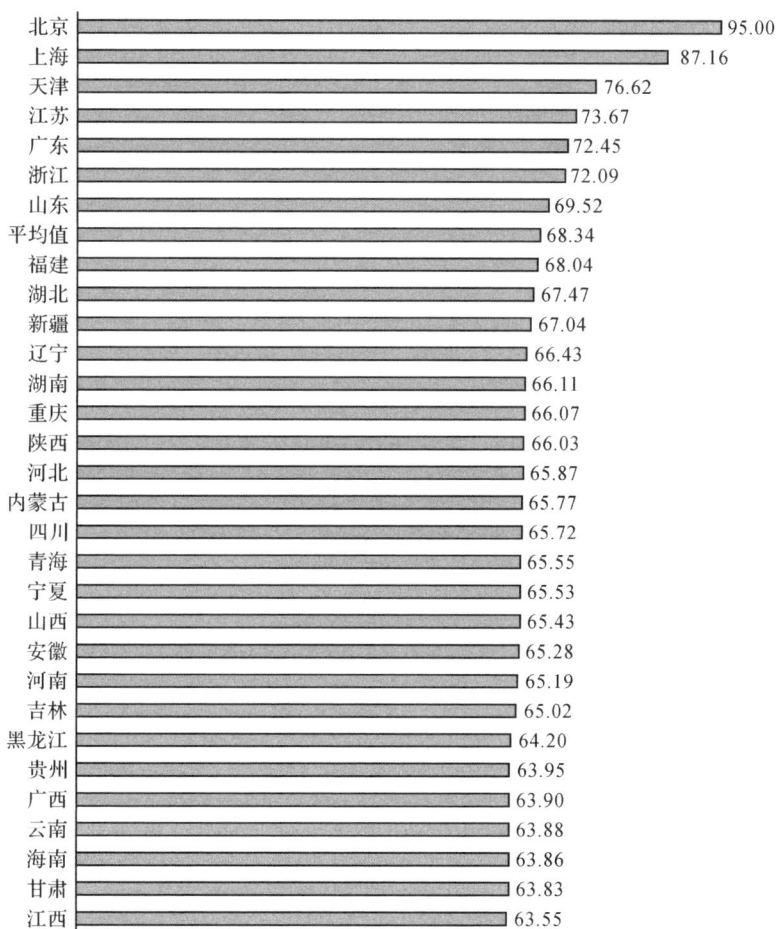

北京 95.00
上海 87.16
天津 76.62
江苏 73.67
广东 72.45
浙江 72.09
山东 69.52
平均值 68.34
福建 68.04
湖北 67.47
新疆 67.04
辽宁 66.43
湖南 66.11
重庆 66.07
陕西 66.03
河北 65.87
内蒙古 65.77
四川 65.72
青海 65.55
宁夏 65.53
山西 65.43
安徽 65.28
河南 65.19
吉林 65.02
黑龙江 64.20
贵州 63.95
广西 63.90
云南 63.88
海南 63.86
甘肃 63.83
江西 63.55

图 5-11　2018 年各省份劳动者积极性投入得分条形图

由表 5-23 和图 5-11 可知，北京劳动者积极性投入得分位于全国第 1，得分达到 95.00，远高于其余省份，说明北京市的劳动者积极性投入最高；其次为上海，劳动者积极性投入得分为 87.16，处于全国领先水平；天津、江苏、广东、浙江、山东劳动者积极性投入水平较高。其余省份劳动者积极性投入水平良好且水平相近。

二、我国各省份劳动者积极性投入的分类比较与分析

利用 Matlab R2017b 计算出劳动者积极性投入的欧氏时空距离矩阵。 利用 R 语言，通过层次聚类的 Ward 法将 30 个省份按劳动者积极性投入水平分类，得到聚类谱系图，如图 5-12 所示。

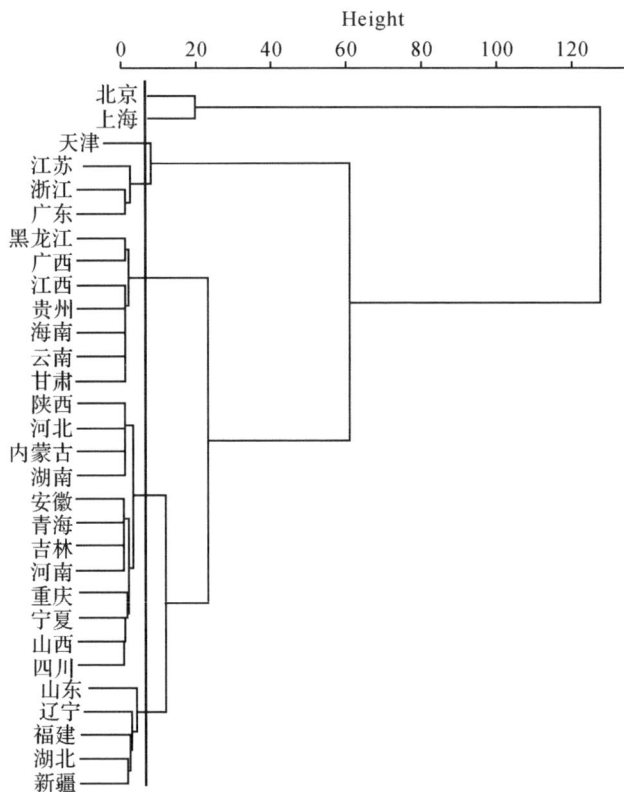

图 5-12 各省份劳动者积极性投入聚类谱系图

由图 5-12，依据 2002—2018 年的劳动者积极性水平对 30 个省份进行分类，依据聚类谱系图及实际意义，可以将 30 个省份分为 5 类：

第一类包括北京、上海 2 个市，劳动者积极性投入水平最高，劳动者积极性投入水平领先于其余省份。

第二类包括天津、江苏、浙江、广东 4 个省份，劳动者积极性投入水平高，但与北京和上海相比仍有一定差距。

第三类包括山东、辽宁、福建、湖北、新疆5个省份，劳动者积极性投入水平中等。

第四类包括陕西、河北、内蒙古、湖南、安徽、青海、吉林、河南、重庆、宁夏、山西、四川12个省份，劳动者积极性投入水平相对较低。

第五类包括黑龙江、广西、江西、贵州、海南、云南、甘肃7个省份，劳动者积极性投入水平相对较低，应加大劳动者积极性投入。

三、八大综合经济区劳动者积极性投入测算比较分析

根据各个省份的劳动者积极性投入得分，利用算术平均数计算出八大综合经济区2002—2018年的劳动者积极性投入得分，将数据整理成表5-24和表5-25，并据此绘制出2002—2018年各经济区劳动者积极性投入得分的发展趋势图，如图5-13所示。

表5-24 2002—2009年八大综合经济区劳动者积极性投入得分

综合经济区	年份							
	2002	2003	2004	2005	2006	2007	2008	2009
东北综合经济区	55.67	56.03	56.09	56.79	56.86	57.18	57.78	58.34
北部沿海综合经济区	58.10	58.67	59.71	59.91	60.84	61.37	62.23	63.03
东部沿海综合经济区	57.60	58.09	59.01	59.47	61.21	61.17	61.92	63.03
南部沿海综合经济区	56.14	56.19	56.53	56.95	57.16	57.66	58.49	58.67
黄河中游综合经济区	55.49	55.62	56.03	56.37	56.46	56.80	57.48	57.88
长江中游综合经济区	55.35	55.61	55.73	56.00	56.65	56.87	57.24	57.67
大西南综合经济区	55.26	55.56	55.70	55.90	55.98	56.28	56.77	57.24
大西北综合经济区	55.58	55.97	56.14	56.37	56.56	56.92	57.38	57.69

表5-25 2010—2018年八大综合经济区劳动者积极性投入得分

综合经济区	年份								
	2010	2011	2012	2013	2014	2015	2016	2017	2018
东北综合经济区	59.42	59.92	60.41	61.17	61.88	63.60	64.00	64.55	65.21
北部沿海综合经济区	65.28	67.99	69.02	70.02	71.52	72.09	73.17	74.76	76.75

综合经济区	年份								
	2010	2011	2012	2013	2014	2015	2016	2017	2018
东部沿海综合经济区	64.44	65.58	66.68	68.01	69.77	73.28	74.50	75.97	77.64
南部沿海综合经济区	59.99	61.33	62.06	62.85	63.86	65.09	65.76	66.74	68.12
黄河中游综合经济区	59.07	60.21	61.07	61.66	62.53	63.42	63.95	64.67	65.61
长江中游综合经济区	58.63	59.96	60.60	61.01	61.93	63.09	63.77	64.42	65.60
大西南综合经济区	58.42	59.22	59.84	60.52	61.05	62.49	63.20	63.94	64.70
大西北综合经济区	58.70	59.88	60.28	60.89	61.47	62.96	63.78	64.27	65.49

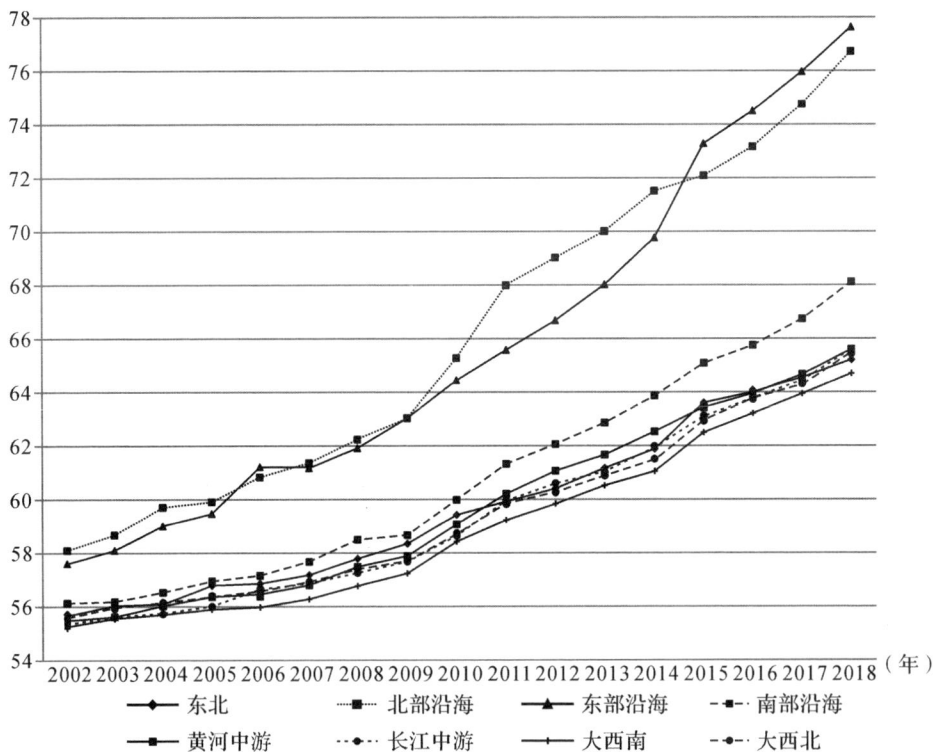

图 5-13　2002—2018 年八大综合经济区劳动者积极性投入得分发展趋势图

由表 5-24、表 5-25 和图 5-13 可知，2002—2018 年八大综合经济区劳动者积极性投入得分均呈增长趋势，但区域间劳动者积极性投入水平与演变趋势存在差异。东部沿海综合经济区与北部沿海综合经济区劳动者积极性投入处

于全国领先水平；南部沿海综合经济区劳动者积极性投入得分增长较快，但
与东部沿海综合经济区和北部沿海综合经济区仍存在一定差距；黄河中游综
合经济区、东北综合经济区、长江中游综合经济区、大西北综合经济区、大西
南综合经济区的劳动者积极性投入水平较低且发展趋势较为相似。

　　"十五"期间，我国八大综合经济区劳动者积极性投入得分呈持续上升态
势。 北部沿海综合经济区得分最高，其次为东部沿海综合经济区，这两个区
域的劳动者积极性投入水平领先于其余区域，2002—2004 年间发展速度相对
较快；南部沿海综合经济区、东北综合经济区、黄河中游综合经济区、大西北
综合经济区、长江中游综合经济区、大西南综合经济区的劳动者积极性投入
得分发展趋势相近。

　　"十一五"期间，我国八大综合经济区劳动者积极性投入得分呈持续上升
态势。 东部沿海综合经济区和北部沿海综合经济区在这一时期的劳动者积极
性投入得分得到显著提升，增长速度高于其余区域；东北综合经济区、南部沿
海综合经济区、黄河中游综合经济区、大西北综合经济区、长江中游综合经济
区和大西南综合经济区的发展较为相近，但发展速度高于前一时期，说明这
一时期各区域对于劳动者积极性的重视程度大，劳动者积极性投入水平提
高快。

　　"十二五"期间，我国八大综合经济区劳动者积极性投入得分呈上升态
势。 2011—2014 年多数区域的发展速度相近，劳动者积极性投入水平得到了
稳定、快速的提升。 东部沿海综合经济区劳动者积极性投入得分增长较快，
2015 年得分增长明显，超过北部沿海综合经济区，处于全国领先水平；北部
沿海综合经济区得分居于全国前列，仅次于东部沿海综合经济区；南部沿海
综合经济区的劳动者积极性投入水平正逐渐与东北综合经济区、黄河中游综
合经济区、长江中游综合经济区、大西南综合经济区、大西北综合经济区拉开
差距，说明该区域加大了劳动者积极性投入；东北综合经济区、黄河中游综合
经济区、长江中游综合经济区、大西南综合经济区、大西北综合经济区得分发
展趋势相近，东北综合经济区在 2015 年得分增长较多，超过了黄河中游综合
经济区。

　　"十三五"期间，我国八大综合经济区劳动者积极性投入得分持续增长，

发展速度快,各区域劳动者积极性投入发展较好。 东部沿海综合经济区与北部沿海综合经济区的劳动者积极性投入处于全国领先水平,2018 年分别达到了77.64和76.75分;南部沿海综合经济区的劳动者积极性投入水平较高,明显高于东北综合经济区、黄河中游综合经济区、长江中游综合经济区、大西北综合经济区、大西南综合经济区,但与东部沿海综合经济区与北部沿海综合经济区仍有较大差距;东北综合经济区、黄河中游综合经济区、长江中游综合经济区、大西北综合经济区、大西南综合经济区的劳动者积极性投入水平相近,劳动者积极性投入水平相对较低,这些区域可以从物质激励和精神激励两方面增加劳动者积极性投入。

为从全局把握八大综合经济区劳动者积极性投入水平及其得分变化趋势,分别计算"十五"(2002—2005 年)、"十一五"、"十二五"、"十三五"(2016—2018 年)期间各综合经济区劳动者积极性投入得分平均值,并据此绘制雷达图,如图 5-14 所示。

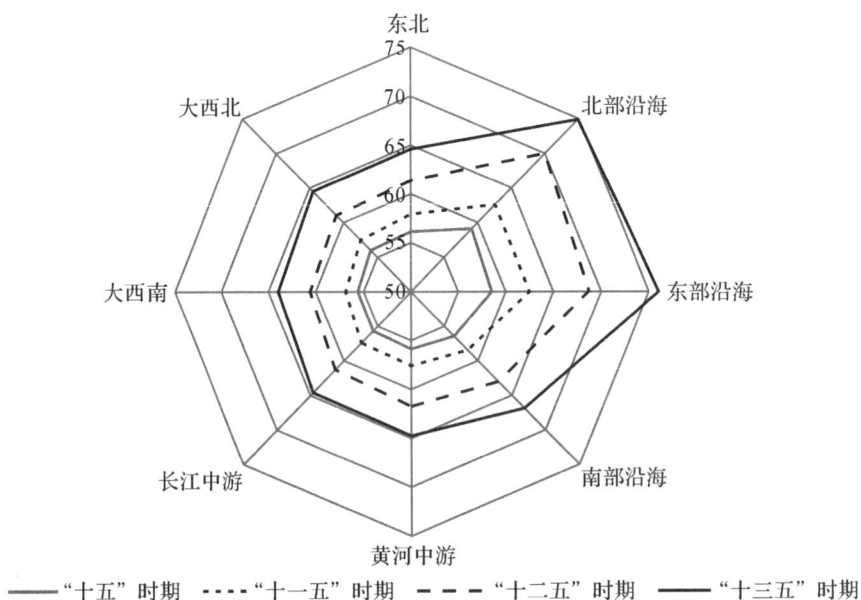

图 5-14　各时期八大综合经济区劳动者积极性投入得分变化雷达图

各综合经济区劳动者积极性投入得分呈逐步上升态势。 东北综合经济区、大西北综合经济区、大西南综合经济区、长江中游综合经济区、黄河中游综合经济区劳动者积极性投入得分相近，在"十二五"期间增长最多；南部沿海综合经济区发展水平较高，但仍与东部沿海综合经济区、北部沿海综合经济区存在较大差距；东部沿海综合经济区、北部沿海综合经济区在"十五""十一五"时期水平相近；"十二五"期间由于北部沿海综合经济区部分地区的就业人员中研究生文化程度就业人员占比提高较多，故超过东部沿海综合经济区；"十三五"期间东部沿海综合经济区劳动者积极性投入得分增长明显，且超过了北部沿海综合经济区。各区域应加大对劳动者的物质激励、精神激励，提高区域对人才的吸引力。

四、重点省份劳动者积极性投入的比较

（一）各重点省份劳动者积极性投入的比较与分析

为直观显示各重点省份劳动者积极性投入的差异，以及近5年劳动者积极性投入的变化趋势，根据表5-23数据绘制雷达图，如图5-15所示。

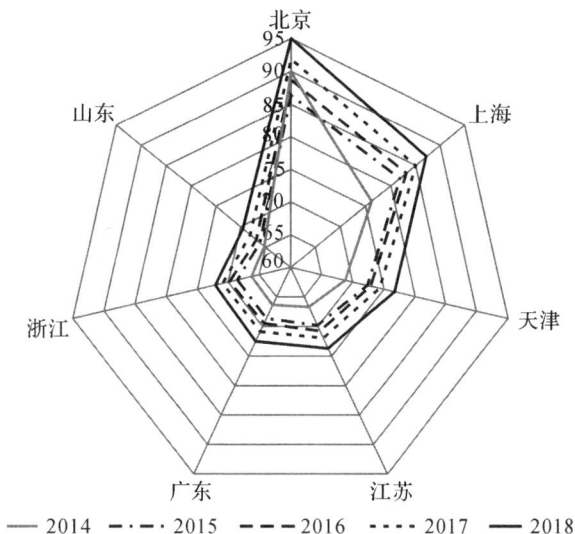

图5-15　2014—2018年重点省份劳动者积极性投入得分变化雷达图

由图5-15可知，大部分省份的劳动者积极性投入得分逐年增长；北京劳动者积极性投入领先于其他省份，其次是上海、天津、江苏、广东、浙江，山

东在这 7 个重点省份中相对落后。

北京劳动者积极性投入得分高，处于全国领先水平。 2015 年北京劳动者积极性投入较 2014 年有所下降，该时期就业人员中大学本科、研究生文化程度就业人员占比有所下降；近年来，北京为进一步加强人才队伍建设，吸引人才来北京就业，陆续出台若干人才政策，2016—2018 年就业人员文化程度有较为明显的提高。 同时，北京不断加强对劳动者的物质激励与精神激励，劳动者积极性投入水平得到了提高。

上海劳动者积极性投入得分高，排名仅次于北京。 从总体上看，上海劳动者积极性投入得分持续增长，且在 2015 年增长明显；分析数据可知，2015 年上海就业人员中研究生文化程度就业人员占比得到了明显的提高，劳动者积极性投入较好；2016—2018 年，上海市劳动者积极性投入得分增长稳定，物质激励、人才引进等方面指标稳定增长。

天津劳动者积极性投入得分与上海和北京相比差距明显，但优于江苏、广东、浙江、山东等省份。 2015 年天津劳动者积极性投入得分增速最大，这一时期天津就业人员中大学本科、研究生文化程度就业人员占比均得到了明显提高。 天津的高劳动者积极性投入得分得益于其就业人员较高的文化程度，这也从侧面说明天津的人才吸引力较强。

江苏劳动者积极性投入得分呈稳定增长态势。 2015 年江苏就业人员中大学本科、研究生文化程度就业人员占比较 2014 年有明显提高。 相较于广东、浙江和山东，江苏研究生文化程度就业人员占比高，这是江苏省重视劳动者积极性投入而形成的一大优势。

广东劳动者积极性投入得分与浙江相近，呈稳定增长态势。 2015—2017 年关于人才引进的两个指标广东增长较慢，因此排名落后于浙江；2018 年广东从物质激励和人才吸引等方面加强劳动者积极性投入，排名超过浙江。 广东物质激励水平较高，处于优势地位。

浙江劳动者积极性投入得分在 2014—2018 年间稳定增长，增速较快。 其间，浙江出台人才政策吸引高层次人才，通过物质激励和精神激励等手段吸引人才，使人均工资收入得到了明显的提高。 与江苏、广东、山东相比，浙江就业人员中本科、研究生文化程度就业人员累计占比高，这是浙江劳动者积极性投入的优势所在。

山东劳动者积极性投入得分相较于其余 6 个省份较低。 2015 年山东劳动者积极性投入得分增长相对较少，2016—2018 年山东加快自身劳动者积极性投入得分增速，但与其余 6 个省份仍存在一定差距；山东省就业人员文化程度与浙江、江苏相比有一定差距，在物质激励方面与广东省存在一定差距。 山东可从物质激励、精神激励、人才引进等多个方面加强自身劳动者积极性投入。

（二）浙江劳动者积极性投入的优劣势分析

从得分增长率来看，2012 年以来，浙江劳动者积极性投入得分的增速高于北京、上海、广东、江苏等省份。 从劳动者积极性投入得分的排名来看，浙江的劳动者积极性投入水平较为稳定，2018 年在全国位于第 6 名，仅次于北京、上海、天津、江苏和广东这 5 个省份，劳动者的积极性较高。 将 2018 年浙江的劳动者积极性投入与其他优势省份进行对比，可找出浙江的优劣势。 从人均工资收入上看，浙江的物质激励虽不及北京、上海、天津这些省份，但远超过我国其他省份，对劳动者的物质投入较高。 从物质激励总量上看，浙江省的劳动者报酬支出相对较高，位于全国前列。 从就业人员文化程度上看，2018 年本科文化程度就业人员占比为 13.06％，位居全国第 4，研究生文化程度就业人员占比位居全国第 7。 整体上看，浙江对劳动者的物质激励投入较高，劳动者的积极性较高。

第五节　软投入综合水平的评价

一、软投入综合水平的评价

（一）软投入综合水平评价权重系数

大系统由综合政策投入、综合科技投入、劳动者积极性投入 3 个子系统构成，根据得到的子系统综合得分进行大系统的综合评价。 对 3 个子系统的得分值进行标准化处理，利用 Matlab R2017b 使用纵横向拉开档次法（程序见附录 1）求出矩阵 H 为：

$$H = \begin{bmatrix} 509.00 & 412.74 & 393.32 \\ 412.74 & 509.00 & 491.23 \\ 393.32 & 491.23 & 509.00 \end{bmatrix}$$

利用 Matlab R2017b 求出矩阵 H 的最大特征值 λ_{max} 为 1375.29，对应的特征向量 α 为：

$$\alpha = (0.5497, 0.5946, 0.5867)^T$$

由于拉开档次法的基本思想是最大限度地从横向和纵向体现评价对象的整体差异性，因此确定出的权重能够从整体上体现各省份 17 年间软投入的最大差别。拉开档次法是基于差异驱动原理，在评价对象中，如果某个指标的波动程度非常小，那么对于评价对象来说，该指标在评价过程中对评价结果的影响比较小。结果表明软投入 3 个子系统的权重大致相同，说明各省份在综合政策投入、综合科技投入、劳动者积极性投入 3 个方面投入的差异均比较大。由于特征向量的元素全部大于 0，因此得到的特征向量即为指标的权重向量，将权重系数归一化处理，得到的权重向量 w 为：

$$w = (0.3175, 0.3435, 0.3390)^T$$

软投入综合评价模型为：

$$s = 0.3175s_1 + 0.3435s_2 + 0.3390s_3$$

根据此模型计算得到的我国各省份软投入综合得分如表 5-26 和表 5-27 所示，各省份软投入综合得分排名情况如表 5-28 和表 5-29 所示。

(二)各省份软投入综合水平得分及排名

表 5-26　2002—2009 年我国各省份软投入综合得分情况

省份	年份							
	2002	2003	2004	2005	2006	2007	2008	2009
北京	0.44	0.62	0.94	1.18	1.43	1.52	1.61	1.80
天津	−0.27	−0.34	−0.04	0.07	0.25	0.30	0.47	0.56

省份	年份							
	2002	2003	2004	2005	2006	2007	2008	2009
河北	−1.09	−1.00	−0.91	−0.80	−0.71	−0.67	−0.50	−0.39
山西	−1.17	−1.09	−0.97	−0.86	−0.74	−0.74	−0.65	−0.58
内蒙古	−1.22	−1.13	−0.98	−0.84	−0.75	−0.69	−0.58	−0.44
辽宁	−0.90	−0.74	−0.63	−0.48	−0.34	−0.26	−0.07	0.08
吉林	−1.11	−1.05	−0.94	−0.79	−0.71	−0.65	−0.52	−0.39
黑龙江	−1.13	−1.08	−1.01	−0.84	−0.78	−0.74	−0.63	−0.50
上海	0.23	0.36	0.65	0.97	1.24	1.27	1.45	1.55
江苏	−0.38	−0.24	−0.09	0.03	0.16	0.23	0.37	0.48
浙江	−0.61	−0.51	−0.32	−0.22	0.00	0.06	0.17	0.27
安徽	−1.25	−1.14	−1.04	−0.92	−0.82	−0.77	−0.63	−0.52
福建	−0.85	−0.80	−0.68	−0.54	−0.46	−0.42	−0.28	−0.23
江西	−1.32	−1.15	−1.06	−0.94	−0.79	−0.71	−0.64	−0.53
山东	−0.93	−0.85	−0.70	−0.56	−0.44	−0.36	−0.19	−0.07
河南	−1.20	−1.17	−0.98	−0.85	−0.74	−0.69	−0.54	−0.41
湖北	−1.15	−1.05	−0.98	−0.83	−0.66	−0.67	−0.53	−0.42
湖南	−1.17	−1.10	−0.97	−0.81	−0.71	−0.67	−0.53	−0.39
广东	−0.43	−0.35	−0.24	−0.06	0.07	0.22	0.36	0.43
广西	−1.30	−1.21	−1.11	−0.95	−0.87	−0.84	−0.71	−0.62
海南	−1.22	−1.17	−1.06	−0.95	−0.87	−0.81	−0.66	−0.60
重庆	−1.17	−1.07	−1.04	−0.82	−0.73	−0.70	−0.51	−0.38
四川	−1.18	−1.11	−0.98	−0.88	−0.79	−0.71	−0.53	−0.38
贵州	−1.48	−1.39	−1.33	−1.26	−1.17	−1.10	−0.96	−0.89
云南	−1.44	−1.37	−1.19	−1.08	−0.99	−0.96	−0.86	−0.77
陕西	−1.24	−1.14	−1.01	−0.89	−0.84	−0.81	−0.63	−0.50
甘肃	−1.38	−1.32	−1.25	−1.09	−1.05	−1.02	−0.90	−0.81
青海	−1.28	−1.21	−1.12	−0.95	−0.88	−0.88	−0.75	−0.53
宁夏	−1.20	−1.12	−0.90	−0.83	−0.70	−0.70	−0.59	−0.52
新疆	−1.17	−1.09	−1.06	−0.95	−0.86	−0.83	−0.68	−0.62

表 5-27　2010—2018 年我国各省份软投入综合得分情况

省份	年份								
	2010	2011	2012	2013	2014	2015	2016	2017	2018
北京	2.15	2.63	2.82	3.09	3.30	3.34	3.59	4.09	4.35
天津	0.85	1.08	1.26	1.53	1.63	1.94	1.79	1.86	1.95
河北	−0.29	−0.11	0.01	0.11	0.20	0.36	0.47	0.65	0.81
山西	−0.44	−0.27	−0.11	−0.01	0.04	0.25	0.26	0.36	0.49
内蒙古	−0.23	−0.05	0.07	0.19	0.25	0.38	0.52	0.56	0.69
辽宁	0.28	0.42	0.56	0.71	0.74	0.62	0.58	0.74	0.84
吉林	−0.28	−0.14	−0.03	0.07	0.13	0.25	0.36	0.41	0.54
黑龙江	−0.38	−0.31	−0.19	−0.05	−0.01	0.19	0.27	0.33	0.41
上海	1.65	1.77	1.85	1.98	2.27	2.93	3.17	3.40	3.67
江苏	0.70	0.92	1.08	1.25	1.32	1.54	1.70	1.91	2.14
浙江	0.44	0.64	0.82	0.99	1.08	1.35	1.52	1.72	1.93
安徽	−0.35	−0.18	0.02	0.14	0.25	0.37	0.46	0.58	0.77
福建	−0.07	0.17	0.27	0.41	0.51	0.67	0.77	0.92	1.04
江西	−0.46	−0.30	−0.18	−0.04	0.03	0.18	0.26	0.39	0.56
山东	0.10	0.33	0.52	0.75	0.86	0.97	1.14	1.34	1.47
河南	−0.29	−0.11	0.04	0.14	0.26	0.37	0.48	0.62	0.79
湖北	−0.25	−0.06	0.08	0.21	0.37	0.58	0.70	0.83	1.04
湖南	−0.30	−0.08	0.07	0.16	0.30	0.46	0.62	0.77	0.93
广东	0.63	0.87	1.01	1.28	1.34	1.61	1.79	2.05	2.32
广西	−0.48	−0.35	−0.24	−0.17	−0.07	0.11	0.21	0.32	0.43
海南	−0.46	−0.30	−0.15	−0.15	0.00	0.08	0.16	0.28	0.41
重庆	−0.18	0.03	0.17	0.26	0.33	0.60	0.62	0.75	0.89
四川	−0.25	−0.11	0.04	0.17	0.27	0.39	0.54	0.70	0.88
贵州	−0.77	−0.59	−0.48	−0.34	−0.17	−0.04	0.14	0.32	0.49
云南	−0.63	−0.50	−0.36	−0.23	−0.16	−0.05	0.06	0.22	0.35
陕西	−0.38	−0.20	−0.05	0.09	0.28	0.30	0.45	0.61	0.77
甘肃	−0.69	−0.58	−0.46	−0.33	−0.30	−0.09	−0.06	0.02	0.17

省份	年份								
	2010	2011	2012	2013	2014	2015	2016	2017	2018
青海	−0.39	−0.18	−0.01	0.07	0.07	0.25	0.22	0.30	0.46
宁夏	−0.39	−0.21	−0.12	−0.03	0.10	0.29	0.46	0.59	0.70
新疆	−0.46	−0.30	−0.15	−0.01	0.06	0.32	0.42	0.51	0.64

表 5-28　2002—2009 年我国各省份软投入综合得分排名情况

省份	年份							
	2002	2003	2004	2005	2006	2007	2008	2009
北京	1	1	1	1	1	1	1	1
天津	3	4	3	3	3	3	3	3
河北	10	10	11	11	14	12	10	14
山西	15	15	13	19	16	21	23	24
内蒙古	21	20	18	16	18	14	17	17
辽宁	8	7	7	7	7	7	7	7
吉林	11	12	12	10	13	10	12	13
黑龙江	12	14	19	17	19	20	20	19
上海	2	2	2	2	2	2	2	2
江苏	4	3	4	4	4	4	4	4
浙江	6	6	6	6	6	6	6	6
安徽	24	21	22	22	22	22	21	21
福建	7	8	8	8	9	9	9	9
江西	27	23	24	23	20	18	22	22
山东	9	9	9	9	8	8	8	8
河南	20	24	15	18	17	15	16	15
湖北	13	11	17	15	10	13	15	16
湖南	17	17	14	12	12	11	13	12
广东	5	5	5	5	5	5	5	5
广西	26	26	26	27	26	26	26	27

省份	年份							
	2002	2003	2004	2005	2006	2007	2008	2009
海南	22	25	25	26	25	23	24	25
重庆	16	13	21	13	15	16	11	10
四川	18	18	16	20	21	19	14	11
贵州	30	30	30	30	30	30	30	30
云南	29	29	28	28	28	28	28	28
陕西	23	22	20	21	23	24	19	18
甘肃	28	28	29	29	29	29	29	29
青海	25	27	27	24	27	27	27	23
宁夏	19	19	10	14	11	17	18	20
新疆	14	16	23	25	24	25	25	26

表 5-29　2010—2018 年我国各省份软投入综合得分排名情况

省份	年份								
	2010	2011	2012	2013	2014	2015	2016	2017	2018
北京	1	1	1	1	1	1	1	1	1
天津	3	3	3	3	3	3	4	5	5
河北	15	16	17	17	18	17	16	14	14
山西	23	22	21	22	23	23	24	23	24
内蒙古	11	11	13	12	16	14	14	19	19
辽宁	7	7	7	8	8	9	12	12	13
吉林	14	17	19	20	19	22	21	21	22
黑龙江	19	26	26	25	26	24	22	24	27
上海	2	2	2	2	2	2	2	2	2
江苏	4	4	4	5	5	5	5	4	4
浙江	6	6	6	6	6	6	6	6	6
安徽	18	19	16	15	17	15	18	18	16
福建	9	9	9	9	9	8	8	8	9

省份	年份								
	2010	2011	2012	2013	2014	2015	2016	2017	2018
江西	24	25	25	24	24	25	23	22	21
山东	8	8	8	7	7	7	7	7	7
河南	16	14	15	16	15	16	15	15	15
湖北	12	12	11	11	10	11	9	9	8
湖南	17	13	12	14	12	12	10	10	10
广东	5	5	5	4	4	4	3	3	3
广西	27	27	27	27	27	26	26	25	26
海南	26	23	24	26	25	27	27	28	28
重庆	10	10	10	10	11	10	11	11	11
四川	13	15	14	13	14	13	13	13	12
贵州	30	30	30	30	29	28	26	26	23
云南	28	28	28	28	28	29	29	29	29
陕西	20	20	20	18	13	19	19	16	17
甘肃	29	29	29	29	30	30	30	30	30
青海	21	18	18	19	21	21	25	27	25
宁夏	22	21	22	23	20	20	17	17	18
新疆	25	24	23	21	22	18	20	20	20

结合表 5-26—表 5-29 可以看出，我国各省份的软投入发展趋势良好，综合得分持续上升，软投入水平不断提升。 为了将各个地区的软投入综合得分转化为百分制，对其进行数据变换，结果如表 5-30 和表 5-31 所示。

表 5-30　2002—2009 年我国各省份软投入百分制得分情况

省份	年份							
	2002	2003	2004	2005	2006	2007	2008	2009
北京	68.19	69.40	71.65	73.26	74.99	75.58	76.19	77.53
天津	63.33	62.85	64.90	65.69	66.88	67.26	68.42	69.03

续　表

省份	年份							
	2002	2003	2004	2005	2006	2007	2008	2009
河北	57.67	58.31	58.93	59.73	60.29	60.59	61.76	62.50
山西	57.15	57.73	58.52	59.27	60.10	60.13	60.74	61.19
内蒙古	56.82	57.42	58.43	59.43	60.03	60.47	61.17	62.18
辽宁	58.99	60.11	60.88	61.92	62.87	63.40	64.69	65.72
吉林	57.60	57.97	58.73	59.77	60.30	60.72	61.59	62.51
黑龙江	57.46	57.76	58.27	59.41	59.81	60.13	60.84	61.71
上海	66.75	67.65	69.65	71.85	73.64	73.87	75.13	75.82
江苏	62.54	63.49	64.59	65.38	66.28	66.74	67.71	68.45
浙江	60.97	61.67	62.95	63.64	65.15	65.60	66.31	67.03
安徽	56.60	57.38	58.03	58.85	59.56	59.93	60.83	61.60
福建	59.33	59.69	60.50	61.49	62.05	62.32	63.23	63.62
江西	56.15	57.30	57.92	58.76	59.78	60.33	60.76	61.56
山东	58.78	59.37	60.39	61.31	62.13	62.70	63.88	64.67
河南	56.93	57.18	58.48	59.33	60.07	60.45	61.46	62.37
湖北	57.31	57.98	58.45	59.47	60.68	60.59	61.52	62.33
湖南	57.13	57.64	58.50	59.66	60.33	60.61	61.57	62.51
广东	62.20	62.75	63.55	64.78	65.65	66.68	67.67	68.10
广西	56.29	56.90	57.54	58.64	59.22	59.41	60.34	60.93
海南	56.78	57.18	57.92	58.66	59.24	59.64	60.65	61.09
重庆	57.14	57.81	58.08	59.57	60.14	60.40	61.70	62.56
四川	57.10	57.59	58.45	59.15	59.74	60.32	61.54	62.56
贵州	55.00	55.65	56.04	56.57	57.18	57.67	58.59	59.11
云南	55.34	55.82	57.01	57.78	58.41	58.56	59.26	59.91
陕西	56.68	57.37	58.24	59.07	59.45	59.60	60.85	61.74
甘肃	55.74	56.13	56.64	57.69	57.97	58.20	59.01	59.65
青海	56.42	56.87	57.49	58.69	59.17	59.16	60.02	61.51
宁夏	56.95	57.49	58.99	59.51	60.35	60.38	61.10	61.63
新疆	57.16	57.70	57.93	58.69	59.26	59.52	60.52	60.95

表 5-31　2010—2018 年我国各省份软投入百分制得分情况

省份	年份								
	2010	2011	2012	2013	2014	2015	2016	2017	2018
北京	79.88	83.20	84.47	86.34	87.78	88.04	89.79	93.20	95.00
天津	70.97	72.58	73.80	75.64	76.32	78.44	77.46	77.94	78.55
河北	63.22	64.41	65.26	65.90	66.53	67.67	68.38	69.61	70.69
山西	62.18	63.32	64.42	65.08	65.46	66.87	66.97	67.65	68.51
内蒙古	63.60	64.80	65.62	66.46	66.91	67.78	68.74	69.03	69.87
辽宁	67.11	68.08	69.04	70.02	70.23	69.45	69.18	70.24	70.95
吉林	63.26	64.18	64.99	65.66	66.06	66.90	67.61	67.99	68.86
黑龙江	62.60	63.06	63.84	64.83	65.07	66.47	67.05	67.42	68.02
上海	76.46	77.28	77.84	78.76	80.74	85.24	86.89	88.44	90.31
江苏	69.94	71.47	72.57	73.74	74.22	75.72	76.79	78.23	79.81
浙江	68.21	69.53	70.82	71.96	72.60	74.40	75.59	76.97	78.40
安徽	62.75	63.95	65.31	66.14	66.88	67.73	68.33	69.16	70.47
福建	64.67	66.35	67.02	68.01	68.69	69.74	70.45	71.47	72.28
江西	62.05	63.10	63.91	64.88	65.40	66.40	66.97	67.84	69.00
山东	65.88	67.45	68.70	70.32	71.04	71.85	73.00	74.33	75.24
河南	63.17	64.44	65.43	66.11	66.95	67.68	68.43	69.39	70.59
湖北	63.46	64.73	65.72	66.61	67.74	69.12	69.98	70.83	72.33
湖南	63.13	64.64	65.66	66.30	67.25	68.32	69.40	70.43	71.56
广东	69.50	71.11	72.13	73.91	74.34	76.23	77.47	79.21	81.08
广西	61.91	62.76	63.53	64.02	64.70	65.92	66.58	67.36	68.12
海南	62.00	63.13	64.11	64.15	65.15	65.73	66.25	67.10	67.98
重庆	63.97	65.35	66.36	66.92	67.42	69.25	69.39	70.29	71.24
四川	63.46	64.44	65.44	66.31	66.99	67.85	68.84	69.96	71.24
贵州	59.92	61.14	61.86	62.83	64.00	64.87	66.14	67.35	68.53
云南	60.87	61.76	62.68	63.62	64.08	64.85	65.56	66.68	67.56
陕西	62.56	63.82	64.84	65.82	67.08	67.24	68.28	69.34	70.45
甘肃	60.47	61.18	62.05	62.94	63.13	64.56	64.75	65.31	66.37

省份	年份								
	2010	2011	2012	2013	2014	2015	2016	2017	2018
青海	62.48	63.96	65.10	65.66	65.67	66.91	66.70	67.24	68.31
宁夏	62.48	63.76	64.32	64.97	65.89	67.16	68.33	69.19	69.97
新疆	62.04	63.10	64.17	65.14	65.58	67.36	68.05	68.69	69.58

为了更直观地反映各个省份的软投入综合水平，以 2018 年为例，依据表 5-31 数据绘制出 30 个省份软投入综合得分条形图，如图 5-16 所示。

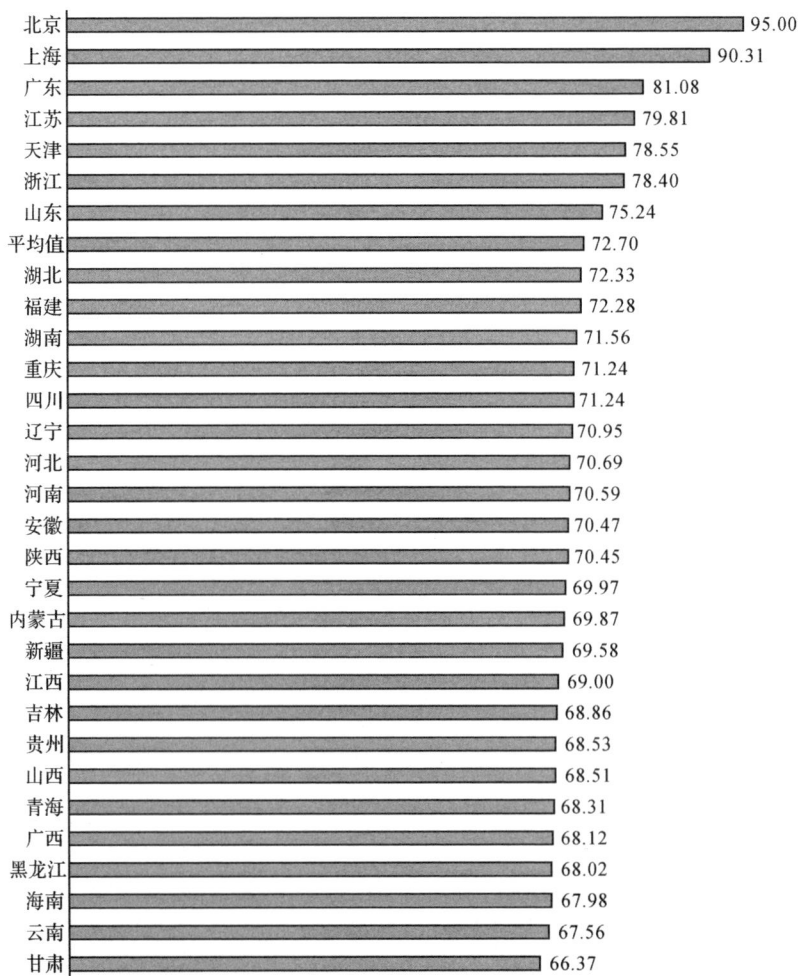

图 5-16　2018 年各省份软投入综合得分条形图

由表 5-31 和图 5-16 可知，北京软投入综合得分为 95.00，领先于其余省份，位于全国第 1；其次为上海，软投入综合得分为 90.31，软投入综合水平高；广东、江苏、天津、浙江的软投入水平较高，但与北京和上海相比仍存在一定差距；海南、云南、甘肃的软投入综合得分位于全国后 3 位，这些省份可吸取经验加大软投入力度。

二、我国各省份软投入综合水平的分类比较与分析

利用 Matlab R2017b 计算出欧氏时空距离矩阵（程序见附录 2）。利用 R 语言，通过层次聚类的 Ward 法将 30 个省份按软投入综合水平分类，得到聚类谱系图，如图 5-17 所示。

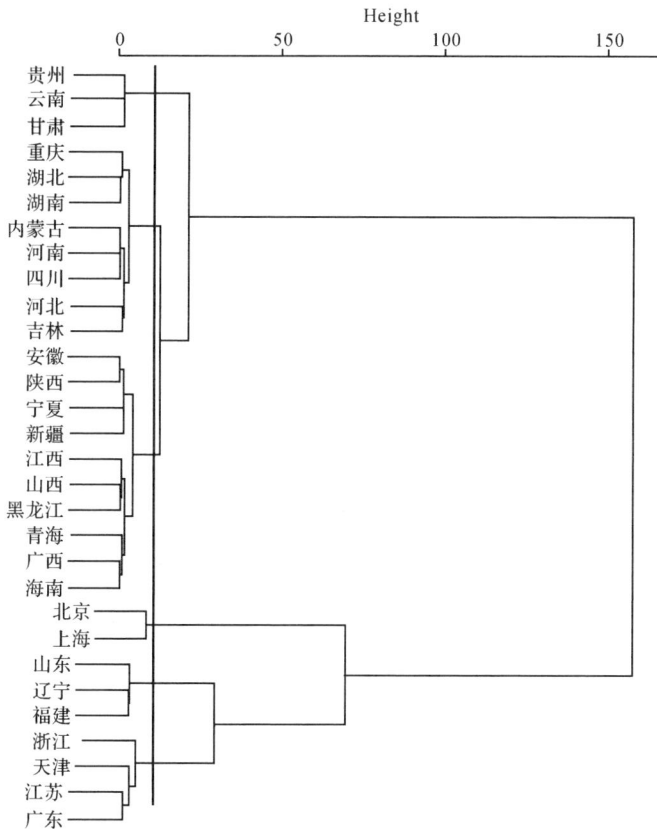

图 5-17　各省份软投入综合水平聚类谱系图

由图 5-17，30 个省份可以分为 6 类：

第一类包括北京、上海 2 个市，软投入综合水平最高，这 2 个市的软投入处于全国领先水平。

第二类包括江苏、广东、天津、浙江 4 个省份，这 4 个省份软投入综合水平仅次于北京和上海，软投入综合水平高。

第三类包括山东、辽宁、福建 3 个省份，软投入综合水平较高。

第四类包括重庆、湖北、湖南、内蒙古、河南、四川、河北、吉林 8 个省份，软投入综合水平中等。

第五类包括安徽、陕西、宁夏、新疆、江西、山西、黑龙江、青海、广西、海南 10 个省份，软投入综合水平较低。

第六类包括贵州、云南、甘肃 3 个省份，软投入发展水平低，这些省份应当提高子系统得分，提高软投入综合水平。

三、八大综合经济区软投入综合水平测算比较分析

根据各个省份的软投入综合得分，利用算术平均数计算出八大综合经济区 2002—2018 年的软投入综合得分，将数据整理成表 5-32 和表 5-33，并据此绘制出 2002—2018 年各经济区软投入综合得分的发展趋势图，如图 5-18 所示。

表 5-32　2002—2009 年八大综合经济区软投入综合得分

综合经济区	年份							
	2002	2003	2004	2005	2006	2007	2008	2009
东北综合经济区	58.02	58.61	59.29	60.37	60.99	61.42	62.37	63.31
北部沿海综合经济区	61.99	62.48	63.97	65.00	66.07	66.53	67.56	68.43
东部沿海综合经济区	63.42	64.27	65.73	66.96	68.36	68.74	69.72	70.43
南部沿海综合经济区	59.44	59.87	60.66	61.64	62.32	62.88	63.85	64.27
黄河中游综合经济区	56.90	57.43	58.42	59.28	59.91	60.16	61.06	61.87
长江中游综合经济区	56.80	57.57	58.23	59.18	60.09	60.36	61.17	62.00
大西南综合经济区	56.17	56.75	57.43	58.34	58.94	59.27	60.28	61.01
大西北综合经济区	56.57	57.05	57.76	58.65	59.19	59.31	60.16	60.94

表 5-33　2010—2018 年八大综合经济区软投入综合得分

综合经济区	年份								
	2010	2011	2012	2013	2014	2015	2016	2017	2018
东北综合经济区	64.32	65.11	65.96	66.83	67.12	67.61	67.95	68.55	69.27
北部沿海综合经济区	69.99	71.91	73.06	74.55	75.42	76.50	77.16	78.77	79.87
东部沿海综合经济区	71.54	72.76	73.74	74.82	75.85	78.45	79.76	81.21	82.84
南部沿海综合经济区	65.39	66.86	67.75	68.69	69.39	70.56	71.39	72.60	73.78
黄河中游综合经济区	62.88	64.09	65.08	65.87	66.60	67.39	68.10	68.85	69.85
长江中游综合经济区	62.85	64.10	65.15	65.98	66.82	67.89	68.67	69.56	70.84
大西南综合经济区	62.03	63.09	63.97	64.74	65.44	66.55	67.30	68.33	69.34
大西北综合经济区	61.87	63.00	63.91	64.68	65.07	66.50	66.96	67.61	68.56

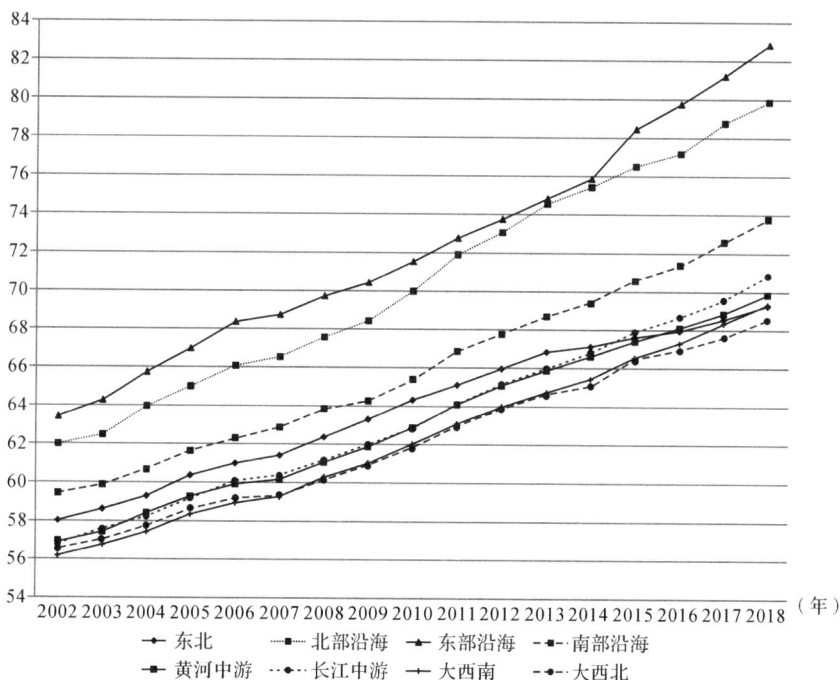

图 5-18　2002—2018 年八大综合经济区软投入综合得分发展趋势图

由表 5-32、表 5-33 和图 5-18 可知，2002—2018 年八大综合经济区软投入综合得分呈增长趋势，但区域间软投入综合水平与演变趋势存在差异。东部沿海综合经济区与北部沿海综合经济区软投入处于全国领先水平；南部沿海综合经济区软投入综合得分与东部沿海综合经济区和北部沿海综合经济区仍存在一定差距，但优于其余区域；长江中游综合经济区、黄河中游综合经济区、东北综合经济区、大西北综合经济区、大西南综合经济区的软投入综合水平较低且发展趋势较为相似。

"十五"期间，我国八大综合经济区软投入综合得分呈持续增长态势。从增长速度上看，各区域软投入综合得分增长速度相近；从绝对水平上看，东部沿海综合经济区与北部沿海综合经济区领先于其他区域，软投入综合水平同期相对较高；南部沿海综合经济区与东北综合经济区高于黄河中游综合经济区、长江中游综合经济区、大西北综合经济区、大西南综合经济区这几个相近的区域。

"十一五"期间，我国八大综合经济区软投入综合得分总体呈上升态势。由于综合政策投入得分的影响，各区域 2007 年软投入综合水平得分增长较少，2007—2010 年各区域的软投入呈持续增长态势，东部沿海综合经济区、北部沿海综合经济区与其余区域的差距进一步拉大；东部沿海综合经济区和北部沿海综合经济区的软投入综合得分领先于其余区域，北部沿海综合经济区的软投入综合得分增长迅速，有赶超东部沿海综合经济区的态势；南部沿海综合经济区、东北综合经济区、黄河中游综合经济区、长江中游综合经济区、大西北综合经济区、大西南综合经济区软投入综合得分持续增长，且发展速度快于上一时期。

"十二五"期间，八大综合经济区软投入综合得分呈现逐年上升态势。北部沿海综合经济区以高速的发展态势逐步接近东部沿海综合经济区，并以稳定的速度持续发展；东部沿海综合经济区软投入发展迅速，2014—2015 年逐渐与各经济区拉开较大差距；南部沿海综合经济区发展态势稳定，逐步加快了自身的软投入发展速度；东北综合经济区、黄河中游综合经济区、长江中游综合经济区这 3 个区域的软投入水平渐渐趋于一致；大西南综合经济区与大西北综合经济区软投入发展相近，软投入综合水平相对较低。

"十三五"期间，八大综合经济区的软投入高速发展，发展速度稳定。东部沿海综合经济区和北部沿海综合经济区软投入综合得分远高于其余综合经济区，软投入综合水平高，处于全国领先水平；南部沿海综合经济区软投入综合水平较高，仅次于东部沿海综合经济区和北部沿海综合经济区；长江中游综合经济区、大西北综合经济区、黄河中游综合经济区、东北综合经济区、大西南综合经济区的软投入综合水平良好，但与东部沿海综合经济区、北部沿海综合经济区和南部沿海综合经济区仍有一定差距。

为从全局把握八大综合经济区软投入综合水平及其得分变化趋势，分别计算"十五"（2002—2005 年）、"十一五"、"十二五"、"十三五"（2016—2018 年）期间各综合经济区软投入综合得分平均值，并据此绘制雷达图，如图 5-19 所示。

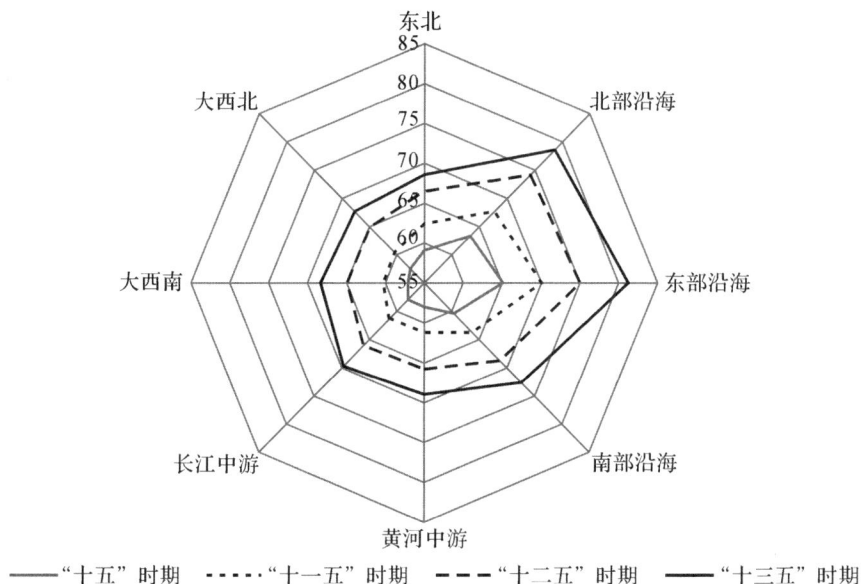

——"十五"时期　·····"十一五"时期　----"十二五"时期　——"十三五"时期

图 5-19　各时期八大综合经济区软投入综合得分变化雷达图

八大综合经济区软投入综合得分均呈逐年增加态势，但区域间差异明显。东部沿海综合经济区软投入综合水平最高，且在"十三五"时期增长明显；北部沿海综合经济区软投入综合水平高，在"十二五"期间增长明显，软投入发展较好；南部沿海综合经济区软投入综合水平良好，虽与东部沿海综合经济区、北部沿海综合经济区存在较大差距，但明显优于其余区域；东北综合经济区在"十三五"期间软投入综合得分增长有所减缓；长江中游综合经济区、黄河中游综合经济区、大西北综合经济区、大西南综合经济区软投入发展态势相近,综合水平较低。 各区域应从多个方面加大自身综合政策投入、综合科技投入、劳动者积极性投入,以推动软投入综合水平的提高。

四、重点省份软投入综合水平的比较

浙江软投入发展在全国处于上等水平,北京、上海在全国处于领先地位。 从软投入综合得分来看,浙江软投入得分处于持续增长态势,且增长速度较快,综合得分增速超过北京、上海、广东、江苏等发达省份,近 5 年的年平均增长率达 14.26%(此处采用百分制前的得分)。 从软投入综合得分排名上看,2002—2018 年浙江的排名在全国稳定处于第 6 位,仅次于北京、上海、天津、广东、江苏,软投入水平较高,软实力较强,区域自主创新能力强。 从 3 个子系统的综合得分及得分排名上看,浙江软投入 3 个要素投入发展较为协调,得分排名差异不大。

为了更直观地展现近 10 年浙江省软投入及各要素投入的变化,绘制雷达图,如图 5-20 所示。 从得分上可以看出,2009—2018 年,浙江软投入 3 个要素的得分及软投入综合得分均处于持续增长态势。 从软投入及各要素得分的变化上看,综合政策投入得分增幅相对较小;综合科技投入得分增幅相对稳定,增速大于综合政策投入得分;劳动者积极性投入得分的增幅最为明显,特别是 2011—2015 年间增速最快。 从软投入及各要素得分的高低上看,浙江的劳动者积极性投入得分最高,近几年劳动者积极性投入得分变化曲线与软投入综合得分变化趋势几乎相同,表明劳动者积极性投入在浙江软投入的发展中处于重要地位;综合政策投入与综合科技投入的发展趋势类似,但综合科技投入得分比综合政策投入得分高;在 3 个要素投入中,综合政策投入略显不足,得分最低,应增强对外开放水平,促进各要素协调发展,提高软投入水平,进而提升区域综合实力。

为了比较不同时期,各重点省份软投入综合水平的变化,绘制雷达图,如图 5-21 所示。 各时期的数值可由所含年份软投入综合得分的算术平均数计算而得,其中 2001 年、2019 年和 2020 年的数据不可获得,故予以排除。 7 个省份的软投入综合得分从"十五"时期至"十三五"时期均呈现逐步上升态势。 北

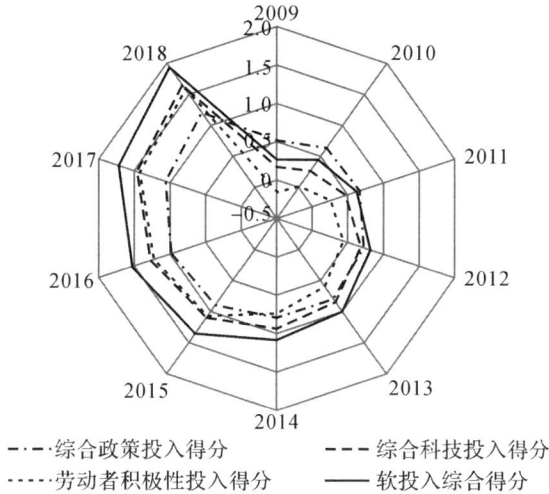

图 5-20　2009—2018 年浙江省软投入及各要素投入得分变化雷达图

京与上海的软投入综合得分在各个时期均处于领先水平；"十二五"时期，天津的软投入综合得分增长较多，说明这一时期天津对于软投入的重视程度较大。

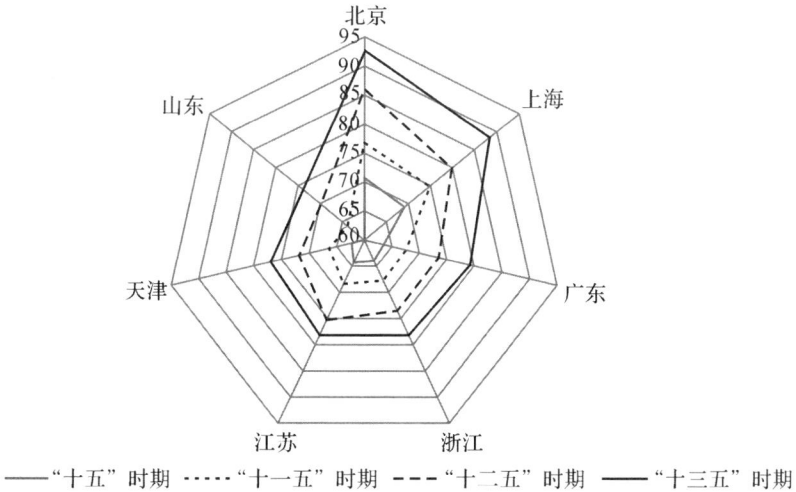

图 5-21　"十五"至"十三五"时期各省份软投入综合得分变化雷达图

为了明确浙江软投入发展的优劣势，绘制 2018 年浙江与其他省份软投入及各要素投入得分对比雷达图（如图 5-22 所示）。综合政策投入方面，上海的综合政策投入得分最高，其次为广东；综合科技投入方面，北京的综合科技投入发展处于优势地位，得分最高，其次为上海；劳动者积极性投入方面，北京的劳动者积极性投入得分最高，其次为上海。天津的综合政策投入和综合科技投入得分相较于其他省份较为落后，其劳动者积极性投入处于优势地位，领先于江苏、浙江和广东。

浙江与其他省份相比较，浙江综合政策投入得分领先于天津，与江苏相近，落后于北京，与上海、广东相比差距较大；浙江综合科技投入水平超过天津，与江苏相近，略落后于广东，综合科技投入存在一定优势，但与上海、北京相比仍有很大差距；浙江劳动者积极性投入在 6 个省份中略显不足，与北京、上海相比差距明显。整体来看，这 6 个省份的劳动者积极性投入水平差异最大，综合政策投入水平差异最小。浙江与江苏各个方面得分相近，与北京、上海差距仍较大，在综合政策投入与综合科技投入方面落后于广东。综上所述，浙江应保持综合科技投入的发展优势，并加快重视综合政策投入和劳动者积极性投入，全面提升软投入综合水平。

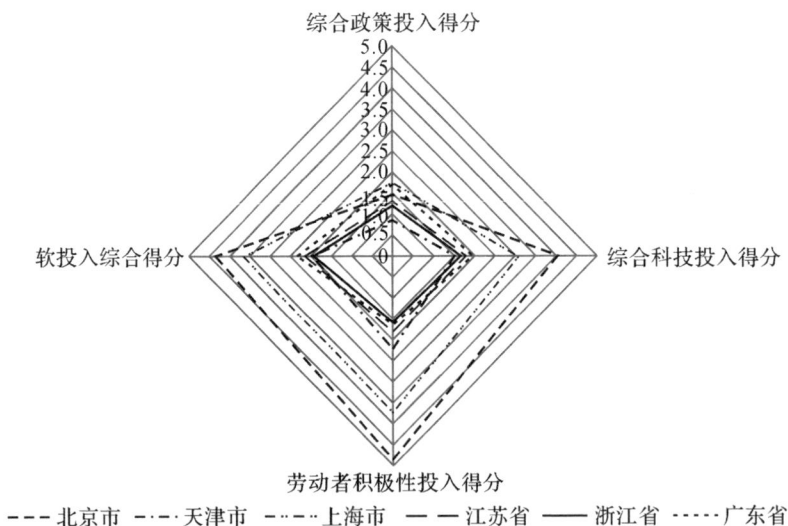

图 5-22　2018 年浙江与其他省份软投入及各要素投入得分对比雷达图

第六章 区域软投入组合质量评价与分析

第一节 耦合协调度的概念及等级划分

一、耦合协调度的计算

耦合度（Couping）是对模块间关联程度的度量。基于物理学的耦合概念及系数模型，构建综合政策投入—综合科技投入—劳动者积极性投入的三系统耦合度模型，耦合函数为：

$$C_n = \left[\frac{U_1 \times U_2 \times \cdots \times U_n}{\prod\limits_{i \neq j}(U_i + U_j)}\right]^{\frac{1}{n}} \tag{6-1}$$

其中，C_n 表示耦合度，U_i 表示第 i 个系统的综合得分，这里的综合得分是经过标准化处理为正值后的综合得分。

参考姜磊、柏玲、吴玉鸣（2017）的研究，上述公式的取值范围在 $[0, \frac{1}{2}]$ 之间，如果对公式进行修正，则不符合耦合度的基本概念，根据已有研究，构建 n 系统耦合度模型为：

$$C_n = \frac{(U_1 \times U_2 \times \cdots \times U_n)^{\frac{1}{n}}}{\dfrac{U_1 + U_2 + \cdots + U_n}{n}} \tag{6-2}$$

根据公式（6-2）建立的 n 系统耦合度模型，本研究构建的三系统耦合度模型为：

$$C_3 = \frac{(U_1 \times U_2 \times U_3)^{\frac{1}{3}}}{\dfrac{U_1 + U_2 + U_3}{3}} \tag{6-3}$$

根据公式（6-3）构建的三系统耦合度模型，计算出耦合度 C_3 的取值范围在 [0,1] 之间，当且仅当 $U_1 = U_2 = U_3$ 时，耦合度达到最大值 1。

计算出耦合度后，可以计算软投入 3 个子系统总的综合评价得分：

$$T = \beta_1 U_1 + \beta_2 U_2 + \beta_3 U_3 \tag{6-4}$$

公式（6-4）中的权重系数表示 3 个系统的重要程度，本研究认为软投入 3 个子系统的重要程度相同，这里将 3 个系数均设定为 $\frac{1}{3}$，即 $\beta_1 = \beta_2 = \beta_3 = \frac{1}{3}$。$U_i$ 表示第 i 个系统的综合得分，T 为经过标准化处理后的三系统总的综合评价得分值，耦合值越大，表明 3 个系统的耦合协调作用越好。

构建三系统耦合度模型，计算三系统耦合度能够显示软投入 3 个系统间作用的强弱，但是不能反映软投入系统的整体协调情况（刘法威，许恒周，王姝，2014）。参考已有研究，协调度可以更好地描述 3 个系统之间的耦合协调情况。本研究构建的耦合协调度模型如下：

$$D = \sqrt{C_3 \times T} \tag{6-5}$$

其中，D 表示协调度，C_3 表示耦合度，T 表示三系统的综合评价得分。

在计算耦合度时，假设得分最低的省份的协调度类型为极度失调，得分最高的为优质协调，以此进行区域间的耦合度及耦合协调度的比较。

二、耦合协调度的等级划分标准

根据构建的三系统耦合度模型，参考廖重斌（1999）的研究，按照协调度对研究对象划分协调等级，利用软投入 3 个要素间的耦合协调状况反映软投入系统的协调性，其中系统协调度等级划分标准如表 6-1 所示。

表 6-1　耦合协调度等级划分标准

序号	协调度	协调等级	序号	协调度	协调等级
1	0.901—1.0	优质协调	6	0.401—0.5	濒临失调
2	0.801—0.9	良好协调	7	0.301—0.4	轻度失调
3	0.701—0.8	中级协调	8	0.201—0.3	中度失调
4	0.601—0.7	初级协调	9	0.101—0.2	严重失调
5	0.501—0.6	勉强协调	10	0—0.1	极度失调

第二节　我国各省份软投入组合质量的比较分析

一、各省份软投入三要素耦合协调度的计算与分析

根据公式（6-1）—（6-5）构建的三系统耦合协调度模型，计算我国各省份 2002—2018 年软投入 3 个要素的耦合协调度，根据协调度评价分析各省份软投入组合质量。我国各省份软投入三要素耦合协调度如表 6-2 和表 6-3 所示，各省份软投入三要素耦合协调度排名如表 6-4 和表 6-5 所示。

表 6-2　2002—2009 年我国各省份软投入三要素耦合协调度

省份	年份							
	2002	2003	2004	2005	2006	2007	2008	2009
北京	0.55	0.58	0.63	0.66	0.70	0.71	0.72	0.74
天津	0.42	0.42	0.48	0.49	0.52	0.53	0.56	0.57
河北	0.23	0.26	0.28	0.30	0.31	0.33	0.38	0.41
山西	0.20	0.23	0.27	0.30	0.33	0.34	0.36	0.37
内蒙古	0.19	0.22	0.26	0.30	0.31	0.34	0.36	0.39
辽宁	0.27	0.33	0.35	0.38	0.41	0.43	0.47	0.49
吉林	0.24	0.25	0.28	0.32	0.33	0.35	0.38	0.41
黑龙江	0.21	0.23	0.25	0.31	0.32	0.33	0.35	0.38

省份	年份							
	2002	2003	2004	2005	2006	2007	2008	2009
上海	0.51	0.53	0.58	0.62	0.67	0.67	0.70	0.71
江苏	0.33	0.37	0.39	0.43	0.46	0.47	0.51	0.54
浙江	0.34	0.36	0.40	0.41	0.47	0.48	0.49	0.52
安徽	0.15	0.21	0.24	0.25	0.28	0.30	0.34	0.37
福建	0.28	0.27	0.30	0.33	0.35	0.38	0.41	0.43
江西	0.12	0.22	0.23	0.24	0.30	0.34	0.34	0.37
山东	0.28	0.30	0.32	0.35	0.37	0.40	0.44	0.46
河南	0.20	0.20	0.25	0.28	0.30	0.32	0.36	0.39
湖北	0.21	0.23	0.26	0.30	0.35	0.35	0.38	0.40
湖南	0.21	0.22	0.25	0.29	0.32	0.34	0.37	0.40
广东	0.37	0.38	0.41	0.44	0.46	0.49	0.53	0.54
广西	0.16	0.20	0.23	0.26	0.28	0.30	0.33	0.35
海南	0.00	0.21	0.23	0.26	0.28	0.29	0.33	0.35
重庆	0.17	0.21	0.23	0.28	0.31	0.32	0.36	0.39
四川	0.21	0.23	0.25	0.28	0.29	0.33	0.36	0.40
贵州	0.00	0.12	0.15	0.14	0.18	0.22	0.27	0.29
云南	0.07	0.10	0.20	0.21	0.24	0.26	0.29	0.31
陕西	0.17	0.22	0.27	0.30	0.31	0.32	0.37	0.40
甘肃	0.11	0.16	0.20	0.22	0.23	0.26	0.30	0.32
青海	0.18	0.20	0.23	0.28	0.29	0.31	0.34	0.38
宁夏	0.18	0.21	0.28	0.29	0.33	0.34	0.37	0.38
新疆	0.23	0.26	0.27	0.29	0.32	0.33	0.36	0.37

表 6-3　2010—2018 年我国各省份软投入三要素耦合协调度

省份	年份								
	2010	2011	2012	2013	2014	2015	2016	2017	2018
北京	0.78	0.83	0.84	0.87	0.89	0.90	0.92	0.97	0.98
天津	0.62	0.65	0.67	0.71	0.72	0.76	0.74	0.75	0.76
河北	0.43	0.47	0.49	0.50	0.52	0.55	0.57	0.59	0.62

省份	年份								
	2010	2011	2012	2013	2014	2015	2016	2017	2018
山西	0.41	0.44	0.48	0.49	0.50	0.54	0.54	0.56	0.58
内蒙古	0.44	0.48	0.50	0.52	0.54	0.56	0.58	0.58	0.60
辽宁	0.53	0.55	0.57	0.59	0.60	0.59	0.59	0.61	0.63
吉林	0.44	0.47	0.49	0.51	0.52	0.54	0.55	0.56	0.58
黑龙江	0.42	0.43	0.45	0.48	0.49	0.53	0.54	0.55	0.56
上海	0.72	0.74	0.75	0.76	0.80	0.86	0.89	0.91	0.93
江苏	0.58	0.62	0.64	0.67	0.68	0.71	0.73	0.76	0.78
浙江	0.55	0.58	0.61	0.64	0.65	0.69	0.71	0.73	0.76
安徽	0.41	0.45	0.49	0.51	0.53	0.55	0.56	0.58	0.61
福建	0.47	0.52	0.53	0.56	0.57	0.60	0.61	0.63	0.65
江西	0.38	0.42	0.45	0.48	0.49	0.52	0.53	0.55	0.58
山东	0.50	0.54	0.57	0.60	0.62	0.64	0.66	0.69	0.70
河南	0.42	0.46	0.49	0.51	0.53	0.55	0.56	0.59	0.61
湖北	0.44	0.48	0.51	0.53	0.55	0.59	0.60	0.62	0.65
湖南	0.42	0.47	0.50	0.51	0.54	0.56	0.59	0.61	0.63
广东	0.57	0.61	0.63	0.67	0.68	0.71	0.74	0.77	0.80
广西	0.39	0.42	0.44	0.46	0.48	0.51	0.53	0.55	0.56
海南	0.39	0.43	0.46	0.46	0.49	0.51	0.52	0.54	0.56
重庆	0.45	0.48	0.51	0.52	0.54	0.58	0.59	0.61	0.63
四川	0.43	0.46	0.49	0.52	0.53	0.56	0.58	0.60	0.63
贵州	0.33	0.38	0.40	0.43	0.46	0.48	0.52	0.54	0.57
云南	0.36	0.39	0.42	0.45	0.46	0.49	0.51	0.53	0.55
陕西	0.42	0.46	0.49	0.51	0.55	0.55	0.57	0.59	0.62
甘肃	0.36	0.39	0.41	0.44	0.45	0.48	0.49	0.50	0.53
青海	0.41	0.46	0.48	0.50	0.51	0.53	0.53	0.55	0.57
宁夏	0.42	0.46	0.47	0.48	0.51	0.54	0.57	0.59	0.60
新疆	0.41	0.44	0.47	0.50	0.51	0.55	0.57	0.58	0.60

表 6-4　2002—2009 年我国各省份软投入三要素耦合协调度排名

省份	年份							
	2002	2003	2004	2005	2006	2007	2008	2009
北京	1	1	1	1	1	1	1	1
天津	3	3	3	3	3	3	3	3
河北	11	10	10	15	18	17	10	11
山西	18	16	14	16	12	14	21	22
内蒙古	19	18	16	12	19	16	18	16
辽宁	9	7	7	7	7	7	7	7
吉林	10	12	12	10	11	10	12	10
黑龙江	16	14	21	11	16	20	22	21
上海	2	2	2	2	2	2	2	2
江苏	6	5	6	5	6	6	5	5
浙江	5	6	5	6	4	5	6	6
安徽	25	24	22	26	25	25	24	24
福建	7	9	9	9	10	9	9	9
江西	26	19	25	27	21	15	25	25
山东	8	8	8	8	8	8	8	8
河南	17	27	20	22	22	21	17	17
湖北	13	13	17	14	9	11	11	12
湖南	14	17	18	19	14	13	14	14
广东	4	4	4	4	5	4	4	4
广西	24	26	27	25	26	26	27	26
海南	29	22	26	24	27	27	26	27
重庆	22	23	23	20	20	23	19	18
四川	15	15	19	23	23	18	16	13
贵州	30	29	30	30	30	30	30	30
云南	28	30	28	29	28	29	29	29
陕西	23	20	13	13	17	22	13	15
甘肃	27	28	29	28	29	28	28	28

省份	年份							
	2002	2003	2004	2005	2006	2007	2008	2009
青海	21	25	24	21	24	24	23	19
宁夏	20	21	11	17	13	12	15	20
新疆	12	11	15	18	15	19	20	23

表 6-5　2010—2018 年我国各省份软投入三要素耦合协调度排名

省份	年份								
	2010	2011	2012	2013	2014	2015	2016	2017	2018
北京	1	1	1	1	1	1	1	1	1
天津	3	3	3	3	3	3	3	5	5
河北	15	14	17	19	18	16	18	15	15
山西	22	22	21	22	23	21	23	22	23
内蒙古	11	12	12	12	14	14	14	18	19
辽宁	7	7	8	8	8	9	11	10	13
吉林	13	15	19	17	19	22	21	21	21
黑龙江	19	24	25	24	25	24	22	23	26
上海	2	2	2	2	2	2	2	2	2
江苏	4	4	4	4	4	5	5	4	4
浙江	6	6	6	6	6	6	6	6	6
安徽	23	21	16	16	17	17	20	20	17
福建	9	9	9	9	9	8	8	8	8
江西	27	26	26	25	26	25	25	24	22
山东	8	8	7	7	7	7	7	7	7
河南	18	18	18	18	16	19	19	17	16
湖北	12	10	11	10	10	10	9	9	9
湖南	17	13	13	15	13	12	12	12	10
广东	5	5	5	5	5	4	4	3	3
广西	25	27	27	27	27	26	26	26	27

省份	年份								
	2010	2011	2012	2013	2014	2015	2016	2017	2018
海南	26	25	24	26	24	27	27	28	28
重庆	10	11	10	11	12	11	10	11	11
四川	14	17	14	13	15	13	13	13	12
贵州	30	30	30	30	29	29	28	27	25
云南	28	28	28	28	28	28	29	29	29
陕西	16	16	15	14	11	18	15	14	14
甘肃	29	29	29	29	30	30	30	30	30
青海	21	19	20	20	21	23	24	25	24
宁夏	20	20	23	23	20	20	16	16	18
新疆	24	23	22	21	22	15	17	19	20

　　结合表 6-2—表 6-5 可以看出，我国各省份的耦合协调度不断上升，发展趋势良好，软投入组合质量不断提升。从软投入三要素耦合协调度上看，浙江软投入三要素耦合协调度处于持续增长态势，且增长速度较快，近 5 年的增速超过北京、江苏等省份，近 5 年的年平均增长率达3.52%，软投入组合质量提升较为迅速。从软投入三要素耦合协调度排名上看，近 5 年浙江处于全国第 6 位，仅次于北京、上海、广东、江苏、天津，软投入三要素耦合协调度较高，软投入三要素较为协调，软投入组合质量较高。结合软投入三要素耦合协调度排名与软投入综合得分排名的结果可以看出，软投入组合质量排名与软投入水平的排名大致相似，表明软投入水平发展高的省份，软投入组合质量也高。

二、我国各省份软投入组合质量的比较分析

　　根据 2002—2018 年我国各省份软投入三要素耦合协调度的计算结果，对2018 年我国 30 个省份软投入系统协调度划分等级，结果如表 6-6 所示。从表 6-6 可以看出，我国各省份软投入系统的协调等级大多集中在初级协调与勉强协调等级，软投入组合质量有待进一步提升。处在优质协调等级的有北京、上海 2 个市，软投入组合质量最高；处在中级协调等级的有天津、广东、浙江、江苏 4 个省份，软投入组合质量较高；山东、福建、湖北、湖南、重庆、四川、辽宁、陕西、河北、河南、安徽、宁夏、内蒙古 13 个省份，软投入组合质量良好；处在勉强协调等级的有新疆、吉林、江西、山西、青海、贵州、黑龙江、广西、海南、云南、甘肃 11 个省份，软投入组合质量相对较低。

表 6-6　2018 年我国 30 个省份软投入系统协调等级归类

等级	软投入系统协调等级归类
优质协调	北京、上海
良好协调	
中级协调	广东、江苏、天津、浙江
初级协调	山东、福建、湖北、湖南、重庆、四川、辽宁、陕西、河北、河南、安徽、宁夏、内蒙古
勉强协调	新疆、吉林、江西、山西、青海、贵州、黑龙江、广西、海南、云南、甘肃
濒临失调	
轻度失调	
中度失调	
严重失调	
极度失调	

为了更直观地显示中国 30 个省份软投入组合质量情况，绘制各省份软投入耦合协调度条形图，如图 6-1 所示。

由图 6-1 可知，上海和北京耦合协调度得分处于全国领先地位，分别是 0.9833 和 0.9330，远高于其余省份；广东、江苏、天津、浙江这 4 个省份的耦合协调度较高，黑龙江、广西、海南、云南、甘肃位于全国后 5 位，表明这些区域软投入组合质量有待提高。各省份需明确自身软投入发展现状，根据软投入发展的优劣势，提高软投入要素投入，进而促进软投入各要素的协调性，提升软投入组合质量。

省份	数值
北京	0.9833
上海	0.9330
广东	0.7968
江苏	0.7816
天津	0.7627
浙江	0.7583
山东	0.7033
福建	0.6522
湖北	0.6519
平均值	0.6484
湖南	0.6320
重庆	0.6293
四川	0.6268
辽宁	0.6258
陕西	0.6162
河北	0.6150
河南	0.6118
安徽	0.6106
宁夏	0.6046
内蒙古	0.6028
新疆	0.5999
吉林	0.5833
江西	0.5768
山西	0.5766
青海	0.5729
贵州	0.5709
黑龙江	0.5641
广西	0.5634
海南	0.5633
云南	0.5537
甘肃	0.5298

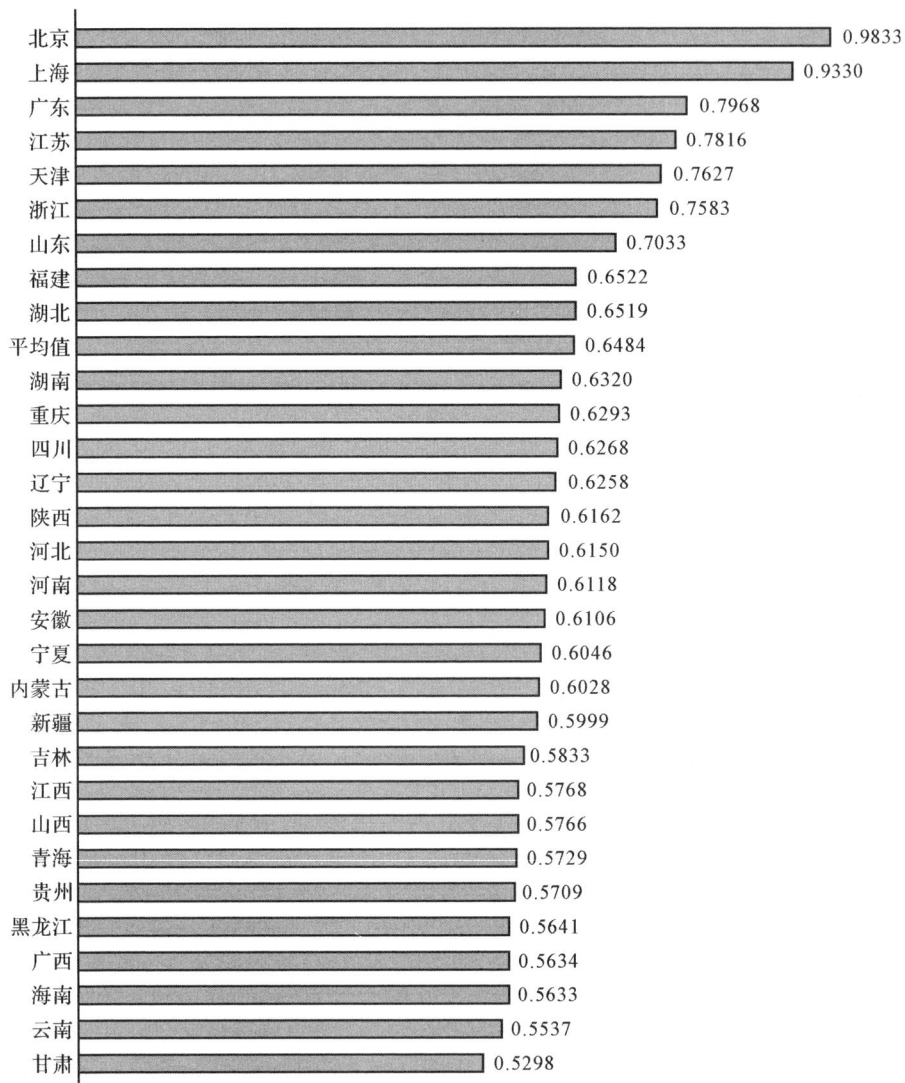

图 6-1　2018 年各省份软投入耦合协调度条形图

第三节　八大综合经济区软投入组合质量分析

一、八大综合经济区软投入三要素耦合协调度分析

根据各个省份的耦合协调度，利用算术平均数计算出八大综合经济区2002—2018 年的耦合协调度，将数据整理成表 6-7、表 6-8，并据此绘制出2002—2018 年各经济区耦合协调度的发展趋势图，如图 6-2 所示。

表 6-7　2002—2009 年八大综合经济区耦合协调度

综合经济区	年份							
	2002	2003	2004	2005	2006	2007	2008	2009
东北综合经济区	0.24	0.27	0.29	0.34	0.35	0.37	0.40	0.43
北部沿海综合经济区	0.37	0.39	0.43	0.45	0.47	0.49	0.52	0.55
东部沿海综合经济区	0.40	0.42	0.46	0.49	0.53	0.54	0.57	0.59
南部沿海综合经济区	0.22	0.29	0.31	0.34	0.36	0.39	0.42	0.44
黄河中游综合经济区	0.19	0.22	0.26	0.29	0.31	0.33	0.36	0.39
长江中游综合经济区	0.17	0.22	0.24	0.27	0.31	0.33	0.36	0.38
大西南综合经济区	0.12	0.17	0.21	0.23	0.26	0.28	0.32	0.35
大西北综合经济区	0.17	0.21	0.24	0.27	0.29	0.31	0.34	0.37

表 6-8　2010—2018 年八大综合经济区耦合协调度

综合经济区	年份							
	2010	2011	2012	2013	2014	2015	2016	2017	2018
东北综合经济区	0.46	0.48	0.50	0.52	0.53	0.55	0.56	0.58	0.59
北部沿海综合经济区	0.58	0.62	0.64	0.67	0.69	0.71	0.72	0.75	0.77
东部沿海综合经济区	0.62	0.65	0.67	0.69	0.71	0.75	0.78	0.80	0.82
南部沿海综合经济区	0.48	0.52	0.54	0.56	0.58	0.61	0.62	0.65	0.67
黄河中游综合经济区	0.43	0.46	0.49	0.51	0.53	0.55	0.56	0.58	0.60
长江中游综合经济区	0.41	0.46	0.49	0.51	0.53	0.55	0.57	0.59	0.62

续　表

综合经济区	年份								
	2010	2011	2012	2013	2014	2015	2016	2017	2018
大西南综合经济区	0.39	0.43	0.45	0.48	0.49	0.52	0.54	0.57	0.59
大西北综合经济区	0.40	0.44	0.46	0.48	0.49	0.53	0.54	0.56	0.58

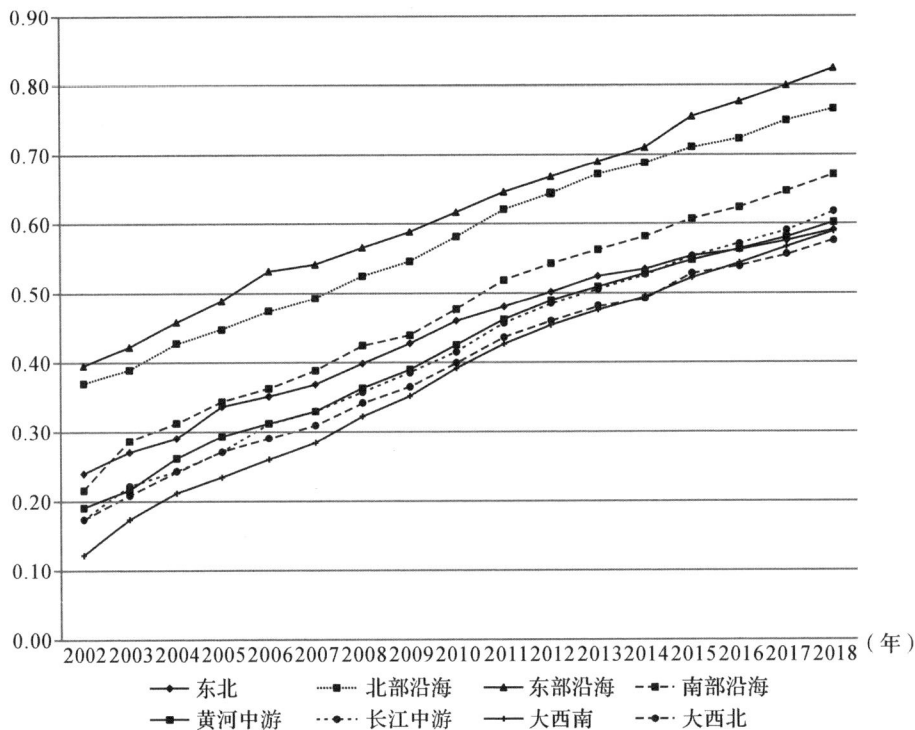

图 6-2　2002—2018 年八大综合经济区耦合协调度发展趋势图

由表 6-7、表 6-8 和图 6-2 可知，2002—2018 年八大综合经济区耦合协调度呈增长趋势，但区域间耦合协调度演变趋势存在差异。东部沿海综合经济区与北部沿海综合经济区耦合协调度处于全国领先水平；南部沿海综合经济区耦合协调度增长较快；东北综合经济区、长江中游综合经济区、黄河中游综合经济区、大西北综合经济区、大西南综合经济区耦合协调度发展趋势相近，耦合协调度相对较低。

二、八大综合经济区软投入三要素组合质量评价

"十五"期间我国八大综合经济区耦合协调度呈上升态势。东部沿海综合经济区与北部沿海综合经济区耦合协调度较高，软投入组合质量从轻度失调提升至濒临失调；南部沿海综合经济区耦合协调度2013年超过东北综合经济区，2005年两个区域软投入组合质量均提升至轻度失调；黄河中游综合经济区、长江中游综合经济区、大西北综合经济区、大西南综合经济区这一时期耦合协调度低，软投入组合质量低，仅提升至中度失调等级。

"十一五"期间，我国八大综合经济区耦合协调度呈上升态势。东部沿海综合经济区、北部沿海综合经济区耦合协调度处于全国领先水平，软投入组合质量在2010年分别达到初级协调和勉强协调等级；南部沿海综合经济区与东北综合经济区发展趋势相近，从轻度失调转变至濒临失调；黄河中游综合经济区和长江中游综合经济区耦合协调度曲线几乎重合，2010年发展至濒临失调等级；大西北综合经济区与大西南综合经济区软投入组合质量相对较低，且大西南综合经济区有赶超大西北综合经济区的态势。

"十二五"期间，我国八大综合经济区耦合协调度较前一时期增速有所下降，但总体仍呈上升态势。东部沿海综合经济区与北部沿海综合经济区仍处于全国领先地位，软投入组合质量发展至中级协调等级，且2015年东部沿海综合经济区耦合协调度增长较快；南部沿海综合经济区这一时期发展稳定，逐渐拉开与其余区域的差距，软投入组合质量发展至初级协调等级；东北综合经济区、黄河中游综合经济区、长江中游综合经济区、大西北综合经济区、大西南综合经济区耦合协调度与发展趋势相近。

"十三五"期间，我国八大综合经济区软投入组合质量均达到了勉强协调等级及以上。东部沿海综合经济区软投入组合质量最高，在2018年达到了良好协调；其次为北部沿海综合经济区与南部沿海综合经济区，分别达到了中级协调与初级协调等级；长江中游综合经济区、黄河中游综合经济区、东北综合经济区、大西南综合经济区、大西北综合经济区耦合协调度相近，长江中游综合经济区与黄河中游综合经济区软投入组合质量达到初级协调等级，其余区域达到勉强协调等级。

为从全局把握八大综合经济区耦合协调度变化趋势，分别计算"十五"（2002—2005 年）、"十一五"、"十二五"、"十三五"（2016—2018 年）期间各综合经济区耦合协调度平均值，并据此绘制雷达图，如图 6-3 所示。

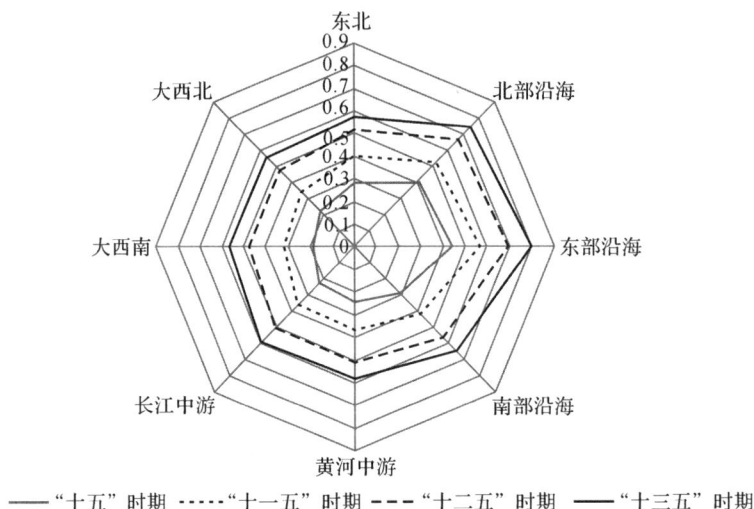

图 6-3　各时期八大综合经济区耦合协调度变化雷达图

各时期八大综合经济区的耦合协调度得分均呈逐步上升趋势。东部沿海综合经济区的耦合协调度得分相对较高且增长稳定；北部沿海综合经济区在"十二五"期间耦合协调度得分增长明显，软投入组合质量得到了明显的提高；南部沿海综合经济区和东北综合经济区在"十五"期间耦合协调度得分相近，但南部沿海综合经济区发展速度更快；黄河中游综合经济区、长江中游综合经济区、大西南综合经济区、大西北综合经济区发展趋势较为相近。各区域应在提升软投入水平的同时，也要注重软投入组合质量的提升。

第四节　浙江软投入组合质量分析

一、浙江软投入三要素耦合协调度分析

根据公式（6-1）—（6-5）构建的耦合协调度模型，对浙江软投入的 3 个

要素进行耦合分析，得到2002—2018年浙江软投入系统的耦合度及协调度，如表6-9所示。从耦合度上看，浙江2002—2018年软投入三要素的耦合度较高。从协调度上看，浙江2002—2018年的协调度呈逐年上升趋势，发展状态良好；2002—2003年的协调等级为轻度失调；2004—2008年上升至濒临失调等级；2009—2011年上升至勉强协调等级；2012—2015年上升至初级协调等级；2016—2018年上升至中级协调等级。表明近年来浙江软投入3个要素的协调性较好，软投入组合质量逐年提升，软投入发展质量较高。

表6-9　浙江省软投入三要素耦合协调度

年份	耦合度	三系统综合得分	耦合协调度	协调等级
2002	0.6974	0.1690	0.3433	轻度失调
2003	0.7075	0.1881	0.3648	轻度失调
2004	0.7249	0.2231	0.4021	濒临失调
2005	0.6927	0.2441	0.4112	濒临失调
2006	0.7722	0.2808	0.4656	濒临失调
2007	0.7863	0.2913	0.4786	濒临失调
2008	0.7876	0.3097	0.4939	濒临失调
2009	0.8149	0.3263	0.5157	勉强协调
2010	0.8415	0.3560	0.5473	勉强协调
2011	0.8807	0.3860	0.5831	勉强协调
2012	0.9069	0.4156	0.6139	初级协调
2013	0.9172	0.4436	0.6378	初级协调
2014	0.9323	0.4572	0.6529	初级协调
2015	0.9465	0.5006	0.6884	初级协调
2016	0.9534	0.5291	0.7102	中级协调
2017	0.9600	0.5622	0.7346	中级协调
2018	0.9621	0.5977	0.7583	中级协调

二、浙江与兄弟省份软投入三要素耦合协调度的比较分析

根据表6-2和表6-3中数据，将浙江软投入系统的协调度与上海、北京、广

东、江苏、天津、山东这 6 个省份进行比较分析，如表 6-10 所示。 从我国各省
份软投入综合得分排名可以看出，2018 年北京、上海、广东、江苏、天津这 5
个省份的软投入综合水平均超过浙江。 从三系统协调度上看，北京、上海、广
东、江苏、天津这 5 个省份软投入协调度超过浙江，两者排名相同。 从浙江与
其他省份的软投入及软投入各要素得分的比较分析中可以发现，浙江的综合科
技投入较强，处于优势地位，但综合政策投入和劳动者积极性投入有待加强。
所以政府在提升综合科技投入的同时，可以加大对综合政策投入及劳动者积极
性投入的投入力度，可通过政策等要素提升劳动者积极性，提升综合科技发展
水平，继续保持综合科技投入的优势地位，实现软投入各要素均衡发展，提升
软投入组合质量，为实现经济转型升级、提质增效提供保障。

表 6-10 浙江省与其他省份软投入三要素耦合协调度比较

年份	省份						
	北京	天津	上海	江苏	浙江	山东	广东
2002	0.5509	0.4239	0.5128	0.3301	0.3433	0.2756	0.3683
2003	0.5811	0.4152	0.5338	0.3679	0.3648	0.2986	0.3789
2004	0.6323	0.4754	0.5827	0.3895	0.4021	0.3241	0.4074
2005	0.6643	0.4852	0.6229	0.4321	0.4112	0.3452	0.4363
2006	0.6997	0.5158	0.6679	0.4614	0.4656	0.3720	0.4616
2007	0.7097	0.5299	0.6712	0.4747	0.4786	0.3970	0.4942
2008	0.7202	0.5562	0.6960	0.5069	0.4939	0.4412	0.5261
2009	0.7419	0.5692	0.7121	0.5371	0.5157	0.4649	0.5387
2010	0.7802	0.6180	0.7249	0.5774	0.5473	0.4985	0.5730
2011	0.8258	0.6511	0.7384	0.6161	0.5831	0.5411	0.6095
2012	0.8433	0.6739	0.7490	0.6408	0.6139	0.5697	0.6313
2013	0.8694	0.7084	0.7641	0.6669	0.6378	0.6048	0.6662
2014	0.8867	0.7191	0.7973	0.6796	0.6529	0.6221	0.6784
2015	0.8968	0.7572	0.8645	0.7118	0.6884	0.6388	0.7150
2016	0.9190	0.7445	0.8878	0.7312	0.7102	0.6607	0.7371
2017	0.9667	0.7527	0.9087	0.7556	0.7346	0.6859	0.7665
2018	0.9833	0.7627	0.9330	0.7816	0.7583	0.7033	0.7968

7

第七章　基于 SEM 探究软投入对经济发展的影响

本章从软投入 3 个要素出发，探究软投入 3 个要素之间的关系及对其经济发展的影响。由于这 3 个要素投入的数据不可直接观测，所以采用结构方程模型（SEM）进行研究，选取观测变量来衡量。

第一节　结构方程模型概述

一、结构方程模型基本原理

结构方程模型（SEM）是根据变量协方差矩阵来分析变量间关系的一种方法，结合了传统路径分析与因子分析。结构方程模型研究所涉及的变量从可测性上可以分为两类：一类是可以直接观测到的变量，称为显变量或观测变量；另一类是不可直接观测的变量，称为潜变量，该变量能够通过显变量来衡量。结构方程模型由测量模型和结构模型两部分组成，模型形式如下：

测量模型：

$$x = \Lambda_x \xi + \delta$$
$$y = \Lambda_y \eta + \varepsilon \qquad (7\text{-}1)$$

结构模型：

$$\eta = B\eta + \Gamma\xi + \zeta \qquad (7\text{-}2)$$

在结构方程模型中，式中外生变量 ξ 和内生变量 η 是由显变量 x 和 y 来共同测量，Λ_x 和 Λ_y 表示测量模型中的因子载荷矩阵，δ 和 ε 为变量的误差项。B 表示内生变量间的影响，Γ 表示外生变量对内生变量的影响，ζ 表示模型的误差项。

二、结构方程模型建模过程

(一)模型设定(Model Specification)

建模的第一步是建立一个理论上的模型，明确模型中潜变量的个数、潜变量之间的关系（路径）、各个潜变量由哪些观测变量来测量。模型的设定不是随意的，是根据所研究的问题及经验构建的。

(二)模型拟合(Model Fitting)

模型拟合是将样本数据代入事先设定的模型中，对模型的参数进行估计。结构方程模型的估计有多种方法，最常使用的是最大似然估计（MLE），一些稳健估计法近年来被广泛使用。本书使用 MLE 方法拟合模型，当总体为连续型时，求 MLE 的步骤如下：

1.根据似然函数，求出对数似然函数。

$$L(\theta) = \prod_{i=1}^{n} f(x_i, \theta) \qquad (7\text{-}3)$$

$$\ln L(\theta) = \sum_{i=1}^{n} \ln f(x_i, \theta) \qquad (7\text{-}4)$$

2.对 $\ln L(\theta)$ 求导，并令其为 0，将公式（7-5）称为对数似然方程。求解此方程，得到的解为未知参数 θ 的最大似然估计值。

$$\frac{d\ln L(\theta)}{d\theta} = 0 \qquad (7\text{-}5)$$

(三)模型评估(Model Assessment)

获得模型的参数估计值之后，需要评估模型的拟合程度是否优良，即模型的有效性。 需要检验模型的参数是否显著、模型参数设置是否合理等.如果检验出模型的拟合效果较好，则建模过程完成。

（四）模型修正（Model Modification）

在模型评估过程中，如果模型拟合效果不佳，则需要根据模型的评估结果，重新设定模型参数或者修改模型参数。 在设定新的模型之后，重复上述步骤，直至得到对样本数据拟合较好的模型。

三、结构方程模型特点

（一）重视对概念的测量

测量模型最重要的特点就是引入了潜变量，实际上，社会科学中的概念很多都是抽象的，大多是不可直接量化的，因此我们无法对潜在的概念进行测量。 结构方程模型引入多个观测变量来衡量潜变量，更符合实际情况。

（二）模型允许自变量出现误差

多数回归方法在拟合自变量与因变量的函数关系时，均设置一个误差项，这个误差项是指自变量没能反映出的因变量的误差。 实际上，自变量也是存在误差的，结构方程模型弥补了这一缺点，为自变量设置了误差项，更符合实际情况。

（三）模型允许存在多个因变量，并且因变量之间存在相互影响关系

多元线性回归模型中通常仅设置一个因变量，而在结构方程模型中，我们将因变量设置为潜变量，那么一个潜变量可对应多个观测变量，即模型中存在多个因变量，所以结构方程模型能够更好地反映实际情况。

第二节　基于 SEM 探究软投入对经济发展的直接影响

一、数据来源

本节的数据来源为软投入指标体系中的指标数据，经济发展采用人均实际 GDP、城镇居民人均可支配收入、农村居民人均纯收入 3 个指标来综合反映，数据来源于《中国统计年鉴》。第五章对软投入进行综合评价时搜集了我国 30 个省份 2002—2018 年共 17 年的指标数据，由于时间序列数据具有自相关性，因此在结构方程建模时，选用了 2007 年、2011 年、2016 年 3 年的指标数据。结构方程模型建模要求数据量 $n>5p$，其中，n 是指数据量，p 是指指标的个数，由于 $n=90$，不能使用第四章构建的软投入指标体系中的全部指标进行建模，所以选取了软投入指标体系中最核心的指标来构建结构方程模型。

二、软投入影响经济发展的理论假设

软投入包含三个组成要素，分别是综合政策投入、综合科技投入、劳动者积极性投入。其中综合政策投入包括体制、政策和经济管理，李国璋（1995）提出综合政策投入主要是政策在起作用，因为体制基本上是不变的，综合科技投入包括科教文卫 4 个方面。综合政策投入与综合科技投入是正相关的，政策导向良好的情况下，综合科技投入会增强，综合科技实力会相应地提升，综合科技实力的提升反过来会影响政策导向。综合科技投入与劳动者积极性投入正相关，综合科技投入越高，科技实力越强，职工的受教育水平越高，劳动者积极性就越高；同样地，劳动者积极性投入的高低影响综合科技投入，劳动者积极性投入越高，综合科技投入就越高。综合政策投入对劳动者积极性有激励作用，比如新经济政策、高温补贴政策等，能够激发劳动者积极性；同样地，劳动者积极性会反过来影响政策，如果劳动者的积极性过低，政府会发布相应的政策来提升劳动者的积极性，进而提升社会生产效率。综上所述，本书认为软投入 3 个要素之间相互影响、相互促进，以软投入组合的形

式促进经济发展。 因此提出如下假设:

H1:软投入三个要素间相互影响。

H1.1:综合政策投入与综合科技投入相互影响。

H1.2:综合科技投入与劳动者积极性投入相互影响。

H1.3:综合政策投入与劳动者积极性投入相互影响。

H2:提高软投入有利于促进经济发展。

H2.1:提高综合政策投入有利于促进经济发展。

H2.2:提高综合科技投入有利于促进经济发展。

H2.3:提高劳动者积极性投入有利于促进经济发展。

软投入对经济发展的影响可以是直接的,也可以是间接的。 软投入对经济发展的间接影响,主要是通过影响创新能力进而影响经济发展。 软投入是促进创新能力发展必不可少的因素(吴建中,2016),从软投入要素上看,综合政策投入有利于创新能力的提升,比如在经济新常态的环境下, "大众创业,万众创新"对促进创新能力的发展起到良好的政策导向作用。 综合科技投入有利于创新能力的提升,科技事业发展是保障区域自主创新能力的基石,科技是第一生产力,增强综合科技投入,提升科技实力,才能提升区域创新能力,促进经济发展。 劳动者积极性投入有利于创新能力的提升,习近平总书记在十九次院士大会上表明"软实力归根结底要靠人才实力",提高创新人才的储备量,是提升区域创新能力的基础,培养优质人才才能在科技创新中占据优势。 软投入 3 个要素以软投入组合的形式促进创新能力提升,从而促进经济发展。 因此提出如下假设:

H3:软投入通过提升创新能力影响经济发展。

H3.1:提高综合政策投入有利于提升创新能力。

H3.2:提高综合科技投入有利于提升创新能力。

H3.3:提高劳动者积极性投入有利于提升创新能力。

H3.4:提升创新能力有利于促进经济发展。

三、变量的定义

本节根据第二章对软投入构成要素的梳理，设定了 4 个潜变量，由于潜变量无法直接观测，每项潜变量分别用一组观测变量来表示。综合政策投入包括非国有工业经济占比、基本公共服务支出占比、知识产权保护强度 3 个观测变量，综合科技投入包括 R&D 经费投入强度、每万人 R&D 人员数、平均受教育年限 3 个观测变量，劳动者积极性投入包括劳动报酬支出、全员劳动生产率 2 个观测变量，经济发展包括人均实际 GDP、城镇居民人均可支配收入、农村居民人均纯收入 3 个观测变量，变量分类如表 7-1 所示。

表 7-1　模型中的变量定义

潜变量	观测变量符号	观测变量内容
综合政策投入	PI1	非国有工业经济占比
	PI2	基本公共服务支出占比
	PI3	知识产权保护强度
综合科技投入	TI1	R&D 经费投入强度
	TI2	每万人 R&D 人员数
	TI3	平均受教育年限
劳动者积极性投入	LI1	劳动报酬支出
	LI2	全员劳动生产率
经济发展	ED1	人均实际 GDP
	ED2	城镇居民人均可支配收入
	ED3	农村居民人均纯收入

四、初始 SEM 模型的构建

为了探究软投入的 3 个要素对经济发展的影响，利用 Amos Graphics17.0 绘制初始 SEM 的路径图，如图 7-1 所示。模型中共有 4 个潜变量和 11 个显变量，其中外生潜变量包括综合政策投入、综合科技投入、劳动者积极性投入，这 3 个变量之间相互影响，且在模型中不受其他变量的影响，因此相互关系使用双向箭头来表示；经济发展是内生潜变量，在模型中受其他变量的影响；3 个外生潜变量对经

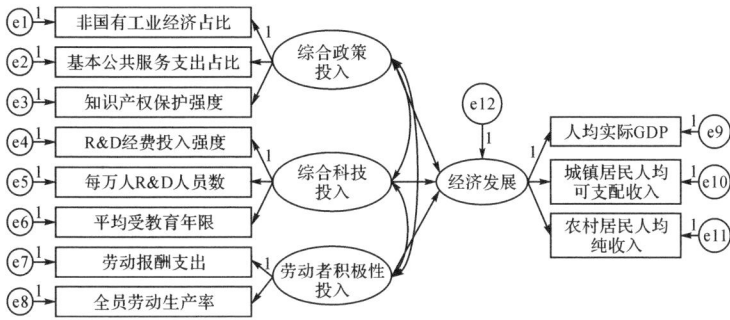

图 7-1　软投入对经济发展直接影响初始 SEM 路径图

济发展的影响用单向箭头表示。 除此之外，模型中还有 11 个显变量的残差变量 e1—e11 和 1 个内生潜变量的残差变量 e12，其路径系数均默认为 1。 残差变量的功能是使模型验证过程可以成立，与普通回归不同的是，结构方程模型中的自变量可以设置残差变量，使得模型结果更加精确，更符合实际情况。

五、初始 SEM 模型的检验及修正

模型评价的关键作用是评价模型拟合优度，模型整体拟合优度指标主要分为 3 类：绝对拟合优度指标（卡方值、GFI、AGFI、RMR、RMSEA 等）、增量拟合优度指标（NFI、RFI、IFI、TLI、CFI）和综合拟合优度指标（卡方自由度比值、AIC、BIC）。 CMIN/DF 是评估模型最常用的指标，CMIN 指的是最小样本差异，也称为相对卡方值；DF 为自由度。 一般将 CMIN/DF 达到 5 作为合适的拟合优度，也有一些相对保守的使用者认为该值达到 3 为合适的拟合。 通过 Amos Graphics17.0 的首次 Calculate Estimates，得到初始 SEM 模型的各项拟合优度指标数值，如表 7-2 所示。

表 7-2　初始 SEM 模型的拟合优度指标

拟合优度指标	中文名称	模型取值	判别标准
Chi-square	卡方值	328.570	靠近自由度
DF	自由度	38	越大越好
GFI	拟合优度指数	0.656	≥0.9
AGFI	调整拟合优度指数	0.403	≥0.8

拟合优度指标	中文名称	模型取值	判别标准
IFI	递增拟合优度指数	0.792	≥0.9
CFI	比较拟合优度指数	0.789	≥0.9
TLI	Tucker-Lewis 指数	0.695	≥0.9
CMIN/DF	卡方自由度比值	8.647	≤5
RMSEA	近似误差均方根估计	0.293	≤0.1

根据初始 SEM 模型的检验结果，模型的卡方值为 328.57，自由度是 38，模型在 0.05 水平下显著。 模型的拟合优度指数为 0.656，比较拟合优度指数为 0.789，模型的卡方自由度比值为 8.647，远大于推荐标准值 5，表明模型的拟合效果不够好。 根据 Amos Graphics17.0 中给出的 Modification Indices 选项对初始模型进行修正，需要增加残差间的协方差关系，通过增加残差变量之间的相关关系来消除路径的偏差，最终得到拟合优度良好的模型。 表 7-3 中列出了修改模型中增加的残差间的协方差关系。 利用 Amos Graphics17.0 对增加了协方差关系的修正 SEM 模型进行估计。

表 7-3　修正 SEM 模型中增加的残差间协方差关系

e8↔e9	e2↔e6	e5↔e10	e2↔e10
e3↔e7	e2↔e11	e7↔e11	e4↔e7
e6↔e11	e3↔e6	e6↔e7	e2↔e7

六、修正 SEM 模型评估

结构方程模型的拟合效果评估标准很多，根据上述拟合优度指标同样地对修正 SEM 模型进行拟合优度检验。 表 7-4 中列出了修正 SEM 模型的各项拟合优度指标结果。

表 7-4　修正 SEM 模型的拟合优度指标

拟合优度指标	中文名称	模型取值	判别标准
Chi-square	卡方值	88.367	靠近自由度
DF	自由度	24	越大越好

拟合优度指标	中文名称	模型取值	判别标准
GFI	拟合优度指数	0.901**	≥0.9
AGFI	调整拟合优度指数	0.727*	≥0.8
IFI	递增拟合优度指数	0.954**	≥0.9
CFI	比较拟合优度指数	0.953**	≥0.9
TLI	Tucker-Lewis 指数	0.893*	≥0.9
CMIN/DF	卡方自由度比值	3.682**	≤5
RMSEA	近似误差均方根估计	0.174*	≤0.1

接受程度:**表示完全可以接受;* 表示处于可接受边缘。

根据修正 SEM 模型的拟合检验结果,模型的卡方值为 88.367,相比于初始 SEM 模型,卡方值降低了,模型自由度为 24,模型在 0.05 水平下显著。卡方自由度比值为 3.682,小于推荐标准值,表明修正 SEM 拟合效果较好;GFI 值为 0.901,大于推荐标准值 0.9,表明修正 SEM 拟合效果较好;AGFI 值为0.727,与推荐标准值 0.8 接近;IFI 与 CFI 值分别为 0.954、0.953,大于推荐标准值 0.9;TLI 值为 0.893,接近推荐标准值 0.9;RMSEA 值为 0.174,接近推荐标准值。 根据 Bagozzi & Yi(1988)的看法,SEM 模型检验中,在模型其他拟合指标达到了标准的情况下,存在少数拟合指标与标准略有差距是可以接受的,并且在模型的实际运用中,这样的情况也并不少见,整体上看,修正 SEM 模型的拟合情况良好。

结构方程模型能够识别外生潜变量与内生潜变量之间的相关关系以及外生潜变量之间的相关关系,变量之间的路径系数大小反映了变量间相关性的大小(吴明隆,2010;武文杰,刘志林,张文忠,2010)。 表 7-5 给出了修正 SEM 模型的参数估计值,图 7-2 给出了修正 SEM 路径图。

表 7-5 修正 SEM 模型的参数估计

路径	标准化估计值	估计值	标准误(S. E.)	临界比(C. R.)	显著性
PI1←综合政策投入	0.183	1.000			
PI2←综合政策投入	0.670	0.814	0.436	1.865	0.062

续　表

路径	标准化估计值	估计值	标准误（S. E.）	临界比（C. R.）	显著性
PI3←综合政策投入	1.000	0.075	0.040	1.887	0.059
TI1←综合科技投入	0.951	1.000			
TI2←综合科技投入	0.996	23.281	0.868	26.808	***
TI3←综合科技投入	0.812	0.805	0.063	12.769	***
LI1←劳动者积极性投入	0.308	1.000			
LI2←劳动者积极性投入	0.731	2.564	0.455	5.635	***
ED1←经济发展	0.901	1.000			
ED2←经济发展	0.968	0.537	0.030	18.000	***
ED3←经济发展	1.000	0.265	0.013	19.789	***
综合政策投入↔综合科技投入	0.831	2.838	1.583	1.793	0.073
综合科技投入↔劳动者积极性投入	0.450	2119.588	642.638	3.298	***
综合政策投入↔劳动者积极性投入	0.618	9934.648	6431.216	1.545	0.022
综合政策投入←经济发展	0.108	564.817	530.534	1.065	0.087
综合科技投入←经济发展	0.378	6754.645	1187.654	5.687	***
劳动者积极性投入←经济发展	0.632	2.395	0.453	5.282	***

注:***表示显著性水平在 0.001。

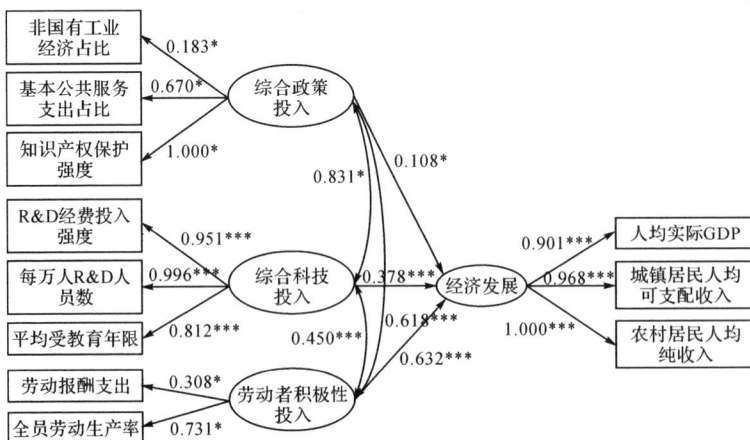

图 7-2　软投入对经济发展直接影响 SEM 路径图

注：* <0.1;**<0.05;***<0.001。

　　从观测变量与潜变量标准化路径系数看，非国有工业经济占比、基本公共服务支出占比、知识产权保护强度三者对综合政策投入的因子载荷系数分别是 0.183、0.670、1.000，表明在综合政策投入要素中，知识产权保护强度比非国有工业经济占比与基本公共服务支出占比的作用更明显。 R&D 经费投入强度、每万人 R&D 人员数、平均受教育年限三者对综合科技投入的因子载荷系数分别为 0.951、0.996、0.812，表明在综合科技投入要素中，三者的权重大致相同，载荷值较高。 劳动报酬支出、全员劳动生产率对劳动者积极性投入的因子载荷系数分别是 0.308、0.731，表明全员劳动生产率更能够有效地反映劳动者积极性投入。 人均实际 GDP、城镇居民人均可支配收入、农村居民人均纯收入对经济发展的因子载荷系数分别为 0.901、0.968、1.000，载荷值较高。

　　从外生潜变量间的影响看，软投入 3 个要素之间相互影响，假设 H1.1—H1.3 成立。 综合政策投入与综合科技投入两者间的路径系数为 0.831，综合科技投入与劳动者积极性投入两者间的路径系数为 0.450，综合政策投入与劳动者积极性投入两者间的路径系数为 0.618，软投入 3 个要素间的相关关系较强。

　　从外生潜变量对内生潜变量的影响看，软投入的 3 个要素均能够促进经济发展，假设 H2.1—H2.3 成立。 综合政策投入对经济发展的路径系数为 0.108，综合科技投入对经济发展的路径系数为 0.378，劳动者积极性投入对经济发展的路径系数为 0.632。 从路径系数的大小可以看出，在软投入要素对经济发展的影响程度上，劳动者积极性投入要素对经济发展的影响程度最高，其次为综合科技投入要素，综合政策投入要素对经济发展的影响程度相对较低。

第三节　基于 SEM 探究软投入对经济发展的间接影响

一、变量的定义

本节根据对软投入组成要素的梳理，设定了 5 个潜变量，由于潜变量无法直接观测，每项潜变量分别用一组观测变量来表示。其中综合政策投入、综合科技投入、劳动者积极性投入与经济发展这 4 个潜变量选取的观测变量与第二节相同。创新能力包括新产品销售收入占比、万人发明专利拥有量、高新技术产业营业收入占比 3 个观测变量，数据来源于《中国科技统计年鉴》。变量分类如表 7-6 所示。

表 7-6　模型中的变量定义

潜变量	观测变量符号	观测变量内容
综合政策投入	PI1	非国有工业经济占比
	PI2	基本公共服务支出占比
	PI3	知识产权保护强度
综合科技投入	TI1	R&D 经费投入强度
	TI2	每万人 R&D 人员数
	TI3	平均受教育年限
劳动者积极性投入	LI1	劳动报酬支出
	LI2	全员劳动生产率
创新能力	IA1	新产品销售收入占比
	IA2	万人发明专利拥有量
	IA3	高新技术产业营业收入占比
经济发展	ED1	人均实际 GDP
	ED2	城镇居民人均可支配收入
	ED3	农村居民人均纯收入

二、初始 SEM 模型的构建

为了探究软投入的 3 个要素对经济发展的间接影响,本书将创新能力作为中间变量,探究软投入通过影响创新能力而对经济发展的影响。 利用 Amos Graphics17.0 绘制初始 SEM 模型的路径图,如图 7-3 所示。 模型中共

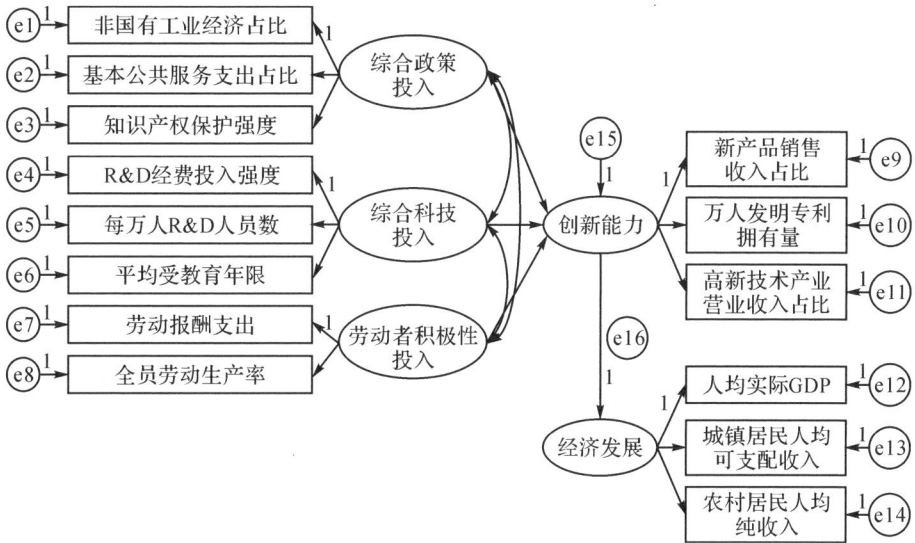

图 7-3 软投入对经济发展间接影响初始 SEM 路径图

有 5 个潜变量和 14 个显变量,其中外生潜变量包括综合政策投入、综合科技投入、劳动者积极性投入,这 3 个变量之间相互影响,且在模型中不受其他变量的影响,因此相互关系采用双向箭头表示。 创新能力、经济发展是内生潜变量,在模型中受其他变量的影响;3 个外生潜变量对创新能力的影响及创新能力对经济发展的影响均用单向箭头表示。 除此之外,模型中还有 14 个显变量的残差变量 e1—e14 和 2 个内生潜变量的残差变量 e15—e16,其路径系数均默认为 1。

三、初始 SEM 模型的检验及修正

通过 Amos Graphics17.0 的首次 Calculate Estimates,得到初始 SEM 模型的各项拟合优度指标,表 7-7 列出了初始 SEM 模型的各项拟合结果。

表 7-7　初始 SEM 模型的拟合优度指标

拟合优度指标	中文名称	模型取值	判别标准
Chi-square	卡方检验值	492.558	靠近自由度
DF	自由度	69	越大越好
GFI	拟合优度指数	0.626	≥0.9
AGFI	调整拟合优度指数	0.430	≥0.8
IFI	递增拟合优度指数	0.746	≥0.9
CFI	比较拟合优度指数	0.743	≥0.9
TLI	Tucker-Lewis 指数	0.661	≥0.9
CMIN/DF	卡方自由度比值	7.139	≤5
RMSEA	近似误差均方根估计	0.263	≤0.1

　　根据初始 SEM 模型的检验结果，模型的卡方值为 492.558，自由度是 69，模型在 0.05 水平下显著。模型的 GFI 为 0.626，CFI 为 0.743，模型的卡方自由度比值为 7.139，大于推荐标准值 5，表明模型的拟合效果不佳。根据 Amos Graphics17.0 给出的 Modification Indices 选项对初始 SEM 模型进行修正，需要增加残差间的协方差关系，通过增加残差变量之间的相关关系来消除路径的偏差，最终得到拟合优度较优的模型。表 7-8 列出了修改模型中增加的残差间的协方差关系。利用 Amos Graphics17.0 对增加了协方差关系的修正 SEM 模型进行估计。

表 7-8　修正 SEM 模型中增加的残差间协方差关系

e8↔e12	e2↔e12	e5↔e13	e2↔e6
e36↔e13	e6↔e9	e10↔e16	e1↔e10
e4↔e10	e10↔e14	e2↔e16	e2↔e10
e7↔e13	e3↔e6	e4↔e12	e6↔e7

四、修正 SEM 模型评估

　　根据第二节说明的拟合优度指标对修正 SEM 模型进行拟合优度检验。表 7-9 中列出了修正 SEM 模型的各项拟合结果。

表 7-9　修正 SEM 模型的拟合优度指标

拟合优度指标	中文名称	模型取值	判别标准
Chi-square	卡方值	190.171	靠近自由度
DF	自由度	52	越大越好
GFI	拟合优度指数	0.817 *	≥0.9
AGFI	调整拟合优度指数	0.631 *	≥0.8
IFI	递增拟合优度指数	0.918**	≥0.9
CFI	比较拟合优度指数	0.916**	≥0.9
TLI	Tucker-Lewis 指数	0.853 *	≥0.9
CMIN/DF	卡方自由度比值	3.657**	≤5
RMSEA	近似误差均方根估计	0.173 *	≤0.1

接受程度:**表示完全可以接受;*表示处于可接受边缘

根据修正 SEM 模型的拟合检验结果,模型的卡方值为 190.171,模型自由度为 52,模型在 0.05 水平下显著。 卡方自由度比值为 3.657,小于推荐标准值,表明修正 SEM 拟合效果较好;GFI 值为 0.817,接近推荐标准值 0.9;AGFI 值为 0.631,与推荐标准值 0.8 接近;IFI 与 CFI 值分别为0.918、0.916,大于推荐标准值 0.9;TLI 值为0.853,接近推荐标准值 0.9;RMSEA 值为0.173,接近推荐标准值。 根据 Bagozzi & Yi(1988)的看法,SEM 模型检验中,在模型其他拟合指标达到了标准的情况下,存在少数拟合指标与标准略有差距是可以接受的,整体上看,修正 SEM 模型的拟合情况良好。 表 7-10 给出了修正 SEM 模型的参数估计值,图 7-4 给出了修正 SEM 路径图。

表 7-10　修正 SEM 模型的参数估计

路径	标准化估计值	估计值	标准误(S. E.)	临界比(C. R.)	显著性
PI1←综合政策投入	0.198	1.000			
PI2←综合政策投入	0.658	0.757	0.391	1.935	0.053
PI3←综合政策投入	1.000	0.071	0.036	1.980	0.048
TI1←综合科技投入	0.935	1.000			

续　表

路径	标准化估计值	估计值	标准误（S.E.）	临界比（C.R.）	显著性
TI2←综合科技投入	0.978	23.985	1.078	22.241	***
TI3←综合科技投入	0.836	0.853	0.067	12.734	***
LI1←劳动者积极性投入	0.719	1.000			
LI2←劳动者积极性投入	0.728	2.161	0.298	7.255	***
IA1←创新能力	0.168	1.000			
IA2←创新能力	0.597	0.668	0.238	2.804	0.005
IA3←创新能力	0.546	8.068	2.804	2.878	0.004
ED1←经济发展	0.838	1.000			
ED2←经济发展	0.964	0.579	0.029	19.840	***
ED3←经济发展	0.988	0.284	0.013	21.475	***
综合政策投入↔综合科技投入	0.877	2.911	1.554	1.873	0.061
综合科技投入↔劳动者积极性投入	0.668	3316.878	744.266	4.457	***
综合政策投入↔劳动者积极性投入	0.690	12606.655	7777.112	1.621	0.015
综合政策投入←创新能力	0.133	0.085	0.075	1.138	0.055
综合科技投入←创新能力	0.470	1.111	0.430	2.584	0.010
劳动者积极性投入←创新能力	0.748	0.000	0.000	2.787	0.005
创新能力←经济发展	0.746	5468.346	1929.482	2.834	0.005

注：***表示显著性水平在 0.001。

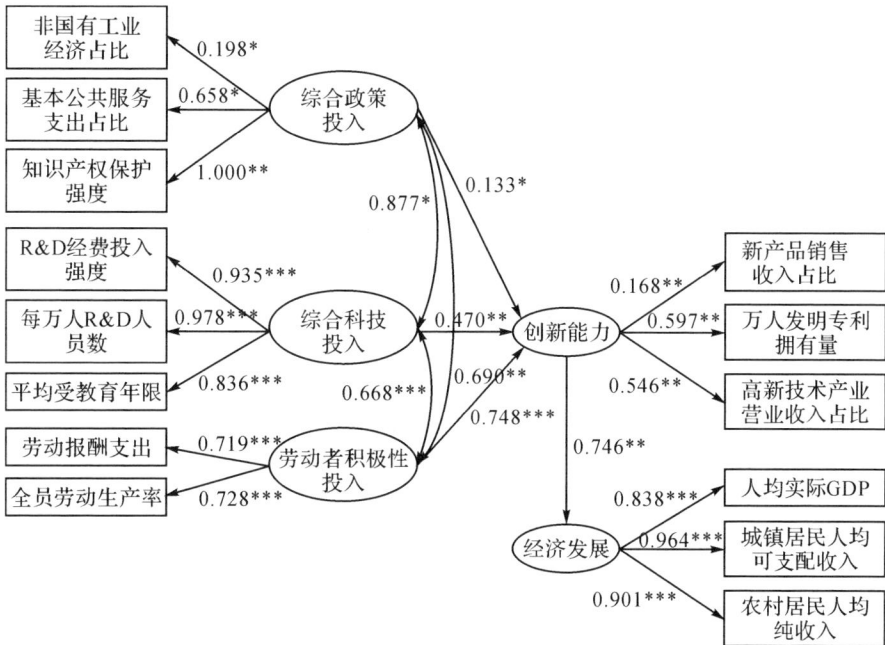

图 7-4　软投入对经济发展间接影响 SEM 路径图

注：＊＜0.1;＊＊＜0.05;＊＊＊＜0.001。

从观测变量与潜变量标准化路径系数看，非国有工业经济占比、基本公共服务支出占比、知识产权保护强度三者对综合政策投入的因子载荷系数分别是 0.198、0.658、1.000，表明在综合政策投入要素中，知识产权保护强度比非国有工业经济占比与基本公共服务支出占比的作用更明显。 R&D 经费投入强度、每万人 R&D 人员数、平均受教育年限三者对综合科技投入的因子载荷系数分别为 0.935、0.978、0.836，载荷值较高。 劳动报酬支出、全员劳动生产率对劳动者积极性投入的因子载荷系数分别是 0.719、0.728，权重大致相同。 新产品销售收入占比、高新技术产业营业收入占比、万人发明专利拥有量对创新能力的因子载荷系数分别是 0.168、0.546、0.597，表明在创新能力中，万人发明专利拥有量与高新技术产业营业收入占比比新产品销售收入占比的作用更明显。 人均实际 GDP、城镇居民人均可支配收入、农村居民人均纯收入对经济发展的因子载荷系数分别为 0.838、0.964、0.901，载荷值较高。

　　从外生潜变量间的影响看，软投入 3 个要素之间相互影响，假设 H1.1—
H1.3 成立，综合政策投入、综合科技投入、劳动者积极性投入两两之间均存
在正相关关系。 综合政策投入与综合科技投入两者间的路径系数为 0.877，
综合科技投入与劳动者积极性投入两者间的路径系数为 0.668，综合政策投入
与劳动者积极性投入两者间的路径系数为 0.690，软投入三要素间的相关关系
较强。

　　从外生潜变量对内生潜变量的影响看，软投入 3 个要素均能够促进经济
发展，假设 H3.1—H3.3 成立。 综合政策投入对创新能力的路径系数为
0.133，综合科技投入对创新能力的路径系数为 0.470，劳动者积极性投入对
创新能力的路径系数为 0.748。 从路径系数的大小可以看出，在软投入要素
对经济发展的影响程度上，劳动者积极性投入要素对经济发展的影响程度最
高，其次为综合科技投入要素，综合政策投入要素对经济发展的影响程度相
对较低。 从内生潜变量间的关系上看，创新能力能够促进经济发展，假设
H3.4 成立，创新能力对经济发展的路径系数为 0.746，表明创新能力对经济
发展的影响较大。

8

第八章 结论及政策建议

第一节 研究结论

本书通过对改革开放以来中国软投入发展的历史演进进行梳理与脉络分析，构建评价指标体系，采用逐层拉开档次法，对我国 30 个省份、八大综合经济区的软投入水平进行定量测算，并将浙江与其他省份进行比较分析；构建三系统耦合度模型，计算我国各省份、八大综合经济区软投入 3 个要素的耦合协调度，分析软投入组合质量；利用结构方程模型，构建软投入对经济发展的直接和间接影响模型，探究软投入各要素对经济发展的影响。研究得到以下结论：

一、软投入的历史演进与脉络

改革开放以来，中国经济保持持续高速增长，根据 GDP 发展趋势，将经济发展阶段分为 3 个时期考察，这 3 个阶段的软投入发展各有其特点和发展侧重点，根据演进脉络可概括为：蓄势待发的第一阶段（1978—1991 年），平稳发展的第二阶段（1992—2001 年），高歌猛进的第三阶段（2002—2020 年）。

在第一阶段，我国改革开放之初，经济增长主要依靠提高经济体制和政策质量，依靠提高劳动者积极性，使得经济增长中原有的潜能释放，生产效率大幅度提升，此时软投入的重点是综合政策投入和劳动者积极性投入。 在第二阶段，改革开放的路线基本确定，私营企业如雨后春笋般涌现，国民受教育程度快速上升，劳动者素质得以提升，开始了人才聘用的市场化改革，促进我国劳动者积极性软投入的大发展。 在第三阶段，改革开放和现代化建设取得了举世瞩目的成就，社会主义市场经济体系基本建成，发展与稳定、效率与质量、市场与政府等重大关系逐步理顺，经济社会发生重大转型，进入了创新激励发展阶段。 我国逐年加大 R&D 投入，注重国家创新体系建设，实施创新驱动发展战略，提出"创新是引领发展的第一动力"，软投入发展重点转向综合科技投入。

二、客观反映区域软投入水平的评价指标体系

基于软投入的概念、内涵及组成要素，结合指标体系构建原则，从综合政策投入、综合科技投入、劳动者积极性投入 3 个方面构建了软投入评价指标体系。 综合政策投入从产权制度、财政配置、法治环境、市场机制、对外开放 5 个方面综合反映；综合科技投入从科技投入、教育投入、文化投入、医疗卫生投入 4 个方面综合反映；劳动者积极性投入从物质激励、精神激励和人才激励 3 个方面综合反映。 本书设计了包含 3 个方面的 24 个观测指标，客观衡量各区域的软投入水平。 构建软投入评价指标体系，可客观反映各区域软投入的实际情况，促使各省份正确认识软投入水平，明确软投入发展的优劣势，有针对性地重视要素投入以提升软投入水平，促进区域经济高质量发展。

三、我国软投入水平不断提升，区域间差异明显

利用逐层拉开档次法定量测度我国 30 个省份 2002—2018 年的软投入水平，结果表明我国 30 个省份的软投入综合得分及软投入各要素投入得分均不断提升，软投入发展趋势良好，软实力不断增强。 从 30 个省份的聚类结果看，北京、上海属于第一梯队，软投入发展水平最高；江苏、广东、天津、浙江属于第二梯队，软投入发展水平高；山东、辽宁、福建属于第三梯队，软投入发展水平较高；重庆、湖北、湖南、内蒙古、河南、四川、河北、吉林属于

第四梯队，软投入发展水平中等；安徽、陕西、宁夏、新疆、江西、山西、黑龙江、青海、广西、海南属于第五梯队，软投入发展水平较低；贵州、云南、甘肃属于第六梯队，软投入发展水平最低。

八大综合经济区软投入综合得分均呈逐年增加态势，区域间差异明显。东部沿海综合经济区、北部沿海综合经济区软投入综合水平最高，且增长明显，软投入发展较好；南部沿海综合经济区软投入水平良好，虽与东部沿海综合经济区、北部沿海综合经济区存在较大差距，但明显优于其余区域；东北综合经济区"十三五"期间软投入水平较低，且增长趋势有所减缓；长江中游综合经济区、黄河中游综合经济区、大西北综合经济区、大西南综合经济区软投入发展态势相近，发展水平相对较低。各区域应从多个方面加强自身综合政策投入、综合科技投入、劳动者积极性投入，以推进软投入综合水平的提高。

四、各省份软投入组合质量不断提升，区域间差异明显

通过三系统耦合度模型计算 2002—2018 年我国 30 个省份软投入三要素的耦合协调度，结果表明我国 30 个省份软投入各要素的耦合协调度不断提升，软投入组合质量不断增强。将我国 30 个省份软投入组合质量评价的排名与软投入综合得分排名进行比较，发现除个别省份外，两者的排名基本上未发生变化。软投入水平越高的省份，软投入组合质量也越好，表明我国 30 个省份对软投入各构成要素的重视程度较为协调。

对 2018 年我国 30 个省份软投入系统的协调度划分等级，结果发现，我国 30 个省份软投入系统协调度均集中在初级协调与勉强协调等级。处在优质协调等级的有北京、上海 2 个市，软投入组合质量最高；处在中级协调等级的有广东、江苏、天津、浙江 4 个省份，软投入组合质量次之；处在初级协调等级的有山东、福建、湖北、湖南、重庆、四川、辽宁、陕西、河北、河南、安徽、宁夏、内蒙古 13 个省份，软投入组合质量良好；处在勉强协调等级的有新疆、吉林、江西、山西、青海、贵州、黑龙江、广西、海南、云南、甘肃 11 个省份，软投入组合质量较低。

区域间软投入组合质量呈现出与软投入综合水平相似的规律。东部沿海综合经济区、北部沿海综合经济区软投入组合质量最高；其次为南部沿海综合经济区，软投入综合水平及组合质量相对较高；长江中游综合经济区、黄河中游综合经济区、东北综合经济区、大西北综合经济区、大西南综合经济区软投入组合质量相对较低。

五、浙江软投入发展的优劣势

浙江软投入发展在全国处于上等水平，排名第 6 位。 通过层次聚类的Ward 法将我国 30 个省份按照软投入发展水平分为 6 个梯队，其中浙江处于第二梯队，软投入水平较高。 近年来，浙江省软投入 3 个要素得分与软投入综合得分不断提升，软投入发展趋势良好，其中综合科技投入与劳动者积极性投入较强，优势地位明显，而综合政策投入略显不足。 本书从软投入 3 个要素角度分别给出浙江软投入发展的优劣势。

(一)在综合政策投入中,浙江的非国有化与市场活力具有领先优势

2018 年浙江的综合政策投入在全国处于第 5 位,2002—2018 年综合政策投入得分不断提升，发展趋势良好。 在与其他省份的对比中发现，浙江省的非国有化进程在全国较高，超过了北京、上海等发达省市，具有领先优势；且浙江的市场机制较好，私营企业占比较高，市场较为灵活、充满活力。 在财政配置和对外开放方面，浙江与北京、上海等省份相比，仍存在一些不足：浙江财政配置的合理性不如北京、上海、天津；在对外开放上，浙江与上海、广东等省份相比，差距明显。

(二)在综合科技投入中,浙江的优势在于文化投入与医疗卫生投入方面

2018 年浙江的综合科技投入在全国处于第 5 位,2002—2018 年综合科技投入得分不断提升，发展趋势良好。 在与其他省份的对比中发现，浙江的文化投入与医疗卫生投入优势明显，超过广东、江苏等发达省份。 在教育投入上，浙江政府对教育的投入较高，但教育成果应进一步加强。 浙江需加快重视对科技投入水平的提升，促进软投入各要素协调发展。

（三）在劳动者积极性投入方面，浙江对劳动者的物质激励投入较高

2018 年浙江的劳动者积极性投入在全国处于第 6 位，2002—2018 年劳动者积极性投入得分不断提升，发展趋势良好。 在与其他省份的对比中发现，浙江对劳动者的物质激励投入较高，特别是从物质激励总量上看，浙江在全国处于第 4 位。

（四）浙江软投入组合质量不断提升，但与发达省份相比仍有一定差距

利用三系统耦合度模型计算 2002—2018 年浙江软投入要素的耦合协调度。 结果表明，浙江省软投入三要素的协调度逐年上升，协调性越来越好，2002—2003 年的协调等级为轻度失调，2004—2008 年的协调等级为濒临失调，2009—2011 年的协调等级为勉强协调，2012—2015 年的协调等级为初级协调，2016—2018 年协调等级上升为中级协调。 浙江软投入三要素的协调性较好，软投入组合质量较高。 将浙江软投入三要素的耦合协调度与北京、上海、广东、江苏、天津进行比较分析，发现浙江软投入系统的协调度与这些发达省份相比仍有一定差距。 政府可以通过政策等要素投入来提升劳动者积极性和综合科技投入水平，保持两者的优势地位，同时加快重视增强综合政策投入，实现软投入各要素的均衡发展，提升软投入组合质量。

六、软投入 3 个要素间相互关联，对经济发展影响显著

利用结构方程模型，构建软投入对经济发展的直接和间接影响模型，探究软投入各要素间的关系、软投入对经济发展的直接影响以及软投入通过影响创新能力对经济发展的间接影响。 结果表明，综合政策投入、综合科技投入、劳动者积极性投入 3 个要素之间有显著影响，三者相互影响、相互促进；软投入 3 个要素均对经济发展有显著影响；软投入 3 个要素能够通过影响创新能力对经济发展产生显著影响。 从软投入 3 个要素对经济发展的影响程度上看，劳动者积极性投入对经济发展的影响最大，其次为综合科技投入，综合政策投入对经济发展的影响相对较低。 在经济发展过程中，除了注重综合科技投入，还需更加重视劳动者积极性投入，不能忽视劳动者积极性在经济发展中的重要作用。

第二节　促进软投入发展的若干建议

一、对企业的建议

(一)加大科技投入,增强企业创新能力

经济发展必须依靠技术创新,技术进步是提高劳动生产率的有效途径,而创新是技术进步的源泉。 在地方政策的引导下,企业应不断加大在科技方面的投入,将科技投入转换成创新成果,学习新技术以提升生产效率和改善产品质量,增强自主创新能力,为地方经济发展做出贡献。 科技投入有利于提高企业的研发能力,带动企业转型升级,提高企业市场竞争力,促进企业持续健康发展。

(二)重视对职工的再教育,全面提高劳动者素质

加强对职工的再教育,切实提高劳动者素质,是提升人力资本的重要途径。 企业开展培训活动、大型的展会或者开展专家讲座等,可以使员工更好更快地提升专业素养,增加知识储备量,对提高员工工作质量和工作能力起到重要作用。 在 21 世纪的今天,人才仍是经济社会发展不可或缺的一部分,对高层次、高学历、高技能人才的需求越来越大。 除了人才引进之外,企业应重视教育培训工作,加强员工再教育投入,提高员工技能和综合素质,提升业务技能,激发职工的创新能力与工作热情,才能增强企业的核心竞争力。

(三)提高对劳动者积极性的重视程度

根据马斯洛需求理论,物质需求是人的基本需求,是人类得以生存的基石,是人们从事社会生产活动的基本动因。 根据研究结论,在软投入的 3 个要素中,劳动者积极性投入对经济发展影响最大,因此要格外重视劳动者积极性的发挥。 就目前而言,物质激励仍是激发劳动者积极性的主要形式,企

业给予劳动者的薪资待遇是影响员工积极性最直接的因素。 但激励方式不是
唯一的，提高劳动者积极性的方式不只有物质激励这一种，还可以通过精神
激励的方式提高劳动者积极性，比如一些称号、赞誉等。 除此之外，企业的
薪酬体系要做到公平公正，劳动者只有感受到了分配公平，才能提高自身的
生产积极性与创新积极性；如果企业没有充分重视薪酬体系的建设，可能会
损害劳动者积极性，甚至会造成人才流失。 企业还可通过将员工工资与企业
效益相关联的方式来促进劳动者积极性的发挥，让劳动者能够切身体会到自
身劳动的价值。

二、对政府的建议

(一)发挥政府在政策投入中的主导作用

政府要充分利用自身职能，从制度供给端发力，优化制度供给，打造有利
于软投入发展的生态系统。 通过简政放权，优化服务改革，制定相关政策来
引导经济发展方向，充分释放市场的潜力和活力，提升经济增长质量，充分发
挥软投入的作用。 除此之外，政府要调节基本公共服务支出的比重，将更多
的财力投入在惠民富民上，把更多的精力放在改善民生上，坚持以人为本，坚
持民生事业优先发展，做好民生保障工作。

(二)加大财政教育投入,倡导人才引进政策,提升人力资本水平

要重视对教育的投入，积极推进素质教育，倡导终身学习，全面提高劳动
者素质。 努力打造人才生态最优的省份，通过人才激励政策和相关人才引进
政策，加大人才引进力度，提高人才引进经费，吸纳更多人才留在本地就业，
吸引留学生和海外高层次人才。 搭建人才交流平台，营造有利于创新创业的
环境，激发人才创造力，储备人才资源，为促进经济发展提供人才保障。

(三)加大财政科技投入,提升创新能力

加大财政科技投入是建设创新型省份的基础。 要充分发挥政府的引导作
用，带动全社会资金流向科技投入，提高科技投入在财政支出中的比重，完善

创新政策体系建设。 "科技是第一生产力"，科技是转变经济发展方式的重要源泉，推进新动能培育，为传统产业改造提升提供技术支撑。 增强企业自主创新能力，使企业形成难以被替代的核心竞争力。

参考文献

［1］阿瑟·刘易斯.经济增长理论［M］.周师铭，沈丙杰，沈伯根，译.北京：商务印书馆，1996.

［2］白诗珧.财政医疗卫生支出对经济增长影响的研究［D］.长春：东北师范大学，2017.

［3］曹春.社会保障筹资机制改革研究［D］.北京：财政部财政科学研究所，2012.

［4］曹靓.浙江省文化发展投入现状分析［J］.统计科学与实践，2013（10），10-12.

［5］曹希敏，袁志彬.新中国成立70年来重要科技政策盘点［J］.科技导报，2019，37（18）：20-30.

［6］常安.改革、修宪与宪法理论论争——现行宪法颁布30周年之际的一个学术史回溯［J］.法律科学（西北政法大学学报），2012（6）：54-63.

［7］陈兵，石玉浩.政策经济向法治经济转型：基于新中国七十年国家经济政策与宪法经济条款关系的考察［J］.学术论坛，2019，42（4）：45-53.

［8］陈兵.法治经济语境下负面清单模式与政府管制改革［J］.东北师范大学学报（哲学社会科学版），2015（5）：13-19.

［9］陈兵.改革开放以来铁路业定价机制的嬗变与展望［J］.兰州学刊，

2019（1）：5-21.

[10] 陈传军.激励是调动劳动者积极性的启动器[J].四川劳动保障，1998（2）：14.

[11] 陈飞航.福建省增量投入产出表的编制与实证分析[D].福州：福州大学，2015.

[12] 陈共.财政学（第九版）[M].北京：中国人民大学出版社，2017.

[13] 陈浩，丁江涛.卫生投入结构、健康发展与经济增长[J].公共管理学报，2010，7（2）：54-62.

[14] 陈浩.人力资本对经济增长影响的结构分析[J].数量经济技术经济研究，2007，24（8）：59-68.

[15] 陈宏伟.软投入与区域经济增长质量：基于浙江、甘肃的比较分析[D].兰州：兰州大学，2010.

[16] 陈洪海，黄丞，陈忠.我国卫生费用与经济增长关系研究[J].预测，2005（6）：24-27.

[17] 陈南旭.甘肃省2002—2007年增量投入产出表的编制与应用[D].兰州：兰州大学，2012.

[18] 陈妍.公共医疗保障基金筹资机制研究[D].天津：南开大学，2012.

[19] 程龙，于海波.供给侧视角下高校科技人才流动政策研究[J].中国高校科技，2018（12）：12-15.

[20] 戴启斌，王忠宇.注重"软投入"实现"软着陆"[J].银行与企业，1989（6）：57-58.

[21] 党国印.论宏观经济中的软投入与软运行[J].兰州大学学报，1993（2）：1-7.

[22] 董和平.宪法修改的基本经验与中国宪法的发展[J].中国法学，2012（4）：45-53.

[23] 董礼华.劳动生产率及其计算方法[J].中国统计，2012（3）：30-33.

[24] 董敏，王廷建.浅析调动劳动者积极性之途径[J].黑龙江科技信息，2001（7）：25.

[25] 董兆祥，彭小华.中国改革开放20年纪事[M].上海：上海人民出版

社，1998.

[26] 樊纲，王小鲁，张立文.中国各地区市场化相对进程报告［J］.经济研究，2003（3）：9-18.

[27] 樊纲.中国各地区市场化进展状况［J］.经济纵横，2005（11）：2-4.

[28] 范柏乃，江蕾，罗佳明.中国经济增长与科技投入关系的实证研究［J］.科研管理，2004（5）：104-109.

[29] 范红忠，陈攀.政府卫生支出对经济增长的影响及其区域差异［J］.中国卫生经济，2016，35（9）：50-52.

[30] 范志杰.发展文化事业促进文化产业政策研究［D］.北京：财政部财政科学研究所，2013.

[31] 方茜.改革开放四十年：中国奇迹的内涵、归因与展望［J］.社会科学战线，2018（8）：1-9.

[32] 方新.中国科技创新与可持续发展［M］.北京：科学出版社，2007.

[33] 方叶林，黄震方，张宏，等.省域旅游发展的错位现象及旅游资源相对效率评价——以中国大陆31省市区2000—2009年面板数据为例［J］.自然资源学报，2013，28（10）：1754-1764.

[34] 冯诚明.提高经济效益必须充分调动劳动者积极性［J］.浙江金融，1991（5）：61.

[35] 冯丹，李国璋，李春梅.软投入理论研究进展述评［J］.经济问题探索，2014（6）：184-190.

[36] 冯丹.基于创新理论的政策投入对经济发展的动力机制研究［J］.甘肃社会科学，2016（3）：230-233.

[37] 冯果.权力经济向法治经济的伟大变革——中国经济法制建设三十年回顾与展望［J］.南都学坛，2009（2）：80-85.

[38] 付子堂，郭相宏.宪法发展与深化改革的良性互动［J］.法律适用，2018（9）：10-16.

[39] 葛名扬.强化对农业的智力投入［J］.农业现代化研究，1988，9（4）：55-57.

[40] 顾萍，田贵良.基于投入产出模型的文化产业对区域经济增长贡献测度

[J].学海,2016(6):136-141.

[41]桂宇石.中国宪法经济制度[M].武汉:武汉大学出版社,2005.

[42]郭旭光.多一些"研发软投入"[N].洛阳日报,2018-07-26(005).

[43]郭亚军.一种新的动态综合评价方法[J].管理科学学报,2002,5
(2):49-54.

[44]郭亚军.综合评价理论、方法及拓展[M].北京:科学出版社,2012.

[45]郭晔,张文显.新时代首次修宪的法理基础[J].法学评论,2019
(1):1-10.

[46]韩国珍.产业结构和所有制结构的差异——关于东西部地区经济增长差
距的一种解释[J].兰州大学学报,2002(6):157-162.

[47]韩玉雄,李怀祖.关于中国知识产权保护水平的定量分析[J].科学学
研究,2005,23(3):377-382.

[48]郝建亚.工业经济软投入贡献率测算[D].兰州:兰州大学,2014.

[49]洪冰冰.建国早期科技人才政策研究1949—1966[D].合肥:安徽医科
大学,2011.

[50]胡维佳.中国科技规划、计划与政策研究[M].济南:山东教育出版
社,2007.

[51]胡维佳.中国科技政策资料选辑1949—1995[M].济南:山东教育出
版社,2006.

[52]黄逸.我国经济制度对经济发展的影响[J].时代金融,2017
(35):17.

[53]江金荣.软投入制约下的中国能源效率分析[D].兰州:兰州大
学,2010.

[54]姜磊,柏玲,吴玉鸣.中国省域经济、资源与环境协调分析——兼论三
系统耦合公式及其扩展形式[J].自然资源学报,2017,32(5):
788-799.

[55]鞠伟,周小虎.新时代中国科技人才政策的变迁与展望[J].中国人事
科学,2018(11):52-58.

[56]孔缨.上海市科创中心人才政策评估及优化建议[J].党政论坛,2018

（11）：27-30.

［57］兰相洁.公共卫生支出与经济增长：理论阐释与空间计量经济分析［J］.经济与管理研究，2013（3）：39-45.

［58］郎全发.创造良好的地方法制环境是保障区域经济发展的重要条件［J］.甘肃农业：2004（8）：88-89.

［59］黎龙醒.要重视"软投入"［J］.现代企业文化（上旬），2014（5）：16.

［60］李国璋，陈南旭.创新驱动下技术引进与东西部地区工业结构优化［J］.甘肃社会科学，2016（6）：191-197.

［61］李国璋，林燊聪.浙江省产业结构的投入产出关联测度及应用研究［J］.创新，2009，3（11）：35-38.

［62］李国璋，刘津汝.产权制度、金融发展和对外开放对全要素生产率增长贡献的经验研究［J］.经济问题，2011（2）：4-9.

［63］李国璋，王卉.软投入制约下产出的损失分析［J］.开发研究，2006（3）：54-56.

［64］李国璋，肖锋.文化对经济增长的作用机理分析——基于软投入理论［J］.甘肃社会科学，2013（5）：160-163.

［65］李国璋，张唯实.制度差异与中国区域经济发展研究［J］.统计与决策，2011（7）：115-117.

［66］李国璋.不可忽视软投入［J］.湖北社会科学，1989（10）：30.

［67］李国璋.产出增量中软投入贡献分析［J］.数量经济技术经济研究，1995（4）：54-61.

［68］李国璋.论软投入与经济效益［J］.开发研究，1992（1）：2-6.

［69］李国璋.软投入研究的几个理论问题［J］.开发研究，1995（5）：11-14.

［70］李国璋.重视研究劳动者积极性投入［J］.开发研究，1994（3）：7-9.

［71］李慧敏.调动劳动者积极性是提高活劳动生产率的关键［J］.探求，2000（5）：44-46.

［72］李丽莉.改革开放以来我国科技人才政策演进研究［D］.长春：东北师

范大学，2014.

［73］李娜，余翔，田芳芳.知识产权保护强度指标合理性分析及其改进［J］.科技与经济，2014，27（4）：41-45.

［74］李韶杰，钟筱红.论区域中心城市经济法制环境构建——以新余区域经济发展为例［J］.法制与经济，2009（11）：246.

［75］李晓兵.宪法修改的时代主题与中国逻辑［J］.人民法治，2018（Z1）：23-25.

［76］李晓新.中国经济制度变迁的宪法基础［M］.合肥：安徽大学出版社，2011.

［77］李燕萍，刘金璐，洪江鹏，等.我国改革开放40年来科技人才政策演变、趋势与展望——基于共词分析法［J］.科技进步与对策，2019（10）：108-117.

［78］李媛.经济增长中软投入贡献的分解：方法与实证［D］.兰州：兰州大学，2011.

［79］李耘涛，武建奇.中国特色社会主义制度的竞争优势理论探讨——学习习近平关于中国经济发展制度优势的论述［J］.河北经贸大学学报，2018，39（5）：26-32.

［80］李湛，吴寿仁.走向自主创新：中国现代创新的路径［M］.上海：上海人民出版社，2008.

［81］李正风.中国科技政策60年的回顾与反思［J］.民主与科学，2009（5）：20-23.

［82］梁赛.工业技术进步与人力资本质量［D］.兰州：兰州大学，2013.

［83］廖重斌.环境与经济协调发展的定量评判及其分类体系［J］.热带地理，1999，19（2）：171-177.

［84］林毅夫.中国农业：当前问题和政策抉择［J］.经济导刊，1996（1）：46-48.

［85］刘宾.以制度创新推动战略新兴经济发展［J］.人民论坛，2018（2）：76-77.

［86］刘波，李萌，李晓轩.30年来我国科技人才政策回顾［J］.中国科技论

坛，2008（11）：4-8.

[87] 刘婵媛，陈霞."一带一路"核心区教育投入与经济发展的关系研究——以新疆维吾尔自治区为例[J].经济研究参考，2017（47）：95-100.

[88] 刘成果.论劳动者的积极性[J].理论前沿，2001（12）：9-10.

[89] 刘杜建.中国产业政策的演进、问题及对策[J].学术月刊，2014（2）：79-85.

[90] 刘法威，许恒周，王姝.人口-土地-经济城镇化的时空耦合协调性分析——基于中国省际面板数据的实证研究[J].城市发展研究，2014，21（8）：7-11.

[91] 刘光玉，宋佩琴.农业软科学与科技兴农——兼议农业软科学的研究和应用[J].农业现代化研究，1993，14（1）：11-14.

[92] 刘金山.经济增长中的软投入效应[J].开发研究，1998（06）：13-14.

[93] 刘津汝.制度变迁下的技术进步与区域经济增长[D].兰州：兰州大学，2011.

[94] 刘俊英.公共支出转型及其经济发展效应研究[D].开封：河南大学，2009.

[95] 刘立.科技政策学研究[M].北京：北京大学出版社，2011.

[96] 刘鸣飞.科技投入对我国区域经济增长的作用机制分析[D].兰州：兰州理工大学，2018.

[97] 刘鹏飞.经济增长中非科技型软投入作用分析[D].兰州：兰州大学，2011.

[98] 刘琼.我国文化投入普遍不足[N].人民日报，2008-02-25（011）.

[99] 刘巍."人均受教育年限"三种计算方法的比较[J].数据，2003（6）：19-20.

[100] 刘文革，潘鹏杰，朱兴龙.人力资本理论的扩展及对区域经济差异的解释——以浙江与黑龙江两省经济差异比较为例[J].经济学动态，2006（1）：27-30.

［101］刘艳.对外开放对合肥市经济发展影响的研究［J］.经贸实践，2017（16）：144-145.

［102］刘亦赫.基于投入产出模型的文化创意产业对经济增长影响分析［J］.经贸实践，2016（17）：18-19.

［103］刘忠艳，赵永乐，王斌.1978—2017年中国科技人才政策变迁研究［J］.中国科技论坛，2008（2）：142-150.

［104］骆永民.公共卫生支出、健康人力资本与经济增长［J］.南方经济，2011，29（4）：3-15.

［105］吕娜.健康人力资本与经济增长［D］.武汉：武汉大学，2011.

［106］马小南，周鲁柱.文化产业长效投入机制探究［J］.学术交流，2014（1）：194-197.

［107］马晓河，赵淑芳.中国改革开放30年来产业结构转换、政策演进及其评价［J］.改革，2008（6）：5-22.

［108］孟繁富，翟书文.解放生产力，调动劳动者的积极性与创造性［J］.学术交流，1992（4）：17-19.

［109］莫惠林，阳明清.调动劳动者的积极性是社会主义本质要解决的深层次问题［J］.经济与管理研究，1994（5）：14-17.

［110］莫惠林，张善民.关于我国劳动者积极性问题的探讨［J］.湖南经济，1997（4）：13-15.

［111］潘文卿.经济增长的软投入效应探析［J］.兰州大学学报，1997（1）：35-42.

［112］彭国川，赵崇生."软投入"视角下的区域经济协调发展［J］.西部论丛，2006（10）：34-37.

［113］普雁翔，宋丽华，起建凌，等.对外开放与区域经济发展路径：长三角与珠三角的比较［J］.经济研究导刊，2016（4）：48-51.

［114］戚磊.产业关联、资本产出率与软投入贡献［D］.兰州：兰州大学，2012.

［115］钱秉中，梅培智.经济发展中的软投入因素分析［J］.兰州学刊，2002（6）：25-26.

［116］乔秀民.关于挫伤劳动者积极性因素的思考［J］.中共太原市委党校学报，2004（1）：27-29.

［117］曲惠敏.以市场机制促进邮电通信经济发展的实践分析［J］.现代经济信息，2018（9）：397.

［118］曲卫华，颜志军.环境污染、经济增长与医疗卫生服务对公共健康的影响分析——基于中国省际面板数据的研究［J］.中国管理科学，2015，23（7）：166-176.

［119］萨日娜.基于健康人力资本投入视角的财政医疗卫生支出改革研究［D］.北京：中国财政科学研究院，2015.

［120］尚勇敏，曾刚.科技创新推动区域经济发展模式转型：作用和机制［J］.地理研究，2017，36（12）：2279-2290.

［121］沈坤荣.外国直接投资与中国经济增长［J］.管理世界，1999（5）：22-34.

［122］沈晓栋.“软硬兼施”壮大实体经济［J］.浙江经济，2017（20）：39.

［123］沈占波，孟樊俊.提高投入组合质量，促进国民经济发展［J］.兰州学刊，1997（3）：9-11.

［124］石宏博.软投入与区域经济增长质量［D］.大连：东北财经大学，2011.

［125］史远芹.社会主义学习手册［M］.北京：中国卓越出版公司，1990.

［126］史智忠.劳动者的积极性在生产力中的作用［J］.江汉论坛，1987（2）：43.

［127］司燕洁.政府软投入与区域经济发展差距［D］.兰州：兰州大学，2010.

［128］宋英杰，曹鸿杰.政府医疗卫生支出对经济增长具有正向效应——基于山东省的实证分析［J］.财会月刊，2017（9）：125-128.

［129］苏竣，黄萃.中国科技政策要目概览 1949—2010 年［M］.北京：科学技术文献出版社，2012.

［130］苏竣.公共科技政策导论［M］.北京：科学出版社，2015.

[131] 孙赫.知识产权保护强度测量方法研究述评[J].科学学研究,2014,32(3):359-365.

[132] 孙烈.中国科技体制的演变[J].中国科学院院刊,2019,34(9):970-981.

[133] 孙松滨,李述斌.论调动劳动者的双重积极性[J].北方论丛,1994(4):17-19.

[134] 谭秀阁,王峰虎.基于DEA的我国公共文化投入效率研究[J].发展研究,2011(2):90-93.

[135] 王帮俊.技术创新投入与经济增长之间关系的实证检验[J].统计与决策,2006(16):88-90.

[136] 王宏超,张俊良,刘鹏飞.正负激励与企业绩效的关系研究——以烟草企业为例[J].企业导报,2014(8):22-24.

[137] 王景胜.新时代创新驱动战略及科技人才政策作用研究[J].沧州师范学院学报,2018,34(3):98-102.

[138] 王俊.中国政府卫生支出规模研究[J].管理世界,2007(2):27-36.

[139] 王倩文.科技创新对我国经济发展的实证研究[J].时代金融,2018(29):40-41.

[140] 王新军,韩春蕾,李继宏.经济增长、卫生投入与人民健康水平的关系研究[J].山东社会科学,2012(11):71-76.

[141] 王兴康.要素禀赋、市场机制与经济发展[N].深圳特区报,2017-04-18(B11).

[142] 王旭,陈蓉,李明宝.科技创新对区域经济的影响研究——基于省际面板数据的实证分析[J].工业技术经济,2018,37(9):39-44.

[143] 王亚南.福建公共文化投入增长综合测评——2000—2012年检测与至2020年测算[J].福建论坛(人文社会科学版),2014(6):110-119.

[144] 王亚南.全国及各地公共文化投入协调增长目标——2000—2012年检测与至2020年测算[J].文化艺术研究,2015,8(1):19-46.

[145] 王亚南.文化蓝皮书——中国公共文化投入增长测评报告（2017）[J].经济学动态，2017（8）：2.

[146] 王寅秋，罗晖，李正风.全球科技领军人才跨国流动网络研究——基于文献信息计量的复杂网络大数据分析[J].技术与创新管理，2018（5）：35-43.

[147] 王渝生.奋斗与辉煌中华科技百年图志 1901—2000[M].昆明：云南教育出版社，2002.

[148] 王远林，宋旭光.公共卫生投资与区域经济增长关系的实证研究[J].经济学家，2004（2）：51-56.

[149] 魏海燕，王帮俊.2000—2013 年西藏公共文化投入分析测评[J].西藏民族大学学报（哲学社会科学版），2015，36（06）：25-31，36，154.

[150] 文少保.改革开放以来我国义务教育政策变迁的特征、问题及其改进思路[J].中国教育学刊，2018（2）：29-33.

[151] 吴伏平.劳动合同法的实施与企业成本的关系论[J].法制与社会，2011（6）：242-243.

[152] 吴明隆.结构方程模型：AMOS 的操作与应用[M].重庆：重庆大学出版社，2010.

[153] 武文杰，刘志林，张文忠.基于结构方程模型的北京居住用地价格影响因素评价[J].地理学报，2010，65（6）：676-684.

[154] 武玉洁.增量投入产出表：方法与应用[D].兰州：兰州大学，2008.

[155] 武玉林，周渝东.浅论劳动者积极性及其激励机制[J].太原师范学院学报（社会科学版），1993（1）：41-42.

[156] 肖海翔.政府卫生支出效率及其改进研究[D].长沙：湖南大学，2012.

[157] 萧鸣政，韩溪.改革开放 30 年中国人才政策回顾与分析[J].中国人才，2009（1）：14-17.

[158] 谢海定.中国法治经济建设的逻辑[J].法学研究，2017，39（6）：21-40.

[159] 谢商成.优化经济发展环境必须突出优化法制环境 [J].领导科学，2010（22）：11.

[160] 徐宾.增加科技投入是实现"科技兴农"的关键 [J].求实，1992（7）：12-13.

[161] 许崇德.中华人民共和国宪法史 [M].福州：福建人民出版社，2003.

[162] 许春明，单晓光.中国知识产权保护强度指标体系的构建及验证 [J].科学学研究，2008（4）：715-723.

[163] 许春明，陈敏.中国知识产权保护强度的测定及验证 [J].知识产权，2008（1）：27-36.

[164] 薛澜.中国科技创新政策 40 年的回顾与反思 [J].科学学研究，2018，36（12）：2113-2115，2121.

[165] 薛澜.中国科技发展与政策 1978—2018 [M].北京：社会科学文献出版社，2018.

[166] 亚伯拉罕·马斯洛.动机与人格 [M].许金声，等，译.北京：中国人民大学出版社，2007.

[167] 闫来旗.1997—2002、2002—2007 年中国增量投入产出表编制及软投入贡献测算 [D].兰州：兰州大学，2011.

[168] 严冀，陆铭，陈钊.改革、政策的相互作用和经济增长——来自中国省级面板数据的证据 [J].世界经济文汇，2005（1）：27-46.

[169] 杨斌，王克迪.强国之光荣与梦想：改革开放 30 年科学与技术政策 [M].杭州：浙江科学技术出版社，2008.

[170] 杨逢珉，曹萍.教育投入与经济增长的实证研究 [J].华东理工大学学报（社会科学版），2006（4）：34-37.

[171] 杨瑞龙.国有企业改革逻辑与实践的演变及反思 [J].中国人民大学学报，2018，32（5）：44-56.

[172] 姚波，吴诣民，刘鹏飞.我国区域经济差异的实证分析 [J].统计研究，2005，22（8）：35-37.

[173] 湛珏颖.从最低工资制度看经济发展——解读《最低工资：政策效应与新共识》[J].当代经济，2018（13）：140-141.

[174] 张柏春.中国技术：从发明到模仿，再走向创新［J］.中国科学院院刊，2019，34（1）：26.

[175] 张珩，葛文阳，刘绮君，等.创新型国家建设背景下河北省培育创新创业型人才政策研究［J］.河北企业，2018（11）：118-119.

[176] 张静雯.以人才政策创新助力县域经济发展［N］.石家庄日报，2017-10-13（002）.

[177] 张久春，张柏春.规划科学技术：《1956—1967年科学技术发展愿景规划》的制定与实施［J］.中国科学院院刊，2019，34（9）：982-991.

[178] 张庆福，韩大元.1954年宪法研究［M］.北京：中国人民公安大学出版社，2005.

[179] 张思思.浙江甘肃经济发展差距三十年演变的软投入解释［D］.兰州：兰州大学，2014.

[180] 张唯实.软投入与中国区域经济发展比较研究［D］.兰州：兰州大学，2012.

[181] 张唯实.中国区域生产效率与经济发展软投入的统计考量［J］.统计与决策，2012（13）：108-111.

[182] 张唯实.中国三大产业生产效率的软投入分析［J］.统计与决策，2011（19）：105-107.

[183] 张伟，林天霞，杨黛.文化创意服务业对广东经济增长的影响——基于2012年投入产出表的分析［J］.金融经济，2017（18）：26-30.

[184] 张卓元.中国经济改革的两条主线［J］.中国社会科学，2018（11）：12-29.

[185] 章茂龙.劳动者·积极性·企业活力［J］.交通企业管理，1992（1）：44.

[186] 赵磊.财税政策扶持循环经济发展研究［J］.合作经济与科技，2018（19）：158-159.

[187] 赵磊.调动劳动者积极性的动力只有一个吗？［J］.社会科学，1983（10）：51-52

[188] 赵鹏飞.公共卫生支出与国民健康及经济发展的关系研究［D］.北京：北京交通大学，2012.

[189] 赵颖.我国文化事业财政投入研究［D］.大连：东北财经大学，2013.

[190] 赵颖.政府文化财政投入问题思考［J］.财政监督，2013（13）：69-71.

[191] 浙江省统计局课题组.推动浙江经济高质量发展的新动能——浙江软投入统计实证分析［J］.统计科学与实践，2018（2）：10-14.

[192] 郑江淮，赵延光，宋雪清.非国有化、产权多元化与经济绩效——非国有经济内部结构性差异及变化趋势的实证研究［C］.中国制度经济学年会，2003.

[193] 郑江淮.信息不对称条件下非国有企业的资金供给［J］.湖北教育学院学报，2003，20（5）：95-98.

[194] 郑开，林毅夫.《制度、技术与中国农业发展》［J］.改革，1993（4）：155-156.

[195] 中共中央文献研究室.改革开放三十年重要文献汇编（上）［M］.北京：中央文献出版社，2008.

[196] 中共中央文献研究室.改革开放三十年重要文献汇编（下）［M］.北京：中央文献出版社，2008.

[197] 中共中央文献研究室.建国以来重要文献选编：第十八册（1954.1-1954.6）［M］.北京：中央文献出版社，1991.

[198] 中共中央文献研究室.建国以来重要文献选编：第五册（1954.1-1954.12）［M］.北京：中央文献出版社，1991.

[199] 中共中央文献研究室.新时期科学技术工作重要文献选编［M］.北京：中央文献出版社，1995.

[201] 钟晓敏，杨六妹.公私医疗卫生支出与经济增长关系的实证分析［J］.财经论丛，2016（3）：20-27.

[202] 周彬彬，王睿.法律与经济发展"中国经验"的再思考［J］.中山大学学报（社会科学版），2018，58（6）：19-28.

[203] 周晖.浙江省软投入对经济增长质量的作用分析［D］.金华：浙江师

范大学，2012.

［204］ 周莉，王洪涛，顾江.文化产业财政投入的经济效应——基于 31 省市
面板数据的实证分析［J］.东岳论丛，2015，36（7）：71-77.

［205］ 周琦.政府软投入在经济增长中的作用分析［D］.兰州：兰州大
学，2008.

［206］ 朱家明，胡榴榴，王杨，等.基于灰色理论预测人口新政策对经济发
展的影响［J］.中州大学学报，2018，35（5）：27-30.

［207］ 朱晓俊，张凤云.制度创新与滁州经济发展中的战略选择［J］.物流
工程与管理，2018，40（7）：128-130.

［208］ BAGOZZI R P, YI Y. On the Evaluation of Structural Equation
Models［J］.Journal of the Academy of Marketing Science，1988，16
（1）：74-94.

［209］ BLOOM D, SEVILLA J. The Effect of Health on Economic
Growth： A Production Function Approach ［ J ］. World
Development，2004（12）：1-13.

［210］ DING L, VELICER W F, HARLOW L L. Effects of Estimation
Methods，Number of Indicators Per Factor，and Improper Solutions
on Structural Equation Modeling Fit Indices［J］.Structural Equation
Modeling A Multidisciplinary Journal，1995，2（2）：119-143.

［211］ FOGEL R W. Health，Nutrtion，and Economic Growth［J］.
Economic Development and Cultural Change，2004，52：643-658.

［212］ GILBRETH F B. Primer of Scientific Management［M］.Miami：
Hardpress Publishing，1973.

［213］ GINARTE J C, Park W G. Determinants of Patent Rights：A Cross-
National Study［J］.Research Policy，1997，26（3）：283-301.

［214］ HAUSMAN J, HALL B H, GRILICHES Z. Econometric Models for
Count Data with an Application to the Patents-R&D Relationship
［J］.Econometrica，1984，52（4）：909-938.

［215］ HENDERSON C. The Path Ahead for FA R&D［J］.Electronic

Device Failure Analysis, 2009, 11（3）: 32.

[216] JEWELL T, JUNSOO L, Margie T, et al. Stationary of Health Expenditures and GDP: Evidence from Panel Unit Root Tests with Heterogeneous Structural Breaks [J]. Journal of Health Economics, 2003（22）: 313-323.

[217] KLEIMAN E. The Determinants of National Outlay on Health [J]. The Economics of Health and Medical Care, 1974（29）: 124-135.

[218] KRUGMAN P. The Myth of Asia's Miracle: A Cautionary Fable [J]. Foreign Affairs, 1994（73）: 63-78.

[219] KUZNETS S S. Toward a Theory of Economic Growth: with Reflections on the Economic Growth of Modern Nations [M]. New York: Norton, 1968.

[220] LEWIS W A. Economic Development with Unlimited Supplies of Labour [J]. Manchester School, 1954, 22（2）: 139-191.

[221] LUCAS R E. On the Mechincs of Economic Development [J]. Journal of Monetary Economics, 1988（3）: 42-51.

[222] NAG S P. The Theory of Economic Growth by W. Arthur Lewis [J]. Indian Economic Review, 1957（4）: 80-84.

[223] NEWHOUSE J P. Medical Care Expenditures: A Cross-national Survey [J]. Journal of Human Resources, 1977（12）: 115-125.

[224] Newhouse J P. The Economic Foundations of National Health Policy [J]. Medical Care, 1980, 18（5）: 565-566.

[225] NORTH D C. Institutions, Institutional Change and Economic Performance [M]. Cambridge: Cambridge University Press, 1990.

[226] NORTH D C. The Role of Institutions in Economic Development [R]. ECE Discussion Paper Series, 2003.

[227] POLDAHL A, TINGVALL P G. Determinants of Firm R&D: Evidence From Swedish Firm Level Data [R]. FIEF Working Paper Series, 2003.

[228] RAUT L K. R&D Spillover and Productivity Growth: Evidence from Indian Private Firms [J]. Journal of Development Economics, 1995, 48 (1): 1-23.

[229] REN B P. On Creative Labour [J]. Tangdu Journal, 2003, 19 (2): 152-155.

[230] ROMER P. Increasing Returns and Long-run Growth [J]. Journal of Political Economy, 1990, 94 (5): 110-124.

[231] SURI V, CHAPMAN D. Economic Growth, Trade and energy: Implications For The Environmental Kuznets Curve [J]. Ecological Economics, 1998, 25 (2): 195-208.

[232] TAYLOR F W. The Principles of Scientific Management [M]. New York: Harper & Brothers, 1911.

[233] TEIXEIRA A, FORTUNA N. Human Capital, Innovation Capability and Economic Growth [J]. Fep Working Papers, 2003, 3 (3): 205-225.

[234] TERLECKYJ N E. Effects of R&D on Productivity Growth of Industries: An Exploratory Study [M]. Washington: National Planning Associatin, 1974.

附录 1　我国 30 个省份软投入综合评价程序

```
%30 个省份综合政策投入评价
pzc＝［ ］；　%手动在工作区内输入数据
［pzcb，MU，SIGMA］＝zscore（pzc）；
a＝zeros（size（pzcb（1:30，:）′ * pzcb（1:30，:）））；
for i＝1:30:481
    t＝pzcb（i:i＋29，:）；
    a＝a＋t * t；
    end              %计算 H，H＝a
［x，y］＝eig（a）；%特征值和特征向量
r＝diag（y）；        %或者写成 r＝abs（sum（y））
n＝find（r＝＝max（r））；
max_y＝y（n，n）；%最大特征值
max_x＝x（:，n）；%最大特征值对应的特征向量
zc_q＝bsxfun（@rdivide，max_x，sum（max_x））；
pzcdf1＝pzcb * zc_q；

%30 个省份综合科技投入评价
pkj＝［ ］；%输入数据
［pkjb，MU，SIGMA］＝zscore（pkj）；
```

```
b＝zeros（size（pkjb（1:30，:）′ ＊ pkjb（1:30，:）））；
for i＝1:30:481
    t＝pkjb（i:i＋29，:）；
    b＝b＋t ＊ t；
    end                %计算 H，H＝b
[x，y]＝eig（b）；%特征值和特征向量
r＝diag（y）；          %或者写成 r＝abs（sum（y））
n＝find（r＝＝max（r））；
max_y＝y（n，n）；%最大特征值
max_x＝x（:，n）；%最大特征值对应的特征向量
kj_q＝bsxfun（@rdivide，max_x，sum（max_x））；
pkjdf1＝pkjb ＊ kj_q；


%30 个省份劳动者积极性投入评价
pldz＝[]；%输入数据
[pldzb，MU，SIGMA]＝zscore（pldz）；
c＝zeros（size（pldzb（1:31，:）′ ＊ pldzb（1:31，:）））；
for i＝1:30:481
    t＝pldzb（i:i＋29，:）；
    c＝c＋t ＊ t；
    end                %计算 H，H＝c
[x，y]＝eig（c）；%特征值和特征向量
r＝diag（y）；          %或者写成 r＝abs（sum（y））
n＝find（r＝＝max（r））；
max_y＝y（n，n）；%最大特征值
max_x＝x（:，n）；%最大特征值对应的特征向量
ldz_q＝bsxfun（@rdivide，max_x，sum（max_x））；
pldzdf1＝pldzb ＊ ldz_q；
```

```
%30 个省份软投入综合评价
%标准化处理
pp＝[ ];%输入数据
[Z, MU, SIGMA]＝zscore（pp）;
d＝zeros（size（Z（1:30, :）'＊Z（1:30, :）））;
for i＝1:30:481
    t＝Z（i:i＋29, :）;
    d＝d＋t＊t;
    end                %计算 H, H＝a
[x, y]＝eig（d）;%特征值和特征向量
r＝diag（y）;           %或者写成 r＝abs（sum（y））
n＝find（r＝＝max（r））;
max_y＝y（n, n）;%最大特征值
max_x＝x（:, n）;%最大特征值对应的特征向量
pp_q＝bsxfun（@rdivide, max_x, sum（max_x））;
pdf1＝Z＊pp_q;
```

附录 2　我国 30 个省份层次聚类程序

```
%Matlab 计算出欧式时空距离矩阵
%数据标准化
% [province] ＝xlsread ('D：\data. xlsx', 2, 'A1:Q300');
province＝ [ ] ;%输入数据
%数据标准化
[provinceb, MU, SIGMA] ＝zscore (province)
%求每个年份中 i 省与 j 省的欧氏距离
b＝ [ ]
for i＝1:30:481
    t＝provinceb (i:i+29, :)
    a＝pdist (t,' euclidean' )
    b＝ [b;a]
end
%所有年份的距离；c 为 1 * 435
c＝sum (b)
d＝squareform (c)　　%距离矩阵

%R 语言利用距离矩阵进行层次聚类
D ＜－read. table (" clipboard ", head＝T)
```

```
X <－as. dist（D）；
H<－hclust（X，" "ward"）
plot（H）
```